まえがき

現代社会には、さまざまなコミュニケーションが溢れている。人びとは、器用に端末の画面にふれ、たえず連絡をとりあい、短く速やかに情報をやりとりする。そうしたコミュニケーションは、人の孤独を暗示しているように見えるだけでなく、人が人と寄り添いつつも、独り生きる姿を覆い隠しているようにも見える。たとえば、はるか昔に死んだ会ったこともない人と、その人が書き残したものをつうじて、独り沈黙、静寂のなかで語りあう姿を。

人は、何らかの組織の一員として機能的・実利的にだれかと共同・協働するまえに、また平和、人権、公共性などの社会的価値をかかげて活動し自分を納得させるまえに、すでに他者とともに存在している。その共存在する、おのずからつながる姿は、自分の利益、自分の属している組織の利益を守り増やすために懸命になっている人たちには、見えにくいらしい。

どんなに他者と語りあっても、私たちは、独りのままである。この独りは、心理学が語る個別性でもなく、欲望が作りだす自己の状態でもなく、だれかの呼び声に応えるかぎりの人の姿である。利益、証拠、年収、学力などを熱心に語る現代社会の意味世界は、この独りも、ともに在ることも、否定ないし看過する考え方に傾いているように見える。

だれかとともに在ることは、そのだれかとのきめこまやかな交感、または圧倒的な共鳴共振に彩られている。そのつながりのなかで生きるかぎり、人は、どうしてもただ独りになってしまう。そこでは、さまざまなコミュニケーションに響きわたる、あの〈さあ、みんなで！〉という鬱陶しい掛け声は、朝日のなかの朝靄のように消え去っていく。

本書は、おもに、一七世紀オランダの哲学者スピノザに助けられながら、よりよく生きようとする力を、発達・成長ではなく、超越・創始を語る〈鏡〉の隠喩のなかで、語ってみることである。そのとき、無垢が、脱構築できない概念として立ち上がる。それは、客観的事実でも、主観的想像でもなく、古来、ヨーロッパの人びとが心の奥底に見いだした〈鏡〉である。その〈心の鏡〉は、よりよく生きようとする人に、形のないまま現れる。すなわち、心そのものとして。

現代の教育のめざすところが、どれほど機能的で実用的であるとしても、つまり経済的利益と工学的技術を求めていても、そうした有用性を志向する趨勢を越える思考が必要とされるだろう。その一つが、ここで描きだそうとする〈心の鏡〉である。それは、ヨーロッパで古来、キリスト教思想のなかで語られてきたが、近代とともに忘れ去られた思考である。それを示す言葉は、スピノザの『エティカ』のなかでも、たった一回だけ使われているだけである。

いまさら、そんな死語にひとしい言葉をヨーロッパ思想史の地下室から引っぱり出すことは、ただの懐古趣味の道楽だ、という人もいるだろうが、その〈心の鏡〉は、現代においても、人が〈よりよく〉生きようとするかぎり、出来しうる心の状態である。少なくとも、痛々しいまでに繰りかえされるコミュニケーションの繁茂からできるだけ離れて、また利益や証拠や権力におもねることなく、できるだけ自然に豊かに生きようとするかぎり。

なお、本書の試みは、よく見られる、思想についての子細で精確な議論を行う思想研究ではない。何を「思想研究」と呼ぶのかが、定義の問題であるとすれば、自分なりに、過去の思想に与りながら思想を創りだしてみることも、思想研究である。どこまで説得力のある議論ができているか、はなはだ心もとないが。

目次

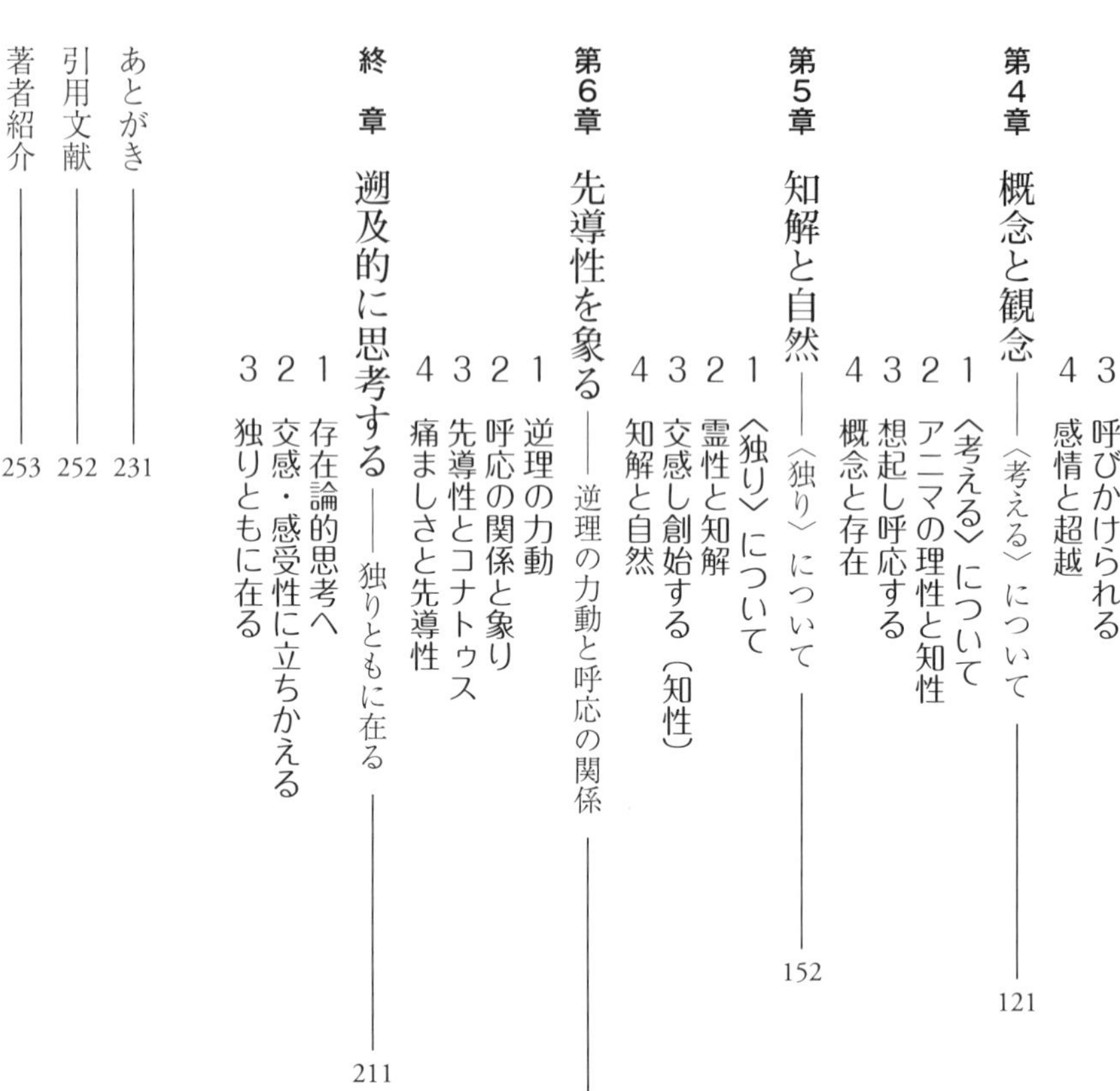

〈凡例〉

・引用文献の書誌は、巻末に〈文献〉としてまとめて記載した。スラッシュのあとは邦訳書であるが、網羅的ではない。
・引用文献の指示は、著者名・出版年ないし略号、記載ページないし章・節などの番号で、行った。
・引用文内の［ ］で括られた言葉は、引用者の補足であり、……は省略である。
・注は、アスタリスク（* ** ***）を付けて指示し、各節の末尾に置いた。
・外国人名は、初出にかぎり、原綴り、生没年を記載し、二回め以降は、必要に応じて、原綴りのみを記載した。

序章 〈鏡〉の隠喩のなかで
——脱構築できない無垢

In the Metaphor of Mirror: Undeconstructible Innocense

暴力の対極に位置するかに見える「**無垢**」という概念に注目するなら、そのヨーロッパ思想史的原義は、通俗的な善悪の彼岸としての「**人の自然**」（人性）、いいかえれば「**心の鏡**」だろう。これに関連することは、人が〈**よりよく**〉生きようとすることを語るための原喩が、〈**芽**〉**の隠喩**だけでなく、〈**鏡**〉**の隠喩**であることである。〈芽〉の隠喩は、**ネオ・プラトニズム**で語られ、近現代の教育学にも、たとえば「成長」「発達」という言葉が使われているように、よく見いだされるが、〈鏡〉の隠喩は、古代・中世の**キリスト教思想**で語られ、近現代の教育学からは、ほぼ排除されている。私の試みは、この〈鏡〉の隠喩によって、**教育の本態**を語ることである。そのために、宗教システムの枠（つまりキリスト者／非キリスト者の区別）を越えて、**思考の創生**（**メタノイア**）を語ってみよう。その思考の創生を語るなかで、「**独りともに在る**」という、**個人・主体**からも、**共同・協働**からも区別される、人の存在様態が見えてくる。

1　暴力という現象から

†暴力という問題

学校は、子どもたちがさまざまな知識技能を学んだり、人生や社会についてあれこれ考えたりする場所であるだけでなく、他者からの悪意をともなう暴力を実際に経験する場所でもある。その暴力は、社会にはびこる暴力の縮図である。ものに対する破壊・損壊から、人・生きものに対する殴打・刺傷、排除・無視まで、さまざまな暴力が、この社会で生じている。子どもは、学校でそうした社会の暴力の一端を経験する。フランス現代思想の研究者、合田正人は、一九九九年に自分の小学生時代――およそ一九六〇年代だろうか――をふりかえり「小学校の教室には暴力と悪意の問題がすべて凝縮されていた。画鋲を椅子におくことから始まって、部落問題や在日朝鮮人問題もそこに深く刻まれていた」と述べている（合田 1999: 145）。

学校絡みの暴力として思いだされることは、一九八〇年代・九〇年代に「非行」という言葉のかわりに「少年犯罪」という言葉が使われ、「少年」という言葉が凶悪な犯罪を暗示するようになったことである。女子高校生を監禁し、繰りかえし暴行し殺害し、コンクリート詰めにした少年たち。転校してきた同級生をいじめ続け、体操用マットで巻き殺した中学生たち。顔見知りの小学生を殺し、首を切り離し、口を耳まで切り裂き、校門のうえに置いた中学生。この時代の日本には、同時期のアメリカのように、学校で銃を乱射し、無差別に十数人を射殺するといった「スクール・シューティング」こそ起きなかったが、それまで「非行」「逸脱」と呼ばれてきた暴力行為が、「犯罪」と呼ばれるべきであるかのように、感じられた。

当然、少年たちの暴力は、重大問題と見なされ、たびたび論じられるようになった。たとえば、責任は、暴力をふるう少年にあるというよりも、暴力を傍観しているすべての人にある、と論評された。暴力的な少年は、その行為への度重なるサンクションが欠乏しているから、暴力的であり、サンクションは、当人によって科せられるものではなく、周辺にいる人が科せるべきである、と論じられた。いわば、「良心」は、はじめからあるものではなく、サンクションの集積によって長期記憶化されたものである、と。そうした議論のなかで「人間性」も論じられた。たとえば、柄谷行人は、二〇〇〇年に「人間は死の欲動、あるいは攻撃性をもっているのだということを最初に［子どもに］教えたほうがいい。教師は教育心理学などというものより、それを学ぶべきだ、それを覚悟しておくべきだと思う」と述べている（柄谷 2000: 50）。

そして、時流は、「厳罰主義」と形容される、厳格な暴力規制に向かい、さらに社会のさまざまな違法・逸脱の厳格な規制に向かった。二〇〇〇年代からの「コンプライアンス」の喧伝は、そうした規制重視の動勢の象徴である。思いだされることは、一八世紀にルソー（Rousseau, Jean-Jacques 1712-78）が『エミール』において「無秩序」に対抗するために「すべての個別意志」のうえに「普遍意志」（volonté général）を置くべきだと論じたことである。ルソーは、それは「人を悪行から引き離し、美徳（vertu）に高まる道徳性にとどめおく」と考えた（OR 4, E: 311）。また、ザルツマン（Salzmann, Christian Gotthilf 1744-1811）は、一七八〇年の『カニの本』で「よくあれ」という肯定的指示を子どもに与えるよりも、「〇〇をしてはならない」という否定的指示を子どもに与えるほうが成果をあげる、と説いた。しかし、彼らは、現代日本社会のような、さまざまな規則でがんじがらめにされた社会が到来するとは、思いもしなかっただろう。

暴力・違法を否定し社会を秩序化する方法を考えることは、たしかに必要であるが、そうした方法論が「人間性」（humanitas［humanité/moralité］）への思考を棄却することにつながってはならないだろう。なるほど、「人間性なんて考えても、何の役にも立たない」という人もいるだろう。しかし、「人とはどういう存在か」「生きるとはどういうことか」という、人の本来性への問いは、古くから繰りかえし立てられ、さまざまに語られてきた。たとえば、「理性」(logos/ratio)、「霊性」(pneuma/spiritus)、「アニマ」(psyche/anima)、「心」(mens)、「知性」(intellectus)、「存在」(esse/Sein) などは、この問いをめぐる思考の中心に位置してきた概念である。私はここで、改めてこの問いを立て考えてみたい。とくに人間性と「暴力」(violence/violentia) の関係を踏まえることで。そうした思考が「役に立たない」かどうかは、徒労をいとわず、そうした思考を試みた後で判断すればよいだろう(なお、anima を「霊魂」と訳さず「アニマ」と表記するのも、mens を「精神」と訳さず「心」と訳すのも、私の趣向であるが、概念の混乱を避けるためでもある)。

†暴力が由来する荒ぶる力

さて、人間性は、本来的に暴力を懐胎しているのか。日常生活における暴力は、憎悪・嫌悪感をかきたてる個人間の対立関係から発出し、その対立関係は、組織対立、民族対立、国家対立などへと広がり、暴力を増幅していく。こうした暴力は、たんに否定されるべきものであるにとどまらず、人間性の一端であり、社会を編成するうえで不可欠なものかもしれない。たとえば、今村仁司は、一九八二年の『暴力のオントロギー』で「人類史のなかで無限に繰りかえされてきた暴力現象は、人間性の邪悪さに偶々発生し、それゆえに人間性の進歩によって簡単に消滅するといった性質のものではない。暴力現象は、人間の存在の基底にとり消し不可能なかたちで根づいてしまっている」と述べている(今村 1982: 223 傍点引用者)。

今村は、ジラール(Girard, René 1923-2015)の議論を援用しながら、暴力への忌避が暴力を生みだすというパラドクスを論じている。それは、「供儀」(sacrifice 生け贄)に見いだされる、共同体の形成論理である。安定した共同体の秩序をゆるがすものは、多くの場合、共同体内部の構成員の対立・闘争、つまり暴力である。共同体は、この暴力を忌み嫌う。この暴力が、本質的に伝染し、共同体全体を復讐に沸きたつ戦争状態におとしいれ、ついには共同体を滅亡させるからである。こうした危機を回避するために共同体が唯一とりうる方法が、「供儀」という「一人にたいする全員の集団暴力」である（今村 1982: 235-6）。それは、共同体の「秩序」「平和」と呼ばれる社会規範形成がつねに「排除の暴力」と一体であることを示している。

　こうしたジラール／今村の暴力論は、暴力に対しとるべき人のスタンスを暗示している。それは、暴力を自分事として引き受けるというスタンスである。すなわち、自分も暴力をふるうことがあるというスタンスをとらなければ、暴力論は、他人事のままで、暴力の現実を変える思考にならない、ということである。この暴力をふるうという可能性は、ニーチェ（Nietzsche, Friedrich Wilhelm 1844-1990）が「力への意志」と呼ぶ力、すなわち今村が「荒ぶる力」と呼ぶ力にも見いだされる。それは「人間をも含むいっさいの存在者を生かしめる力であり、同時にそれらを消滅させる力でもある」（今村 1985: 8）。この「荒ぶる力」は、社会規範によって評定されるとき、およそ「暴力」として意味づけられるが、生命の営みと一体であるというその定義からして、私たちのだれひとりとして、この「荒ぶる力」から自由にはなれないだろう。

　「荒ぶる力」が生にとって根源的であるとは、どんなに普遍的で絶対的な理想がかかげられようとも、人はそれに操られ他人を傷つけうるということを含意する。そもそも、人の言語活動が「荒ぶる力」であり、暴力的だからである。デリダ（Derrida, Jacques 1930-2004）は、一九六七年の「暴力と形而上学」（『エクリチュールと差異』所収）において、暴力を最終的に根絶しようとするすべての試み、すなわち、宗教的な救済であれ、哲学的な正義であれ、「形而上学的」と呼ばれるような、普遍的で絶対的な「述定」（prediction）を前提にした試みすべては暴力に帰着する、と論じている。この述定自体が暴力だからである。「述定という［言語の］はたらきは、最初の暴力である」。「暴力は、分節化（articulation）とともに現れる」（Derrida 1967: 218, 219/上 285, 287）。しかし同時に、デリダは、そうした「暴力」が生じふるわれるからこそ、人はよりよく生きようとする、という。たとえば、二〇〇一年の『信と知』においても、デリダは「根源的な悪の可能性がなければ、人が善をなすことは不可能だろう」と述べている（Derrida 2001a: 71/118）*。

＊　なお、ナンシー（Nancy, Jean-Luc）は、二〇〇三年の『さまざまな像の奥底に』において「暴力とは、潜在的ないし活動的な構成（système dynamique ou énergétique）を無視したままその構成体に介入するという、力の発動様態である」と定義している（Ny-FI: 36/40）。この「潜在的ないし活動的な構成」は、スピノザのいうコナトゥス（歓びに向かう力動）と重ねられる。もっとさかのぼれば、トマスのいう「存在」（エッセ生き生きと生きていること）にも重ねられる。トマスにとっては、この「存在」を阻碍するものが「悪」（malum）である（稲垣 2013: 152）。

†何に依につつ〈よりよく〉生きようとするのか

こうした暴力根源論にしたがうなら、いかなる教育を行おうとも、人は暴力を根絶できない。暴力は、たんなる「野蛮」「凶悪」ではなく、生に根源的な「荒ぶる力」に由来する（ab est）からである。それは、言語そのものの本態か、それとも「神の言葉（ロゴス）」から区別される、出来損ないの「人の言語」の性質か、そもそも「力そのもの」の在りようか。こうした途方に暮れるような問いは、さしあたり棚上げしておこう。ここで踏まえたいことは、この「荒ぶる力」を前提にするだけなら、どんなに「合法性」（コンプライアンス）の大切さが説かれても、〈合法であれば、何をしてもいい〉といういずる賢さが広がるだろう、という臆断である。つまり、合法的な支配・収奪・狡猾などが。たとえば、現代のあるスポーツでは、規則に抵触しないように相手を挑発し激昂させ、相手に反則をさせ、相手を自滅に追い込む、という合法的狡猾が、戦術的に採られる。つまり、合法性が洗練された暴力を広めることすらある。

そのうえで問いたいことは、暴力の基層（「荒ぶる力」）ではなく、何が悪しき暴力、すなわち「善の欠如」

（privatio boni）――すなわち「存在の欠如」（privatio entis）――なのか、それを照らしだす「光」（nitor）である。「光」という隠喩を持ちだしたのは、ギリシア哲学ではなく、「神は光である」に象徴されるキリスト教思想を念頭においてであるが、ここでそれが指すものは、私たちの抱く日常的な感覚である。たとえば、私たちは、合法的な支配・収奪・狡猾に対し、「うまく考えたな」と思うとともに、不快感も抱くはずである。また、慇懃無礼に人をもちあげつつ、「批判」という名で誹謗中傷し、自分の優越を誇ろうとする浅慮に嫌悪感を抱くはずである。人が、そうした不快感・嫌悪感は何に由来するのかと考えるとき、その人は、おのずから悪しき暴力を照らしだす「光」に向かっている、と形容できるだろう。そうした「光」に「与り努める」（niti）という思考は、人はいかなる「光」に依って〈よりよく〉生きようとするのか、と問うことである。いいかえれば、何が「良心」「理性」と呼ばれてきたのか、と問うことである（ヨーロッパの「光」の思想史として挙げられるのが、Blumenberg 1957/1979; Herman 2014; 山内編 2018 である）。

「理性や良心は社会的構成物にすぎない」、「理性や良心は形而上学的妄想である」と、いわれるだろうか。しかし、そう言い放っただけでは、暴力を照らしだす「光」は見えてこないであろう。むしろ、そうした暴き立ての言辞に見いだされるのは、想像力の貧しさやシニシズムの澱みである。すなわち「理念」「原理」といった本質概念からの無縁さ、それらへの嫌悪、それらに見いだされる暴力を暴露することを「正義」と思い込むことである。それらは、どのような理由・経緯から生じたにせよ、「人間性」への不信となるだろう。そこには、たとえば、レヴィナス（Lévinas, Emmanuel 1906-95）が希求する「絶対の平和」や「天上の平和」は、成り立ちようもない。そうした理念をめぐる論議を可能にする知の地平がないからである。

拙速ながら、こうした暴力をめぐる根本的な問いを、次のように定めてみよう。すなわち、暴力を抑制する「暴力ではないもの」があるのか、と。「毒をもって毒を制する」ことしかできない、と諦念せずに。そして、暴力の抑制を求めるものは、〈よりよく〉生きようとする力の現れではないのか、と。「自分は生き延びたい」という生存欲求にとどまるのではなく。その力が「良心」「理性」と呼ばれたものであり、そうした人の倫理基盤は、たんなる言説的コラージュではなく、さまざまな暴力「から隔たっている」（dia）という意味で「超越性」ではないのか、と。この超越性を問うために、それに類する、しかしもう少し子どもに近しい概念を取りあげよう。「無垢」である。キリスト教思想において「無罪＝無知」（Innocentia）として、長く本質概念化されてきたそれである。

2　無垢は超越に通じる

†子どもの「無垢」

大正新教育の時代、一九一七年に創刊された雑誌『赤い鳥』に見られるように、「無垢」なる子ども像が盛んに語られるようになった。「無垢」は、もともと仏教用語で、煩悩がなくなり穢れがなくなった状態を意味し、「無垢の浄土」（『梁塵秘抄』）のように使われてきたが、子どもを特徴づける「無垢」は、汚れのない原初の状態を意味し、「純真無垢」といわれるときのそれである。この概念は、ワーズワースに影響を受けたといわれる国木田独歩（1871-1908）によって日本に持ち込まれたとされている。しかし、河原は、大正期の日本の人びとは「「無垢」ではなく「童心」という言葉を好んだ」と述べている（河原 1998: 149）。その「童心」は、社会的に正当化された理想を実現しようとする「よさ」ではなく、他者や自然への優しさとしての「よさ」である。それは、たとえば、有島武郎の「一房の葡萄」（1920）に描かれている子どもに見られるように、自分の弱さを、他者の愛に支えられて乗りこえる、という「よさ」である。

それから七〇年あまりのちにも、「無垢」の概念は、かたちを変えつつも、見いだされる。たとえば、諸星大二郎が一九九三年の作品「子供の遊び」で、「無垢」なる子どもが、いつのまにかいなくなり、かわりに「もっともらしい」大人が現れる、というすり替わりを、描いている。そこでは、子どもは大人になるのではなく、この世界からいなくなり、子どもがこっそり飼い始めた奇妙な生きものが、その子どものかわりに大人として生きてゆくが、大人はそれに気づかない。永井均は、自分ではないものが自分になりかわるという「この洞察のすばらしさに……心が震えた」と評している（永井 2004: 171）。

ふりかえっておくなら、「無垢」（innocence/unschuld）は、一八世紀以降のヨーロッパ・アメリカにおける子どもを意味づける主要な概念である。たとえば、ブレイク（Blake, William 1757-1827）は、一七八九年の詩集『無垢の歌』（*Song of Innocence*）で「子どもたちの声が野に聞え、笑いが丘に聞こえるとき、私の心は寛ぎ、すべてが安らぐ」、「彼［＝神］は小さな子どもになる。彼は苦悩する人になる。彼は悲痛を分かちあう」と詠っている（Blake SI: Nurse's Song/Another's Sorrow）。また、ソロー（Thoreau, Henry David 1817-62）は、一八四七年の『森の生活』で「無垢」と形容していないが、「子どもたちは人生を遊んでいるが、彼らは大人よりもはっきりとその真の規則と関係をみきわめている。大人は、自分は経験によってより賢くなったと思い込んでいるが、彼（女）らは人生を有意義に生きることができない」と述べている（Thoreau 1849/1979: 131）。

もう一つ例示すれば、キェルケゴール（Kierkegaard, Søren 1813-55）は、一八四四年の『不安の概念』のなかで「無垢」を論じている。もっとも、その「無垢」は、子どもの「無垢」というよりも、すべての人の「無知」としての「無垢」であり、失われたものである。その無垢は、良心によって「責められることによってのみ、すでに失われている」とわかるそれである。すなわち、「無垢は、個人の質的飛躍を通じてのみ、失われている［とわかる］」。「人類の［合理的・技術的な］発達という［無知からどんどん離れていくという］罪深さ」に「責められる」ときに「失われている」とわかるものである（KSV, 6, BA: 131-2/491-3）。

よく知られているのは、一九世紀末に登場したニーチェの子ども論だろう。ニーチェにとって子どもは、創造する自由を創造することの隠喩である。「創造する自由を創造すること、これこそが獅子の力が具現できることである」。この獅子の如き力を可能にするのは、しかし「獅子」ではなく「子ども」である。「猛獣は、子どもに変容しなければならない」。なぜなら「子どもは無垢（Unschuld）であり、忘却である」から。「新たな始まり（Neubeginnen）であり、真摯な営み（Spiel）であり、みずからまわる車輪である」から。「初源の力動であり、神聖な肯定である」から（KS, 4, AsZ: 30-1/II, 1: 41）。この獅子の如き力は、あの「力への意志」である。つまり、子どもの無垢は、創造する自由を創造する「力への意志」である。

†無垢の構築主義的解釈

こうした無垢／知識、子ども／大人の二項対立は、近代の無垢概念の基礎である。一八世紀以前のヨーロッパのキリスト教思想において、子どもを無垢と意味づけ肯定する考え方は、優勢ではなかった。なるほど、たしかにイエスは、「心をいれかえて、幼子（paidia）のようにならなければ、人は天の力に与れない」（マタイ 18. 3）と述べたが、中世キリスト教思想の礎を築いたアウグスティヌスは、『告白』において、「生まれて一日しかたっていない幼児も、罪を免れていない」といい、自分の「幼年期」を「痕跡すら思い出せない」時代であり、「今の私と何の関係もない」と切り捨てている（AA, C: 1. 7. 11, 12）。

なぜ、近世以降に子どもの「無垢」が数多く語られるようになったのか、二つの構築主義的推論が可能である。一つは、ヨーロッパにおいて中世以来、キリスト教思想が語ってきた「原罪」（peccatum originale）が退けられ、子どもの愛らしさというプリミティブな感覚が恢復され、それが「無垢」として語られた、という推論である。いいかえれば、「洗礼」「回心」によって「（神の）恩寵」に浴さずとも、子どもは「罪深くない」という考え方が広がった、という推論である。

たとえば、ロック（Locke, John 1632-1704）が一六九〇年の『人間知性論』で「白紙」（tabula rasa 白い板）という概念を提案したことは、「原罪」という概念の後退を象徴し、その「白紙」は、受容性とともに汚れを退ける純粋さを含意していた。

もう一つの構築主義的推論は、子どもの「無垢」は、「子ども観」という、近代において制度化された意味構成物、つまり大人の固定観念である、という考え方である。すなわち、子どもの「無垢」という観念は、産業社会化・市場社会化によって物質欲望と策謀思惑にまみれていく大人たちが、喪われた純朴さを、すくなくともまだそうした物質欲望・策謀思惑に侵されていない子どもに見いだした結果である、と。つまり「無垢なる子ども」は、「汚れた大人」の憧憬が凝縮された想像的形象にすぎず、事実の表象ではない、実際に、とても「無垢」とはいえない恣意的・暴力的な子どもがいるではないか、と。ようするに、「無垢」「けがれなき」は、妄想の産物、ないものねだりであり、この世界にそんなものはない、と。

日本社会の一九八〇年代・九〇年代は、そうした構築主義的解釈が広まった時代であった。子どもを「無垢」と見なす「子ども中心主義」も、「批判的」であることを自認する人たちによって言葉汚く罵倒された。そうした論難とは無関係であるが、中村雄二郎は、一九八二年の『パトスの知』において、子どもたちは、大人の「固定観念」でしかない「〈見えない制度〉によってがんじがらめになっている」といい、その代表的なものとして、子どもを「けがれを知らぬ無垢な存在と思い込む見方」を挙げ、「まことに大人にとって［本当の］〈子供〉には得体の知れないところがあ［る］」と述べている（中村 1982: 119, 123）＊

＊なお、ヨーロッパ近代における「子ども観」という制度（固定観念）の形成については、多くの歴史（思想史）研究がある。たとえば、Coveney 1967; Shorter 1975/1987; Postman 1982/1985; Hwang/Lamb/Sigel 1996; 北本 1993; 森田 1993など。

†心そのものとしての「鏡」

ここで考えたいことは、これらの構築主義的推論の当否ではなく、言語によって何かを意味・価値づける以前の状態を論理的に前提することができるという事実である。この言語化される以前の状態は、アガンベン（Agamben, Giorgio）が一九七八年の『インファンティアと歴史』でいう「経験のインファンティア」ないし「人間のインファンティア」である（Agamben 2001/2007: 64, 82）。それは、「非－言語」（in-fans 幼児）の経験、ただ感じ受け容れている状態である。その状態は「そんなものはない」と否定できない。そうしたインファンティアの否定は、言語化されるものも、言語化することも、ともに否定することであり、論理的に不可能である。インファンティアは、それが言語活動によって剥奪されるなかでのみ、遡及的に語られうる。

この遡及的に語られうるインファンティアは、「形なきもの」であるが、「象られるもの」である。見えないもの・聞こえないもの・触れられないもの、つまり知覚不可能なものであるが、それでも区別されるもの、古い言葉を使えば、「明白なもの」（distinctus）である。それは、たとえば、「生動」「無心」、また「温もり」「安らぎ」と遡及的に語られてきた。それは、述定し確定し固定する通常の言語による思考、すなわち対象化・客体化・意味づけから隔てられている。それはまた、事物と違い、近づくことでわかるものではなく、ふりかえることでわかるものである。ここでいう「遡及」は、ふりかえりである。

このインファンティアが「無垢」と重ねられるとすれば、「無垢」は、意味・価値を前提としつつもそれを超越する交感・感受の経験に通じ、いわば暴力を暴力として映しだすもの、と考えられるだろう。端的な日本語表現を用いれば、それは「子どもは正直」といわれるときの「正直」に似ている。それは、意図も作為もなく、言われた言葉をただ受けとめること、事実か虚偽か、好きか嫌いかといった判断をするまえに、そのまま受け容れることである。その映しだしは、たとえていえば、みずから発し輝く「光」の照らしだしではなく、おのずから何でも受け容れてしまう「鏡」の映しだしである。

しかし、その鏡のような映しだしは、映しだされるものだけでなく、映しだすものをともなっている。鏡に映しだされる像は、その像を映しだす鏡そのものを前提にしている。その鏡そのものは、はじめから〈よりよく〉というベクトルをふくんでいるだろう。人びとが子どもに見いだしてきた「無垢」という状態が、さまざまな生の様態を映しだす「鏡」としての心を暗示しているとすれば、その心は、その心に象られるさまざまな意味・価値だけでなく、〈よりよく〉というベクトルを潜ませる心そのものでもあるだろう。ヨーロッパの思想史をふりかえれば、そこでは、心がまさに「鏡」と見なされていた*。

* なお、私の知るかぎり、中世ヨーロッパの「鏡」論にかんする近年の研究は少なく、Abrams 1953; Bradley 1954; Newman 2005; Hamburger 2011 くらいである。関連する文献は、Coutine/Haroche 2007（1988）である。そのクーティン／アロシュの『顔の歴史』は、一六世紀から一九世紀にかけてのヨーロッパで、顔が「心の鏡」から「表情」、つまり揺れ動く感情の表れを意味するものに変化していった、と述べている。

†キリスト教思想の「心の鏡」

さかのぼれば、紀元前一世紀にキケロ（Cicero, Marcus Tullius 106–43 BC）は、子どもを「自然の鏡」（Speculum naturae）と呼んだ、といわれている。子どもの言葉は、通俗性を超越し、本来性としての「人の自然」（natura humana 人性）が映しだす「鏡」である、と。ボアズ（Boas, George）は、一九六八年の評論「プリミティヴィズム」において、アンブロシウス（Ambrosius 340?-97）の思想を取りあげ、そこでは、「子どもは、アダムが堕罪以前にどういう状態であったのかの実例である。キケロの表現を使えば、子どもは『自然の鏡』である」と述べている（Boas 1968/1990, 4: 164）。おそらく「子どもは無垢である」という考え方は、キリスト教誕生以前からあったと考えられるが、その子どもは、子どもの心だろう。

古代ギリシアの哲学には、子どもにかぎらず、人の「心」を「鏡」と形容する考え方があるが、さしあたり注目したいのは、中世ヨーロッパのキリスト教思想が語った「鏡」としての「心」である。中世ヨーロッパのキリスト教思想の起点に位置しているのは、アウグスティヌス（Aurelius Augustinus 354-430）であるが、そのアウグスティヌスは、人の心には「霊性」（spiritus 神におのずから向かうベクトル）というはたらきがあるから、人はその心に神を映しだすことができる、と述べている。アウグスティヌスは、『三位一体論』において「私たちが［イエスの像を心に映しだすことを通じて］神を知るとき……神に似たもの（similitudo）となる」と述べ（AA, DT: 9. 11. 16）、この神を知ることを可能にする心のはたらきを「心の眼」（oculus mentis）と呼んでいる（AA, DT: 11. 4. 7; 11. 7. 12; 11. 8. 12）。この「心の眼」は「心の鏡」（speculum mentis）と同義である。

中世ヨーロッパのキリスト教思想（スコラ学）の中心に位置しているトマス・アクィナス（Thomas Aquinas 1225-74）も、アウグスティヌスにならい、「心の眼」という表現を用いているが、彼は、「霊性の眼」（oculus spiritualis）という表現も用いている。『神学大全』において、トマスは「［アガペー／カリタス（慈愛）の体現者である］キリストの姿は……たんなる知覚によって（sensui）も、ただの想像によって（imaginationi）もとらえられず、霊性の眼（oculus spiritualis）と呼ばれる知性（intellectus）によって、とらえられる」と述べている（TA, ST: 3a, q. 76, a. 7, co）。中世キリスト教思想においては、「心情の眼」（oculus cordis）、「心のまなざし」

（acies mentis）、「アニマのまなざし」（acies animi）といった表現も、用いられていた（Solignac 1982; Hadot 1997; Fleteren 1999）。どれも「神の像」（imago Dei）、イエスの像を見る「心の眼」すなわち「心の鏡」である。

確かめておくなら、中世キリスト教思想においては、「鏡」という言葉は、「心の営み」を語る言葉としてよく使われていた。たとえば、ブーヴァのヴィンセント（Vincent de Beauvais　1190–1264?）の書いた『大いなる鏡』（*Speculum Maius* 1260）は、中世によく言及された学術事典であり、「自然の鏡」（Speculum Naturale）、「教義の鏡」（Speculum Doctrinale）、「歴史の鏡」（Speculum Historiale）の三部から成っている（Gabriel 1962）。こうした「鏡」は、「心の営み」としての「象り・写し」を意味している（なお、一般に流布する『大いなる鏡』には、第四部「道徳の鏡」がふくまれているが、それは、ヴィンセントの著述ではない）。

また、「神の像」を象る「心の鏡」の用例は多い。たとえば、カンタベリーのアンセルムス（Anselmus Cantuariensis 1033-1109）は、『モノロギオン』（*Monologion*）において、「それ［= 理性］は、いわばそれ自身にとって〈鏡〉（'speculum'）のようなものであり、その鏡のうちに……人は［神の］似姿［= 像］を見る」と述べている（リーゼンフーバー 2008: 83 から引用）。聖ドミニコ（Santo Domingo）は、アッシジのフランチェスコ（Franceco d' Assisi 1182-1226）の伝記である『完全性の鏡』（*Speculum perfectionis*）において「……信心のすべては、この聖なる人、フランチェスコを模倣する（imitari）ことである。気高きものは、彼の神的な完全性である」と評している（SP: IV, cap. 43［77］）。またニコラウス・クザーヌス（Nicolaus Cusanus 1401-64）は、『学識ある無知』などにおいて、「眼に見ゆるものは、眼に見えぬものの似像である。創造主は、いわば［心の］鏡の中で、そして、おぼろげな像の中で、被造物によって知られうる」と述べている（山崎 1977: 15 から引用）。

すこし時代を下るが、本書で主題的に取りあげるスピノザ（Spinoza, Baruch de 1632-77）も、一六七七年の『エティカ』において、アウグスティヌスと同じように、「心の眼」（mentis oculi［=oculus mentis］）という言葉を用いている。「心は、知性によって知解されたもの［人の自然、神の自然］を［いわゆる五感を通じて］想起されたものと同じもののように、受容する。ものを見て観想する心の眼（mentis oculi）が、その証しである」と（E: 5. P23. S）。つまり、人が「心の眼」をもっていることが、人が「神」を知解し受容できる理由である。ドゥルーズ（Deleuze, Gille 1925-95）は、スピノザは「歓び、直観する［この心の眼］の視力しか信じなかった」と述べている（GD, SPP: 22/30）。スピノザ研究者の上野は、この「心の眼」（上野の訳語は「精神の眼」）について、それは「われわれの内にある永遠なる部分」であり、「デカルト的な『思惟するわれ』」ではない「〈他なるもの〉としての自己」である、と述べている（上野 1999 : 159-60）。

†思考創生の礎としての「心の鏡」

こうした中世キリスト教思想に見いだされる「心の鏡」論の端緒は、新約聖書の著者パウロ、ヤコブに見いだされる。パウロは、「コリントの信徒への手紙」において、「私たちは、今、鏡（esoptron）におぼろに映ったものを見ている。しかし、その［＝慈愛を生きる］ときには、顔と顔を合わせて［慈愛そのものである父を］見ることになる」と述べている（Ｉコリント 13. 12; 富松 2003: 10）。そのとき、「私たちのだれもが、顔の覆いを取られ、鏡のように、主の栄光を映しだし、すなわち［主の］灯りから［人の］灯りへ、主と同じかたち（eikon）へと姿を変容させられる（metamorphou）。これはすべて、主のプネウマ［息吹＝霊性］のはたらきである」と述べている（IIコリント 3. 18; 山崎 1977: 25）。この「鏡」は、寝ぼけたままでおぼろに映しだす「鏡」であれ、覚醒しはっきり映しだす「鏡」であれ、神に向かう心、つまり霊性である。

また、ヤコブは、パウロより踏み込んで、人が「心の鏡」に自分を映しだし、イエスの言葉に従い実際に生きるべきである、と説いている。すなわち「［人は、イエスの］言葉を実際に行う人（poiētai logou）であるべきである。自分を騙しつつ［その言葉をただ］聞く人（akroatai）ではなく。その言葉をただ聞く人で実際に行う人でないなら、その人は、ただ自分の顔を鏡（esoptrou）に映している人に似ている。その人は、鏡に映しだされた自分を見ても、［その鏡から］離れれば、すぐにそれ［＝映しだされた自分］を忘れてしまう。しかし、［その鏡のなかで、イエスが語った］完全な自由（eleutheria）の定めを見いだし、そこにとどまる人は、［イエスの言葉を］聞いても忘れる人ではなく、その言葉を実際に行う人である」と述べている（ヤコブ 1. 22-25）。すなわち、その言葉を「ただ聞く」人ではなく、その言葉に「聴き従う」人になる、と。

「ヤコブの手紙」は、神学的に高く評価されている文書ではないが、先にふれたキェルケゴールは、一八五一年の『自省のために、現代に勧める』のなかで、この「ヤコブの手紙」に描かれている「鏡」を取りあげ、肯定的に論じている。真に「イエスの言葉」を聴く人は、ただそれを聞く人ではなく、聴きつつみずから――「完全な自由の定め」のもとに――それを遂行する人である、と。ただし、そうするために必要なことは、自分自身を真に知るために「［イエスの］言葉という鏡の象りのなかで自分自身を見ること」であり、そのとき「自分自身のことが語られている」と自分に言いきかせることである（KSV 14, TSS: 78/46; Chrétien 2015: 31）。キェルケゴールにとって、それは、人を霊性としての「無垢」に立ち返らせることである。有名な『不安の概念』で述べられているように、キェルケゴールにとっては、「無垢は無知である［＝善／悪を超えている］」。無垢の人は、意識活動（Aand）としてそう定められているのではなく、自分の自然と直接的な一体性として、つまり心（hjerter）として、そう定められている」からである（KSV 6, BA: 136/498）。

パウロ、ヤコブのいう「心の鏡」は、キリスト者としての人が〈よりよく〉生きようとするための礎である。その意味で「心の鏡」は、「悔い改め」と訳されてきた「メタノイア」（metanoia）を語る中世キリスト教思想の多くに見いだされるが、この「心の鏡」は、キリスト教という宗教的枠を越えて敷衍できるだろう。すなわち「越えて考える」を意味する「メタノイア」(meta-noia)、いわば思考創生の営みとして(metaniaの原義は「超えてmeta－見る・考えるnoein」である)。いいかえれば、「心の鏡」は、キリスト者にかぎらず、人が通念を「越えて考える」ための礎である、と考えられるだろう。ちなみに、フーコー(Foucault, Michel 1926-84)は、遺稿『肉の告白』(性愛の歴史 第4巻)において、二世紀の前半に書かれた『ヘルマスの牧者』(*Pastor Hermae*)にふれながら、「メタノイアは……一つの複合的活動である。すなわち、真理へと通じる心(âme)の活動であり、かつその活動が顕在化させる真理である」と述べている(Foucault 2018: 57)。

†自己を越える〈鏡〉論

大雑把にいえば、中世ヨーロッパのキリスト教思想には、人が〈よりよく〉生きようとする活動を示す二つの隠喩があった。ドゥルーズが『スピノザと表現の問題』で用いている言葉を借りていえば、それは〈鏡〉の隠喩と〈芽〉の隠喩である。前者は、人が、鏡のように、「理想」の像を映しだすことであり、後者は、人が、新芽が成長するように、「内在するもの」を伸長させることである(GD, SPE: 69, 158-64/1991: 74-5, 174-85)。〈鏡〉の喩えで語られる人の生き方は、「模倣する」「類似する」である。それは、「心の鏡」論のように、神の子であるイエスを「理想」の像とし、それに「まねぶ」、自分に「象る」ことである。「芽」に喩えられる人の生き方は、「成長する」「発達する」である。それは、「流出」論のように、人の生を、すべての根源であり無限である「一なるもの」(to hen)からの「流出」(aporrhoia / emanatio)と考えて、その「一なるもの」を「想起」し、そこに「回帰する」ことである。

〈鏡〉の隠喩は、先に述べたように、キリスト教思想によく見られるが、〈芽〉の隠喩は、プロティヌス(Plotinus 204?-70)に端を発するネオ・プラトニズムによく見られる。プロティヌスが〈鏡〉の隠喩に向かわなかったのは、彼が依拠するプラトンが、のちにキリスト教思想が語る〈鏡〉の隠喩とは無縁だったからだろう。プラトンは、たしかに『テアイテトス』で「鏡」(katoptron)の隠喩を用いているが、山崎が述べているように、それを「虚偽のドクサ(臆見)」を生みだすもの、つまり「ノエシス」(思考)にいたらないもの、と見なしているからである(山崎 1977: 11)。つまり、〈鏡〉としての心に映しだされるものは、所詮、偽物であり、どんなに精確に何かを映しだしても、そこにめざすべきイデアはない、と。

確認しておくなら、ニーチェは、古代ギリシア思想に傾き、「反キリスト者」を自認していたが、ネオ・プラトニズムとは無縁であり、むしろ「心の鏡」論と親和的である。ニーチェは、キェルケゴールのように、中世キリスト教思想のいう「心の鏡」を、「私」の自己の真実を映しだすものとして、語っているからである。『ツァラトゥストラはこう言った』のなかで、ツァラトゥストラは、夢のなかで、鏡をもった幼い子どもから「この鏡で自分を見て」と言われ、その鏡を見ると、自尊感情に溢れて「悪魔的に歪んだ嘲りの顔」が映っていて、愕然とする(KS, 4, AsZ: 105/II, 1: 120-1)。その顔は、他者に映る自分の自己であった。

付言すれば、ネオ・プラトニズムと違い、ニーチェは、知りうる最高のものに満足するというスタンスではなく、知りえず語りえないものに敢えて向かうというスタンスをとっている。それも、傲岸とは無縁に。〈鏡〉の隠喩をともなうその思考は、キリスト者、反キリスト者の違いにかかわらず、あらためてたどられるべき思想的スタンスだろう。なお、念のために述べておくなら、ここでいう「自己」は、自分の意図・思惑、作為・欲望の原因としてのそれである。したがって、それは、たとえば、レヴィナスや八木誠一のいう「自己」――神の「はたらき」と作用的に一つである自分――ではない。まぎらわしいが、ここでいう「自己」は、レヴィナスや八木のいう「自我」である(八木 2012: 154-70)*。

* ちなみに、「心の鏡」論は、「自己の鏡像認知」の発達心理学的議論とは無関係である。自己の鏡像認知論は、富松

が簡潔に紹介しているように、ダーウィン（Darwin, Charles 1809-82）に始まり、ワロン（Wallon, Henri 1879-1962）をへて、ラカン（Lacan, Jacques 1901-81）に継承されたそれである（富松 2003: 47-8）。それは、人は他者認知を踏まえつつも、実際の鏡に映った自分を自分と認知することで、自己となる、という考え方である。

†ベルクソンとルフェーヴルのイマージュ

ここで、ベルクソン（Bergson, Henri 1859-1941）とルフェーブル（Lefebvre, Henri 1901-91）のイマージュ論にふれておこう。ベルクソンは、一八九六年の『物質と記憶』において、「イマージュ」（image）と「表象」（représentation）・「観念」（idée）を区別している。イマージュは、身体の「見る」（voir）という営みと、意識の「映しだす」（réfléchir）という営みが重なるところで現れる。いいかえると、イマージュは、物質としての「事物」（chose）と、言述としての「表象」の、あいだ（mi-chemin）にある（HB, MM: 16, 1, 21）。表象は、イマージュが物質から離床し、意識による意味づけによって言語化されたものであり、観念は、意識によって表象がほかの表象と比較され価値づけられたものである。つまり、イマージュは、表象・観念に先行するものであり、したがって意味でも価値でもない。それは、いわば「形なき像」である。

ルフェーヴルも、一九五九年の『総和と余剰』の第五部「語録」において、「イマージュ」を「概念」から区別している。ルフェーブルは、概念は「人間が作りだすものであり、イマージュは世界のもの（du Monde）である。概念は、その抽象性ゆえに、非人間的であり、イマージュは、近接的で、親近的で、猥雑なくらいに生動的である」と述べている（Lefebvre, SR: 613; 中村 1969: 20-1）。たとえば、現実としてであれ、意味としてであれ、「田舎は、自然、存在、始原といったイマージュをもたらすが、都市は、努力、意志、主体、内省といったイマージュをもたらす」（Lefebvre, DV: 27）。これらのイマージュは、しいていえば、情状的なものだろう。たとえば、日本人にとっての「春の桜」が喚起する晴れやかさであり、ドイツ人にとっての「ドナウ川の流れ」が喚起する悠久なるものだろう。無理やり言葉にすれば、であるが。

ベルクソンのイマージュが意味（シニフィエ）に先行するものであり、ルフェーヴルのいうイマージュが意味（シニフィエ）を越えるものであるとすれば、どちらも「形なき（sine figura）像」であると、さしあたり括られる。ここでいう「形」は、視覚がとらえる輪郭だけでなく、触覚がとらえる性状、聴覚がとらえる音声などをふくむものであり、事物に対応している。四角いも、すべすべも、話し声も、それに対応するものがある。そうした事物認識に先んじて・それを越えて認識されたものが「形なき像」である。ベルクソン、ルフェーブルのイマージュが、どのような思想に由来するのか、私にはわからないが、それらは、キリスト教思想の「心の鏡」に映しだされ象られるものと違背しない。「神の像」は、いわゆる「鏡像」と違い、明確な形をもたず、事物認識とは別のかたちで、心に現前するものだからである。

†ハイデガーの世界像にふれて

念のために、〈鏡〉に映しだされるものは「表象」だ、という決めつけを退けよう。ローティ（Rorty, Richard）は、一九七九年の『哲学と自然の鏡』において、アウグスティヌスにもトマスにも言及していないが、「鏡の像」を論難している。「伝統的哲学を枠づけてきた像は、大きな鏡としての心が描く像であり、それは、多様な表象をふくむものだったし、純粋で非実証的な方法による研究を可能にするものだった。この鏡としての心という観念がなければ、表象の精確さという知識の観念も着想されなかっただろう」と（Rorty 1979: 13/31-2 傍点は引用者）。そしてこの「鏡の像」の批判者の一人がハイデガーである、という。

ハイデガーは、一九三八年の『世界像の時代』において、たしかに「表象」という考え方を批判しているが、同時に伝統的哲学（スコラ学）に表象から区別される思考を見いだしている。「世界が像（Bild）になることこそ、近世の本質を徴づけている」。これに対し「中世においては、存在者は被造物である。……つまり存在者は、自分たちが構成する秩序のどこかに帰属し、（存在者の類比［analogia entis 神から存在 esse を贈られているかぎり、人は神に似ているという考え方］が示しているように）神に喚起されるものとして、造物主という原因に応答する」。「その時代において、存在者の存在が対象であること、すなわち人間の眼前に引き出され、人間が精通し人間に操作するという場に立たされることはけっしてなかった」（GA 5, ZW: 90）。

ハイデガーのこの記述は、中世のスコラ学が「神の支配」を前提にしていることへの批判でもあれば、そこで人が「存在」に与りつつ生きることへの回顧でもある。ハイデガーは、そこで「心の鏡」を論じていないが、先に見たように、中世のスコラ学を代表する一人、トマスに見られるように、「心の眼」は、人が「神」に与りつつ慎ましく生きる姿を含意している。「心の鏡」におのずから映しだされる「神の像」は、意図し思惑する自己による表象ではない。「心の鏡」に映しだされる・象られる・象られるものは、出来である。この自己による表象から区別される、出来としての象りが、表象の肥大化・自明化とともに失われるとき、人は、自分の表象的思考を、他者の独異な（singulier）思考に塗りつけるだろう。

なるほど、「心の鏡」は、すでに死語であるが*、この言葉のもつ含意は小さくない。語りえない・形なきものはいくらでもあるが、それらのなかで、語りえない・形なきものであるにもかかわらず、人が懸命に語ろう・象ろうとしてきたものの一つが、「神の像」である。その言葉にすでに、その切実な想いが滲みでている。原初から偶像が忌避されてきたにもかかわらず、敢えて「像」という言葉を使ったこと自体に。次節で、次章以下において、「心の鏡」の含意を敷衍するための準備をしよう。まず、記述概念としての、交感・感受性、共鳴共振、呼応の関係、事後のテロスについて、端的に説明する。そのあとで、主題である

「心の鏡」と、議論の帰結である「独りともに在る」について、その概要を予示する。

＊ 忘れ去られたわけではない。コリングウッド（Collingwood, Robin George 1889–1943）は、一九二四年に出版したまさに『心の鏡』（*Speculum Mentis*）という本で、「心の鏡」を現代に甦らせるべき概念として描いている（Collingwood 1924）。また、チョムスキー（Chomsky, Noam）は、一九七五年の『言語についての省察』において、私が「言語を研究する一つの理由――私にとってもっとも説得的である理由――は、それが、言語を、伝統的な言葉を用いれば『心の鏡』（mirror of mind）と見なすことだからである」と述べている（Chomsky 1975: 4-5）。

3 〈鏡〉の隠喩のなかで

†交感・感受性

まず、人の〈よりよく〉生きようとする力は、言葉では語りがたい「感受性の広がり」から醸成される、と考えてみよう（田中 2017a, 2017b）。第3章でいくらか詳しく述べるが、感受性の広がりは、五感の知覚（perception）の前提としての、「感覚」（sense）のはたらきである。知覚は意識されたもの、感覚は意識されていない身体のはたらきである。「交感」（sympathia）は、そうした感受性のなかで、だれかの感情が自分のことのように感じられることである。交感は、いわゆる「共感」（sympathy）と似ているが、共感が自己の営みであるのに対し、交感は自己を越えた営みである。すなわち、意図・思惑抜きで思わず生じる。

こうした交感・感受性のなかで、自分と他者のあいだにおのずから生じる呼びかけ、応答の関係を、「呼応の関係」と呼ぼう。この呼応の関係は、親子・友人に見られる親近的な間柄で生じることもあれば、たまたま出会った人との出会いで生じることもある。第3、4章、そして終章であらためて論じるが、この交感、感受性のなかで生じる呼応の関係は、生きている人とだけでなく、死者とでも生じる。それは、神秘的な現象ではなく、内在的な形象である。それは、自分なりに〈よりよく〉生きようとしている事実と、他者なりに〈よりよく〉生きようとしている・してきた事実の引きつけあいであり、その引きつけあいが強大であるとき、それは「共鳴共振」（sympathic resonance）と形容される（田中 2017a, 2017b）。

こうした交感・感受性、呼応の関係、共鳴共振を語ることは、個人・主体、自己・自我という鎧に覆われたまま生きることを相対化するだろう。なるほど、「人の気持ちがわからない」のは、世の常であるが、堅牢な個人、自己の鎧を身につけ、他者の痛みを感受せず、他者と交感しようとしない人は、それだけで通常の社会的コミュニケーションを歪めていく。彼（女）らの言動が、社会的な規約・制度に合致していても。交感・呼応のなかにこそ〈よりよく〉の力がふくまれているからである。小野文生が注視している古い言葉を引けば（小野 2018）、古代ギリシアの詩人アイスキュロス（Aeschylus）の「パティ・マトス」（pathei-mathos ）は、他者の「受苦を通じて学ぶ」ことを意味するだけでなく、他者の「感受を通じて学ぶ」ことも意味する。すなわち、他者をおのずから感じ、みずから為すべきことを知ることも、意味している。

現代社会おいて交感、呼応が語られるべき根本理由は、暴力が犠牲者を生みだすからであり、私たちがその痛ましさを忘失できないからである。たとえば、小野が試みている「非在のエチカ」も、犠牲者の痛ましさへの想起に基礎づけられている（小野 2017）。現代社会において、人は、能力で価値づけられ、モノのように利用される傾向にある。信頼も信用も希望も、有能性の多寡に基づいて判定される傾向にあり、過ち・誤りは、能力の欠如と見なされる傾向にある。しかし、ジラールが述べているように、「私たちにとっての絶対性、それはこの［＝犠牲者への］気遣いである」。「だれ一人として、この犠牲者への気遣いを〈流行遅れ〉にできない。それは、私たちの世界においてまさに流行に依存しない営みである」(Girard 2015 [1999]: 229)。他者との交感、呼応は、犠牲者をたんなる数字に還元させない、唯一の歯止めである。

†事後のテロス

一人ひとりの〈よりよく〉生きようとする力は、また何らかの方向性をもっているが、その行先は、所与(予め定められたもの)ではない。それは、試行錯誤、紆余曲折の末に辿り着かれ、当人のふりかえりのなかで見えてくる。なるほど、ルソーは、一七八一/八年の『告白』で、人はそれぞれに固有な行先を与えられているのに「……多くの人が、その人生行路において、自分らしくないものになったり、まるで違う人に変貌したりしている」と述べて、私の目的は「そうした変化の諸原因を見つけることであり、私たちの内面に生じる変化に着目することである。自分でこの変化を制御するために、すなわち私たちがよりよくなるために、そしてより確かに生きるために」と述べている(OR 1, C: 408)。しかし、そうした「制御」をあれこれ論じるまえに、一人ひとりの人生が向かうところが所与ではない、と確認するべきだろう。

自分の行先が所与ではないとき、人にできることは、その行先を事後的に確かめることだろう。というよりも、自分がどのように人生を歩んで来たのか、とふりかえれば、その言動のあちこちに、自分にとっての大切なものが見えてくるはずである。その大切なものが本人に固有な行先である。それを「事後のテロス」と呼ぼう。自分が人生をどのように歩むのか、そのつど、あれこれと思い悩み、思いがけない偶然や邂逅に振りまわされるが、人生の終わりにふりかえってみるなら、このような人生しかなかった、か、の、よ、う、に思う。森鷗外は、五〇歳のときの作品『妄想』のなかで、自分の人生をふりかえり、「……過去の記憶が、稀に長い鎖のやうに、刹那の間に何十年かの跡を見渡させることがある」と結んでいる(森 1992: 31)。

もっとも、ニーチェの場合、事後のテロスは、潜在的なものである。ニーチェは、『ツァラトゥストラはこう言った』において、すべての永遠なるもの（Alles Unvergängliche　すべての過ぎ去らないもの）は「喩え」（Gleichniss）であるが、喩えは活用されるべきである、という。もしも人が「ひとりの神を創造できない」とすれば、人は「いかなる神についても語るべきではない」。しかし、人は、喩えていえば「超人（Übermensch）を創出できるはずである」。それは、人にできる「最高の創出である」。この「超人」は、具体的にいえば、私たち一人ひとりが自分に潜在し自分が目指す「像」を象ることである。ツァラトゥストラは、「ああ、人びとよ。石のなかに私にとっての像が眠っている。私の像である像が」といい、それを黙示する「影が、私のもとに到来した」といっている（KS 4, AsZ: 109, 110-2/II, 1: 125-7 傍点は引用者）。

† 〈よりよく〉のベクトル

こうした〈よりよく〉のベクトルが心のもつ力であるとすれば、心そのものは、先に述べたように、「インファンティア」と形容できるだろう。確認しておけば、それは、原初の穢れなき状態ではなく、鏡面のような状態である。人の心は、幼い子が親の言動を真似るように、やがて生きている社会の風潮に染まっていくように、さまざまなものを映しだし、記憶するが、そうであることは、その映しだす心そのものが変容することではない。いいかえれば、子どもの真似や模倣は、〈ああ、こうするのか〉という不断のふりかえりの結果であるが、このふりかえるものは、ふりかえられるものと同一ではない。さまざまなものを映しだす心は、その心に映しだされるものから区別される。ふりかえる心そのものは、およそ〈鏡〉そのもののように、何ものにも染まらない。その意味で、心そのものは純粋・無垢ということができる。

人の心はまた、その人がさまざまな社会的活動を終えるまで、自分のめざすところを知らないだろう。心が自分のテロスを知るのは、さまざまな混じりものを映しだし、ふりかえったあとだろう。人は、あれこれ社会的に活動しているときには、自分の心の内奥を知らず、多くの通念通俗的なものを心に描き、それを求めたり退けたりするが、そうした社会的活動を終えると、自分をふりかえり、自分の心の内奥を知ることになるだろう。このふりかえりは、〈よりよく〉のベクトルにつらぬかれている。そのベクトルがなければ、人はふりかえらず、やりっぱなしで終わる。「悔しさ」も「情けなさ」も感じないままに。

心についてのこうした知見を踏まえるなら、「心の鏡」は、暴力（荒ぶる力）としても、生動（生き生きとした状態）としても顕現する力が、もっとも静まっている状態である、と考えられる。すなわち、止水のような状態である、と。「実体」（substantia）よりも「存在［実存］」（existentia）を重視したことで知られる、一二世紀の思想家サン・ヴィクトルのリカルドゥス（Richardus de Sancto Victore, 1110-73）の言葉を引いておこう。「陽光は［水塊としての］心に降り注ぐ。……その心が揺らぐほどに光も揺らぎ、穏やかであるほどに穏やかとなり、純粋であるほどに純粋になり、広がるほどに広がる」（BM: 5. 11 [p. 180]; Newman 2005: 19）。それは、蠢動・躍動・揺動といった心の動き、また意見・抗弁・非難といった喧しい能弁が、ことごとく他ないし外なるものへの、およそ暗く濁った感情・観念から生まれたものと知り、すべての応答を謝絶し、ただ独りとなるなかで、おのずから浮かびあがる心そのものの状態、といえるだろう。

もっとも静まった状態の心は、通念とは異なる「自由」を希求するだろう。それは、通念の意味・価値、規約・制度を越えることである。その状態は、エックハルト（Meister Eckhart 1260-1328）のいう「離脱」（Abegescheidenheit）、またハイデガーがエックハルトを念頭に置いていう「静謐」（gelassenheit 放棄）に重ねられる。エックハルトは、『ヨハネ福音書註解』において、「自由」は、人の知性の「受動的という形相がもつ固有性」（proprietas formlis pasivi）であると述べ、それは「裸形な存在」（nudum esse）であると述べている（EDL, Ioh: n.

100 [LW 3: 86])。すなわち、光があらゆる色彩から自由であるように、また耳があらゆる音響から自由であるように、人の知性(神を知解する営み)は、あらゆる意味・形象から自由である、と。

†独りともに在る

本書の目的は、こうした「心の鏡」に象徴される心そのものの営みを析出しつつ、〈よりよく〉というベクトルを描くことである。その心の営みは、現代でよく使われる「発達」「能力形成」といった有能の教育言説とは異質である。有能の教育言説においては、因果の関係のように、心と身体が関係づけられている。すなわち、心が、合理的な目的を定め、それを身体が具現化する、と定められている。たとえば、優勝できる身体能力、合格できる知的能力、グローバル競争に勝てる開発能力を具現化する、と。

これに対し、心そのものの営みにおいては、心と力の関係が主題となる。すなわち、心そのものが「一つのいのち」(une vie)を肯定する力(コナトゥス)によって方向づけられることで〈よりよく〉生きようとすることである。ドゥルーズに従えば、その生は、まず「独りで＝独異に」(in solitude)在る生である。おのずから自分を創出する力としての「一つのいのち」で在ることである。ドゥルーズにとってのスピノザは、そのように生きた哲学者であった。ドゥルーズは、『スピノザ』において、次のように述べている。

「この哲学者が禁欲の徳性[virtus]――下支え(humilité)、清貧(pauvreté)、純粋(chasteté)――にとらわれるのは、彼がおよそ特殊で望外な終極、すなわち実際には禁欲とはほど遠いそれに向かうからである。……下支え、清貧、純粋は、圧倒的に豊穣で充溢の生、すなわち思考をとらえ、すべての本能を従わせる圧倒的ないのちがもたらす効果である。そのような〈いのち〉(la Vie)を、スピノザは〈自然〉

（la Nature）と呼んだ。〔その現れである〕一つのいのち（une vie）は、必要から始まり、その手段や目的に応じて生きることではなく、創始、創出、潜勢力（puissance）から始まり、その原因と効果に応じて生きることである。下支え、清貧、純粋は、彼の存在の仕方、すなわち一つの〈大いなる生者〉（un Grand Vivant）としての存在の仕方であり、彼自身の身体を、それ自体、とても誇らしく、とても豊かで、とても感覚的である原因の住み処とすることである。……ここに、哲学者が独り在ることの意味が、すべて把握されている。なぜなら、彼は、どんな環境にも統合されえないし、だれからも歓迎されないからである」（GD, SPP: 9-10 傍点は引用者）。

この「独り在ること」は、いいかえれば、「どんな情況においても、自分の目的と国家〔や組織〕のそれを混同しないこと」である。それは、「思考において、力（forces）、すなわち罪過にひとしい服従から逃れるためのそれを求めることであり、像（image）、すなわち善／悪を超えた生のそれ、功績も罪責もない厳密なる無垢（innocence）のそれを作ること」である（GD, SPP: 10 傍点は引用者）。いいかえれば、独り在ることは、自由への力に支えられ、無垢の像に与るという意味で思考することである。「〈いのち〉（la Vie）は、思考を把握するが、また逆に思考によってのみ把握される。……ただ思考する者のみが、罪責も憎悪も知らず、一つの力動的ないのち（une vie puissante）となり、このいのちのみが、思考を啓く」。この思考の営みは、「生きる予言者」（vivant-voyant）、「霊性のまなざし〔＝心の眼〕」（les yeux de l'esprit）の営みにひとしい。それは「すべての虚妄、欲情、死滅を超えて生〔の歓び〕を見とおす」ことである（GD, SPP: 22）。

私が本書でこのドゥルーズの議論に付け加えようとしているのは、「ともに」という三文字だけである。すなわち「独り在る」を「独りともに在る」（*co-esse solitarius* 〔*co-being in solitude*〕）に変えるためだけに、本書は書かれる。独りともに在るは、人が独り、他者と交感し呼応することである。それは、ドゥルーズが自分の思想を語るときに、すでに述べていることであるが、私から見れば、あまりにささやかにしか述べていない（田中 2018 参照）。私はここで、ドゥルーズがささやかに述べていることを、アウグスティヌスやトマスといったキリスト教思想家の著作からあれこれ引用しながら、もっともらしく敷衍するだろう。

†本書の基本的な考え方──遡及的思考

以下の議論は、スピノザが彫塑した認識の三態、ドゥルーズの言葉でいえば、アフェクト、コンセプト、ペルセプトを、こうした〈鏡〉の隠喩、ともに独り在ることに傾けつつ、中世キリスト教思想の心の議論に着床させ、またその含意を敷衍することである*。注目するのは、「象る」（imaginatio イマギナティオ）といわれる心の営みである。それは、近現代の「想像力」によって、エイブラムスの言葉を借りれば、「鏡から照明へ」という心の概念の史的変容によって（Abrams 1953）覆い隠されてしまった、心のはたらきである（なお、通常「精神」と訳される mens を「心」と訳す。「精神」をヘーゲルの Geist 用に取っておきたいからである）。

スピノザ自身、「象り」よりも「知性」を重視しているようにも見える。スピノザは、一六六三年の「無限なものについて」と題されている手紙のなかで、独異なものをとらえられるのは、象りではなく知性である、と述べているからである。「象り（imaginatio）のなかでは、大きさをもつもの（quantus）は分けられ、限られ、部分を成すもの、複合的なものであるが……知性（intellectus）のなかでは……それは無限で、分けられない、たった一つのものである」と（Ep. 12; Peden 2014: 41）。なるほど、象りは、経験的実在の像を作りだす営みであり、知性は、「神」に由来する唯一のいのちをとらえる営みであるが、のちに示すように、スピノザは、象りを否定しているのではなく、知性は象りを踏まえたうえではたらくと考えている。

第1章は、交感・感受性、呼応の関係の概念を存在論的に敷衍するとともに、後段の議論のために、ヨーロッパ思想史における心のはたらきの概念変容について、点描を試みている。第2章から第5章は、この交感・感受性、共鳴共振のなかで生きることを、中世キリスト教思想の「心の鏡」論に引きつけて、語る試みである。第2章の主題は、「神の像」（imago Dei イマーゴ・ディ）であり、人と人の共鳴共振である。第3章の主題は「感じる」こと、すなわち象る・感情であり、これはドゥルーズのいうアフェクトである。第4章の主題は、「考える」こと、すなわち概念する・観念であり、ドゥルーズのいうコンセプトである。第5章の主題は、「独り」であること、すなわち「神」を知解する人の心の在りようであり、ドゥルーズのいうペルセプトである（スピノザの原文においては、フランス語の「ペルセプト」にあたるラテン語の「ペルキペレ」（percipere）は、「知解する」（intellegere インテレゲレ）という意味でも、「概念する」（concipere コンキペレ）という意味でも使われている。なお、コンキペレの訳語は、迷ったあげく「概念する」とした。第1章第3節の注記を参照）。

第6章の主題は、形なき像を象ること、ないし非在の現前という営みである。この営みの原動力は、スピノザのいう歓びに向かうコナトゥスに見いだされ、それは、〈よりよく〉（メリオール）というベクトルと重ねられ、逆理の力動として現れる、と見なされる。終章の主題は、キリスト教思想を前提に概念化されてきた「人間性」概念を、遡及的思考によって再構成することである。その方途を示すなかで、「心の鏡」は、キリスト教の救済の〈物語〉から離され、また「神の類似」（similitudo Dei）と「神の像」の連関から離されて、存在論のもとでとらえなおされ、あらためて「独りともに在る」ことの含意が示される（similitudo Dei と imago Dei は同一視され、ともに「神の似姿」と訳されることもあるが、私は区別している。第6章参照）。

ここでいう「存在論は、存在を言葉にもたらそうする努力を意味する」（GA 40, EM: 44）。したがって、「存在」が何を意味するかによって、その内容は変わるが、ここでいう「存在」は、ハイデガーのいうそれ、すなわち、「家郷」でもあれば、「世界」でもあれば、「大地」でもある。私の解釈では、それは、交感・感受性の広がりでもある。どれも、人の生を支えながらも、これこれのモノととらえられないコトである。この「存在」は、モノとしての存在者から遡り思考される。この遡及的思考（想起 reminiscentia）は、存在論の基本的思考法であり、たとえば、教義に従う信仰を共鳴共振に、意識に現れる知覚を交感・感受性に、そして意図し思惑する自己を無心に創始する実存に立ちかえらせる契機である。端的にいえば、遡及的思考は、形あるものを形なきものに、一つに固定されたものを豊穣な多様性にさしもどす思考様態である。

＊　日本におけるスピノザ研究は数多い。著書に限っても、たとえば、古いところでは、波多野（1968［1904］）、稲富（1979［1939］）、高坂（1947）、工藤（2015［1972］）などがあり、新しいところでは、上野（1999）、福岡（2008）、江川（2019）、秋保（2019）などがある。そうした専門的研究からは、多くのことを学ばせてもらった。近年のヨーロッパ・アメリカのスピノザ研究も数多い。たとえば、Huenemann（2014）、Lebuffe（2018）、Della Rocca ed.（2018）など。もっとも、私の知るかぎり、スピノザの認識論を中世キリスト教思想の心概念に引きつけて論じた研究はなかった。もっともそれは、スピノザの望んでいなかったことだから、かも知れないが。

第1章 呼応の関係へ
――スピノザの認識三態

Toward a Relationship of Correspondence : Spinoza's Three Modes of Knowing

現代の教育システムで営まれている教育は、基本的に人の**有能化**を指向しているが、それから区別される、人が〈**よりよく**〉生きようとすることは、**感受性の広がり**のなかに生じる、自・他の**交感**、**共鳴共振**を必要としている。いわゆる教育関係、師弟関係、親子関係などに見いだされる自・他の**呼応の関係は**、この交感、共鳴共振に支えられている。この感受性、交感、呼応の関係は、**ハイデガー**の**存在論**の**共存在**概念のなかに見いだされる。しかし、ハイデガーのキリスト教思想への傾きは、これらの概念が**キリスト論**、〈**救済の物語**〉によって覆い隠されてしまう可能性を生み出しかねない。〈よりよく〉というベクトル、その行先である**テロス**を存在論のなかにとどめるために、キリスト教思想が語ってきた心のはたらきをとらえなおす必要がある。その準備作業として、**ドゥルーズ**がいう**スピノザ**の**認識三態**、すなわち**アフェクト**、**コンセプト**、**ペルセプト**の概要を確認する。

1　教育と呼応の関係

†教育システムの根本問題に対して

現代日本の教育システムの中核をなしている学校教育は、これまでたびたび批判され、繰りかえし改革が試みられてきた。たとえば、「生涯にわたる学習権の保障」、「男女平等の教育の推進」、「いじめ・校内暴力の克服」、「学校への参加と教育の分権化」、「学歴獲得競争の緩和」（いわゆる「ゆとり教育」の導入）、「情報化・グローバル化への対応」、「コンピテンシーの育成」、「対話的・主体的・活動的な学びの導入」など。

しかし、こうした教育改革は、教育の本態から遠く離れているように見える。教育改革の繰りかえしのなかで、教育システムは、人間が生きるという営みの本態を見失ったまま時流、とりわけ有能性（ability）指向（たとえば、より高度な学力の形成）へと一元化されているように見える。おそらくそうした価値一元化に抗っただろう教育学の理念、すなわち「人間形成（陶冶）」「人格形成」といった観念論的・人間学的なそれは、上の学校段階に進むほど、つまり経済システムに近づくほど形骸化しているように見える。

また、教育システムで求められる有用性・有能性は、さまざまな対人コミュニケーション能力を付帯させつつ、ますます同質化しているように見える（本田由紀のいうハイパー・メリトクラシー化［本田 2020 参照］）。すなわち、経済的収益（市場的価値）、社会的評価（時流的価値）の高いものに向かっているように見える。そして、その同質化傾向からのずれ、すなわち「社会の趨勢」に反し「私たち」と異なるというずれが、さまざまな排除行動、それも、もっともらしく正当化されているそれを誘発しているように見える。

このようにとらえられるなら、教育システムの有能性指向を組み替えることが、教育システムを〈よりよく〉作りかえるための基本方針ということになるが、これは困難である。教育システムは、現行の有能性指向を否定できないだろうから。教育システムが、有用性を高く評価する社会構造に内属しているからである。私たちの生きている社会の大半を構成する複数の機能システムにおいて、有用性は高く評価されている。会社の業績、政党の支持率、病院の保健得点、個人の年収は、つねに高いことが求められている。

私の提案は、何かの思想を宣揚し、現実の社会構造全体を変革しようとすることなどではなく、教育システム内部の教育の営みそれ自体に、この有能性指向、そして全体社会の有用性指向から区別される存在論的位相を見いだし、この位相を賦活させることで、教育の営みを思考のレベルにおいて重層化することである。その存在論的位相を、あえて「教育の本態」「教育の基礎」と呼んでみよう。

†教育の本態と教育の基礎——呼応の関係

まず、注目したいことは、人が〈よりよく〉生きようとしつつ、子どもが何かから学ぼうとすることと、教師がそうした何かを子どもに教えようとすることが連動同軌する、ということである。これは、いいかえれば、子どもと教師がおのずからともに〈よりよく〉生きようとすることであり、それぞれ固有なかたちで何かに向かう二つのベクトルが共鳴共振することである。この共鳴共振を、教育の本態と考え、自・他の呼応の関係（call-and-responce relation）の基礎と考えてみたい。この呼応の関係は、ベルクソンのいう「呼びかけ」（appel）と「あこがれ」（aspiration）の対関係に重ねられる（田中 2017a, 2017b 参照）。

もうすこし敷衍するなら、親密性を基礎とする親・子の情愛的関係であれ、出会いを契機とする教師・生徒の実践的関係であれ、「教育的」と呼ばれうる関係は——古めかしい理想論に見えるだろうが——教える者と学ぶ者の、〈よりよく〉生きようとする力が生みだす共鳴共振をふくんでいる。教える者は、〈よりよく〉生きようとする実存として、学ぶ者のなかに同じような〈よりよく〉生きようとする力を直観する（ことがある)。学ぶ者も同じである。両者は、「能力開発」「人格形成」といった教育学的価値規範とは無縁のまま、その力の行先が明示されていなくても、またそれぞれにさまざまな未熟・欠損が見て取れるにもかかわらず、〈よりよく〉生きようとする力を交差させ、未知なる創始へ向かう（ことがある)。

次に、子どもが、幼いころから、親とまさに呼応の関係を結び生きてきたという経験・記憶を、教育の基礎と考えておきたい。それは、いわば、子の生涯にわたる教育を可能にする、初源の経験・記憶である。人は、だれかと呼応するために、すでに互いにだれかと呼応しあったという経験・記憶を要する。達成できるという実証的根拠を欠く「希望」を抱くことを可能にするもの、いつのまにか引き込まれる頽落のなかでも自分の目的に向かおうとすること、すなわち〈よりよく〉作りかえることから区別される〈よりよく〉生きようとする力を生みだし支えているのは、この初源の経験・記憶としての呼応の関係だろう。

敷衍すれば、この呼応の関係は、自・他の「一体感」「合一性」に回帰することではない。総員を一つの目的に駆り立てる動員に生じるような情念的・微温的なそれに。呼応の関係は、自分が他者につながろうとしつつ活動することである。それは、相互の存在が区別されたまま、成し遂げられる連関である。いいかえれば、「私」が「あなた」へ向かい続けるという動態的関係性である。この動態的関係性は、けっしてできないだろう他者への最近接を、大いなる他者への畏敬とともに敢えて試み続けることをふくんでいる。こうした呼応の関係は、後で確認するようにハイデガーの存在論に見いだされるが、ハイデガーに深く言及する現代フランス思想、たとえば、ナンシー（Nancy, Jean-Luc）にも見いだされる（田中 2017a 参照)。

†思考創生としてのメタノイア

こうした呼応の関係は、いわゆる発達論とは異なる、存在論的思考論の基礎概念である。通常の発達論は、基本的に機能的な議論であるが、それとは区別される存在論と整合的な思考創生論がある。それは、ベイトソン（Bateson, Gregory 1904-80）の「学習階梯論」（logical types of learning）からも区別される。それは、序章でふれたように、中世キリスト教思想がいう「メタノイア」（metanoia）に見られる思考創生論であり、またスピノザの認識（cognitio）論である。「メタノイア」というギリシア語は、通常「悔い改め」と訳されているように、テルトゥリアヌス（Tertullianus, 160?-220?）に由来するキリスト教用語として知られているが、その語義は、「超えて・考える」、すなわち「思考を創生する」である*。また、スピノザの「コグニティオ」は、「認識」と訳すが、広い意味で「知る」であり、「考える」（cogitare）に重なる**。

ここで語られる思考創生論（認識論）の中心は、独異に〈よりよく〉生きようとする人を先導するもの（Praeambula 先導性）である。それは、ハイデガーの存在論において「尺度」（Maß）と形容されたものである。ハイデガーは一九五一年の「詩人のように人は住まう」という講演で、「彼［＝神］は、ヘルダーリンにとって未知であり、そして未知なるものとしての彼が、この詩人のまさに尺度である」と述べている（GA, 7, dwM: 201）。「神」は、自分を「神」として暗示しながら未知なるものに自分をとどめる。そうだからこそ、この「神」は、ヘルダーリンにとって、地上のすべてのよさをはかる尺度である。「神」が自分を隠しながら示すこと、すなわち自分の表徴――怒りとしての、祝福としてのそれ――を与えながら黙示することは、「神」が自分を見ようと試み続ける詩人の思考の創生を「見まもる」ことを意味している（GA, 7, dwM: 201）。ハイデガーにとって、詩人の仕事は、この表徴を読み、詩として表現することである。

この「神」という、人が用いるべき尺度は、中世キリスト教思想に引き寄せていえば、「見えない神」（「隠れたる神」）としての「神の像」すなわち「キリストの像」である。ハイデガーがヘルダーリンに見いだした仕事、すなわち人が〈よりよく〉生きるために不可欠な「神の像」を象ろうとする試みは、古代から中世にかけてキリスト教思想家たちが担い続けた仕事である。すなわち、オリゲネスに代表される「ギリシア教父」、アウグスティヌスに代表される「ラテン教父」、そしてトマスに代表される「スコラ学」の神学者たちが担い続けた仕事である。その仕事は、近世・近代においても、多くのヨーロッパの哲学者たちによって引き継がれていった。スピノザも、無神論者扱いされたとはいえ、例外ではないだろう。

* たとえば、有名なルターの「九五ヶ条の論題」（贖宥の力を明らかにするための討論 *Disputatis pro declaratione virtis indulgentiarum*, 1517）の主題は、ペニテンティア（paenitentia）すなわちメタノイアである。そこでルターは、penitentia は「悔悛的なもの［＝告解と贖罪］」（sacramentalis）ではない、と述べている（WA. 1, DpDVI: 233）。

** よく似ている「コギタティオ」（cogitatio）は、デカルトの「我思う、ゆえに我在り」の「思う」（cogitare）の名詞形であるが、スピノザにおいては、基本的に「神の属性」についての思考、つまりもっとも気高い種類の思考と見なされている（E: 1, P21, D）。

†まなざす像

このキリスト教思想の「神の像」をとらえるうえで、留意すべきことがある。それは、ヨーロッパの思想が、ルネサンスから近代にかけて、その重心を大きく移動させていることである。たとえば、「存在」（esse）から「現象」（phenomenon）へ、所与の「イデア」（idea）から創意の「理想」（ideal）へ、人に「見えるもの」（visio）から人が「見るもの」（vision）へ、「受動的なもの」（passio）から「情動的なもの」（passion）へ、だれかを「支えるもの」（subjectum）から自分を律する「主体的なもの」（subjectivity）へ、他者と分かちあうこととしての「コミュニオン」（communion）から言語による情報交換としての「コミュニケーション」へ、などである。

こうしたヨーロッパ思想の重心移動のなかで、像は、知覚を越えたものを表徴するものから、知覚される客体についての知識を生産する主体の構想力・想像力を示するものに変わっていった。いいかえれば、像は、おのずから映しだされるものから、人がみずから意図し思惑し作りだすものへ変わっていった。ハイデガーが、一九二九年の『カントと形而上学の問題』で「像（Bild）は、今では、操作されるもの［＝客体］として現れる、ある存在者が提示する見方（Anvlick）である」と述べているように（GA 3, KPM: 92）。ハイデガーにとって、近世・近代以前の像（imago）は「形なき像」であり、むしろ形や表象によって失われる生き生きした現れ、いいかえれば、「象る力」（imaginatio）の閃き、出来、そして消滅であった。

基本的なところを確認すれば、意図的・思惑的であろうとなかろうと、人が作りだす像は、今そこにあって見ているものの表象ではなく、自分の心のなかで構成された像である。それは、過去の自分の経験から想起された像でもあれば、他の自分の経験から組み合わされ作成された像でもあるが、そうした像の背後には、広い背景がある。それは、矮小化していえば「視界」（perspective）である。その背景のなかにある像は、絵画のなかにいる肖像や、物語のなかにいる英雄のように、存在感を漂わせて自分を現前させる。それは、私の意識のなかに現れる友人の顔を、私が「まさに友人の顔だ」と疑いもなく感じることである。

人が作成する像の現前（実感をともなうその現れ）を支えているのは、そこで感じられる、像からの「まなざし」のようなものである。ナンシーは、二〇〇三年の『さまざまな像の奥底に』において「像は、人が見たものに類似することで、それ自身を人が見るべきものとして与える。人に見えるものは、人自身が見たものをもつことによって、それ自身を提示する。最初の像は、つねに［見る人を］まなざすもの（regard）のように存在している」と述べている（Ny-FI : 158-9/190-1）。このまなざすというはたらきは、たとえば、その像が私の友人に似ていれば似ているほど強くなり、私がその友人と近しい関係にあればあるほど強くなる。もっとも、実際のその友人も、やはり私の象る像である。私たちは、生身のその友人そのものを知りえないし、私が現実的に感じるその友人は、実際の友人のさまざまな言動から想像されるだけだから。

†まなざしから呼びかけへ

このまなざしは、「呼びかけ」(vocatio)といいかえられるだろう。まなざしと呼びかけの違いは、けっして小さくないし、たしかに、天上の「神」はどこかから見ているのだろうが、イエスは実際に人に呼びかけたからである。まなざす者は形をともない、呼びかける者は形をともなわないが、ともに表徴(signum)である。表徴は、眼に像(imago)として示され、耳に声(vox　響き)として示される(AA, DT: 15. 10. 19)。したがって、イエス本人とイエスの像が形象的に似ているか、すなわち写実的・表象的であるかどうかは、問われるべきではない。そもそも、「神の像」として象られる生身のイエスでさえ、基本的に私の友人と同じで、使徒たちによっても知りえないし、そのさまざまな言動から象られるだけである。もっと重要なことは、「神の像」がいわゆる像ではないことであるが、それについては、第6章であらためて論じる。

付言すれば、その議論は、ナンシーが二〇〇〇年の『肖像のまなざし』で展開した非在論に触発されたものである。ナンシーの非在論は、理性によって自律する主体という、近現代の概念を脱構築するための議論である。ナンシーはそこで、プラトン的なイデア(本人)/模造(肖像)の関係論ではなく、アウグスティヌスの「神の像」論を踏まえつつ、像が——「神の像」であれ、肖像であれ——それを見る人に呼びかけることに、またその人をまなざすことに、「非在」(absentia)という空無を見いだしている(Ny-RP)。この非在は、像が浮かびあがらせる〈空〉の可能性であり、まだ形容・述定されていない〈無〉の可能性である。その非在という空無に「理性」を押し込めば、いわゆる理性的である「主体」という概念ができあがる。

この非在を最初に語ったのは、おそらくアウグスティヌスであろうが、アウグスティヌスにおいても、のちに論じるように、この非在は、現れるとすぐに、「神の像」という概念で占拠されてしまう。私は、この非在と「神の像」を区別しながら、非在が「現前（すること）」（praesentia）に注目したい。すなわち、非在がたんなる空・無ではなく、ベクトル、それも〈よりよく〉のベクトルをはらんでいることに注目したい。そして、人がだれか――超越者であれ、他者であれ――に呼びかけられ、それに応えること、つまり呼応の関係を可能にしているのは、たんなる非在ではなく、非在の現前である、と論じるだろう。その議論は、ナンシーが「まなざし」に「気遣い、気にかける」ことを見いだすことと（Ny-RP:/61）、矛盾しないだろう。

ともあれ、ここでは、まず、先に述べた呼応の関係という概念の概要をまとめておきたい。そこで私は、ハイデガーのいう「共存在」としての「存在」の議論を紹介しつつ、呼応の関係を敷衍する（第2節）。次に、中世キリスト教思想において、心がどのようにとらえられていたのか、第2章以降でスピノザ／ドゥルーズの認識三態論を示すうえで最低限必要な範囲で、確かめる（第3節）。最後に、ここで展開された議論は、もっともらしく語られる財の再配分、配分的正義、また「エビデンス」と呼ばれるものに執着する素朴実在論に回収される思考ではなく、思考本来の豊穣な多様性に人を誘う契機になるだろう、と述べる（第4節）。

2　呼応の存在論から

†ハイデガーの共存在

ハイデガーの存在論は、アリストテレスの形而上学に由来する「存在の論」、すなわち中世に成立するキリスト教神学のそれを踏まえつつも、それらから区別される。たしかに、ハイデガーの存在論は、神学的な「存在の論」では語られない「故郷」「現存在（実存）」「固有性」「時間性」「共存在」「良心の呼び声」などを語っている。しかし、これらの概念も、キリスト教思想から無縁ではない（田中 2017a）。

たとえば、ハイデガーは、人がそれぞれ独異に他者とともに生きる「来たるべき時」（Zukunft）にいたる歩みを「時間性」（Zeitlichkeit）と形容している。その「来たるべき時」は、いつでも「人を待ち受けている」。通俗的に生きる時間は、他者の呼び声によって、この「来たるべき時」へと「熟してゆく」（zeitigen）。「脱自的地平［通念から脱した状態］にいたる時間性は、来るべき時に由来しつつ、根源的に熟する（*primär zeitigt*）」（SZ: 426 傍点は原文の斜体）。他者の呼び声は、「良心の呼び声」として時間性に現れる。「来たるべき時」が来るまで、人は、多くの場合、「諸可能性の背後に取り残されてしまう」が（SZ: 284）、この「来たるべき時」は、ときに「良心の呼び声」として現れ、人を「責められる存在」（Schuldigsein）へと呼びさます。責められるとは、〈だれかを無条件に気遣うべきである〉と迫られることである。

この時間性を支えるものが、自分と他者の「共存在」（Mitsein）である。それは、実存としての現存在が、他者を気遣い、他者とともに在ることで、生動的に生きることである。それは「共現存在」（Mitdasein）、「共相互存在」（Miteinandersein）とも形容されている（SZ: 114）。しかし、共存在する人びとは、容易に「世人」（das Man）という、通念に彩られた惰性的な存在様態に「頽落」（Verfallen）してしまう（SZ: 175）。この頽落状態から離脱し、時間性に立ちかえる契機が、自分を「死に向かう存在」と了解することであり、またもの・人を気遣うなかで、自分の固有な生に向かうことである。「現存在が本来的に自分自身であることは、まさに現存在が配慮的に気遣いながら何かのもとに在り、顧慮的に気遣いながらだれかとともに在るものとして……自分をそのもっとも固有的な存在可能なことへ投企することである」（SZ: 263 傍点は引用者）。

ハイデガーのいう時間性は、キリスト教のいう「義認」（dikaiosis ディカイオーシス）に向かって生きる時間、いいかえれば、メタノイアの時間に類比される。また、ハイデガーのいう「良心の呼び声」は「神の呼び声」を思いださせ、「来たるべき時」は、人が「神の呼び声」に聴き従い、「神」から義認される時に重ねられる。ハイデガーが好んだルターにとって、義認は、「神」が自分を信じる人を赦すことであり、人が自分の「罪深さ」を認識しているからこそ「義しい」とされることである。人の「神」への信は、通念の信頼とは違い、信じるに値するから信じることではなく、相手を無条件に受容することである。そしてルターのいう「罪深さ」は、ハイデガー自身が否定しているにもかかわらず、「頽落」を思いださせる。さらにルターのいう「義しさ」は、「固有的な存在可能なこと」に重ねられそうである。

ハイデガーとキリスト教思想のもっとも基底的な重なりは、ハイデガーの気遣いの根底に交感・感受性が見いだされることである。その気遣いは、いかなる条件づけ——能力の多寡、血縁の有無、縁故の有無——も欠いているからである。かりにその気遣いが交感・感受性に支えられているとすれば、それは、「慈愛」ないし「隣人への愛」と呼ばれてきた、神の人への／人の神への愛に重ねられる。それもまた、無条件であり、他者の痛みの直観とともに、他者を支え援けようとすることだからである。こうした考え方は、広い意味で「キリスト教的存在論」と形容可能な思想——たとえば、ブルトマン（Bultmann, Rudolf 1884-1976）、ティリッヒ（Tillich, Paul 1886–1965）の思想、マルセル（Marcel, Gabriel 1889–1973）の思想——に見いだされる*。

* ちなみに、フィヒテ（Fichte, Johann G. 1762-1814）にとって、神・人のつながりは「存在」と「現存在」のつながりである。フィヒテは、一八〇六年の『至福な生への導き』において、「神」を「存在」と呼び、「現存在」を「存在」に結びつける営みを「愛」と呼び、この「愛」を「すべての理解の可能性を否定する」もの、そして「すべての理性の営みを超越するもの、その源泉」として位置づけている。この「愛において、存在（Seyn）と現存在（Daseyn）、すなわち神と人は一つであり、完全に融合し、混じり合っている」と（FGA, W, 9: 166-7/229-32）。そしてその議論を「存在論」（Ontologie）と形容している（FGA, W, 9: 49/40）。

†呼び声を聴いたかのように

ハイデガーは直接論じていないが、その存在論に即して語りうるものが、新約の著者であるパウロが最初に語った「弱さの力」である。パウロの思想は、律法の遵守を求めるユダヤ教的思考、アレテーを頂点とするギリシア的思考から区別される。一般に、パウロの思想は、現世的な人生一般への拒否、猥雑な生の否定、彼岸への憧憬、とまとめられてきたが、パウロの思想の核心は、律法とアレテーが覆い隠す、人びとに潜在する「弱さの力」を顕現させることである。「弱さの力」は、いわゆる「力」すなわち「強さの力」(優れた能力)をもたないときに現れる、人が他のいのちを無条件に支え援けようとする力である。いのちが、かけがえのない一つのいのち、贈られたものだからである。このかけがえのなさは、たとえば、教育者の遠山啓がいう「かけがえのない、この自分」(遠山 1974)、すなわち他者との違いが示す客観的唯一性などではなく、「親にとってのわが子」、すなわち他者にとってのある人の固有独異性である。

だれかをかけがえがないと思い、支え援けようとするとき、私たちは、そのだれかの呼び声を聴いたかのように感じる。その「聴いたかのように感じる」は、心理学的な「共感」「同情」ではない。そうした感情は、他人から切り離された個人主体がいだく「憐れみ」である。呼び声を聴いたと感じることは、憐れみの前提であるが、自/他という区別を前提にしない。呼び声を聴く「私」は、自己を越えて交感している。カントは、個人主体がいだく憐れみを「同情的」(teilnehmend)と形容し、呼び声を聴くことを「共鳴的」(mitteilend)と形容している(KW, MS: 594)。後者の共鳴は、レヴィナスのいう「傷つきやすさ」(vulnérabilité)と重なる。レヴィナスは『存在の彼方へ』で「隣人は、私を[他者に対し無関心ではいられないと]強迫する」と述べている(Lévinas 1978: 142/1999: 214)。それはまた、クレティアンのいう「痛ましさ」(blessé)と重なる。クレティアンは、『呼び声と応え』で、すべての他者との出会いは、それがまさに予期・予測と無縁の

「出会い」であるかぎり、痛ましさをともなう、と述べている（Chrétien 1992）。

他者の呼び声を聴くことは、ホッブス（Hobbes, Thomas 1588-1679）が「全人類の一般性向」と形容する「力への欲望」（desire to power）（Hobbes 2014: 11. 2）を乗り越える、ないし脇に置く契機となる。その欲望は、たとえば、自分を強者と偽る態度として現れる。人は、自分の弱さを隠し、怯えながらも強がってみせたり、自分の弱さを顕わにし、他の人の憐れみを引き出そうとしたりする。人が自分・他者を偽るのは、弱さを忌避し強さを欲望するからである。逆に、人は、自分・他者の弱さを認めるとき、自分・他者のなかに、わずかでも〈よりよく〉生きようとするベクトルを見いだすことができる。いいかえれば、「助けても仕方がない」「自分には関係がない」という考えが放逐可能になる。そのとき、すでに聞こえている声を、この「私」に向けられた呼び声として認識可能になる。弱さを見せかけの強さで弥縫するという偽りは、他者の呼び声を意図的に聴かないことが自明化するなかで、常態化する。

†キリスト論を脇に置いて

こうした他者の呼び声を聴くことは、かならずしも「神」を必要としない。パウロの「弱さの力」も、レヴィナスの「傷つきやすさ」も、クレティエンの「痛ましさ」も、基本的に自・他の共鳴共振である。共鳴共振の基底は、交感・感受性の広がりである。それは、事実を確定し表象し規範を定立すること、いわばものをモノとして「まなざす」ことではなく、知覚に先行し感覚がはたらくこと、つまり人と交感的につながることである。それは、主体と主体がコミュニケーションによって構築するものではなく、すでに人と人がともに生きている事実である。その交感、感受性をつらぬく力動が、先に述べた先導するものである。

他者の呼び声を聴くことは、自分を自分の支配者として位置づける近代の個人主体を超えていくが、坂口に依りつついえば（坂口 1993: 114-5）、その営みを「慈愛」（カリタス）として宣揚したことが、「キリスト論」というキリスト教のアポリアを生みだした。それは〈イエスは神でありかつ人であるという意味でキリストである〉という矛盾した主張である。イエスを神に祭りあげなければ、このキリスト論は不要である。すなわち、慈愛を語るイエスを絶対化しなければ、彼を贖罪のための犠牲者として位置づける必要も、彼を至高の存在者として神格化する必要もない。しかしそれでは、受難は人を共鳴共振させない。彼が人だからこそ、人はその惨い刑死に激しく共鳴共振し、痛ましく思い、祝祷に向かう。「その痛ましさが祝祷し（la blessure bénir）、その祝祷が人びとを痛ましくする（la bénédiction blesser）」（Chrétien 2015: 122）。

他者の呼び声を聴き、それに応えることは、このキリスト論がなくても可能である。呼応の関係が「慈愛」と形容される営みに向かうとしても、それをキリスト論によって正当化する必要はない。呼応の関係は、〈よりよく〉生きようとする力を目覚めさせ、通俗的・利己的な自分を越えさせる契機にすぎない。それは、〈よりよく〉生きようとする人が、同じく〈よりよく〉生きようとする人を無条件に信じるだけで生じる。にもかかわらず、呼応の関係を指し示す言葉の多くは、キリスト論に通じる慈愛に連なっている。「フムス」（humus）すなわち「土」に由来する「フミリタス」（humilitas 他者を下支えすること）も、「フマニタス（フーマーニタース）」（humanitas）――のちの「人間性」（humanity/humanitaet）の語源――も同じである*。

本書の試みである存在論的な思考創生論に立ちかえっていえば、ヨーロッパにおける心の概念は、古くからキリスト教思想のもとで語られてきた。その心の概念から、キリスト論を棚上げしながら、交感、感受性、呼応の関係を取りだすこと、また〈よりよく〉のベクトルとしての先導性を語ることが、本書の基本的なもくろみである。その帰結の一つが、終章で行う人間性のとらえなおしである。次節では、こうした試みの準備作業として、ヨーロッパの心の概念を、古代にさかのぼりたどっておこう。

＊たとえば、ルターは、一五一三年の『詩編についての注釈』で、「フミリタスのみが［あなたを］救う。［そこで］あなたが、万物のなかにあなた自身を沈め、そして譲る（cedere）からである」と述べている（WA 4, AQP: 473）。ルターは、「フマニタス」（人性）を「ディヴィニタス」（divinitas 神性）の対語として用いている（WA 39II, DDHC: 97）。スピノザは、一六七七年の『エティカ』で、「フミリタス」を「恐れを知ること」と見なし、人に「利益をもたらし」、人を「理性に従わせ」「自由と至福な生をもたらす」ものとし（E: 4, P54, S）、「フマニタス」を「人びとが受け容れることを行い、人びとが受け容れないことを行わない、と欲することである」と定義するが、「名誉欲」と地続きであると暗示している（E: 3, D43）。二人の語るフミリタス、フマニタスが示す微妙なニュアンスの違いは、二人のキリスト論への態度と不可分だろう。

3　心と認識の三態

†アリストテレスの心（プシュケー）

さて、アリストテレスは、『命題論』において、「心」（プシュケー psukhe/psyche）――定訳は「魂」――の第一のはたらきは、「もの」（pragma）を「受容」することであるといい、そのはたらきを「パスケイン」（paskhein）と呼んでいる＊。それは、ラテン語の「アフィケーレ」（afficere）にあたる。その結果としてプシュケーに生じるものが「パテマ」（pathema）、すなわち「受容されたもの」である。それは、ラテン語の「アフェクティオ」（affectio）にあたる。このパテマは、「もの」の「表徴」（themeion）を生みだす（A, H: I, 16a）。それは、ラテン語の「シグニフィカティオ」（significatio）にあたる。

心の第二のはたらきは、このパテマの「表徴」を「表現」すること、つまり「話す・言う」(lego) ことである。その結果、プシュケーに生じるものが「ロゴス」(logos 言葉) である (A, H: Ke. I, 16b)。『プシュケー論 [いわゆる「魂論」]』においては、この「ロゴス」を生みだすという心のはたらきが、「ノエイン」(noein 見る・考える) と呼ばれている。そして、その名詞形が「ヌース」(nous 知性) である (A, P: 1, 1, 402b)。「ノエイン」は、ラテン語の「コンキペレ」(concipere) や「インテレゲレ」(intellegere) にあたり、「ロゴス」は、「ヴェルブム」(verbum 言葉)、「ヴォクス」(vox 声)、「ラティオ」(ratio 考量) にあたる。

こうした心のはたらきは、潜在する「能力」(dynamis) として、五つに分けられている。すなわち「吸収する、欲求する、感覚する、運動する、思考する」である (A, P: 2, 4, 414a)。これらの能力のうちで、「感覚する」(aisthánesthai) は、およそ「パスケイン」にあたり、「思考する」(fronein) は、およそ「ノエイン」にあたる。アリストテレスは、「感覚するは、思考すると同一ではない」と述べている。なぜなら「感覚は、固有の対象についてはつねに真であり、またあらゆる動物にそなわっているが、思考は、偽でもありうるし、また言語をもたないものにはまったく具えていないからである」(A, P: 3, 3, 427a-427b)。

アリストテレスの心の営みは、基本的に、外から受容し、内で表徴し、外へ表現することである。このうちの表徴は「ファンタシア」(phantasia 象り) をふくんでいる。「ファンタシア」は、のちにアウグスティヌスが「イマギナティオ」と訳す言葉であるが、アリストテレスは、ファンタシアは「感覚とも思考とも異なっている」という。ファンタシアは「感覚を欠いては、生じないが、このファンタシアを欠いては、「事実/虚偽、是/非が明らかではないものに対する」判断は成立しない」。「ファンタシアは、私たちが望むなら、私たちの意のままになる」が、「思考は、私たちの意のままにならない」と。思考するとき、私たちが誤謬を避け「真理である」(alethévein) ものを求めるからである (A, P: 3, 3, 427b)。ようするに、ファンタシアは、生きるうえでは必要であるが、真理を追求するうえではいささか邪魔であると**。

* 「プシュケー」を「心」と訳す理由は、プシュケーが身体とともにあるのに、「魂」が不死の実体を連想させる言葉だからである。桑子 1999 を参照。

** アリストテレスのファンタシアについては、中畑の研究(2011)を参照。ちなみに、のちにトマスがいう「判断能力」(vis aestimativa)、すなわち「考量」を行う「認識能力」(vis cogitativa)から区別される、象りの能力は、このファンタシアにいくらか重なるが、その象りの能力は、「神」に向かうベクトルをふくむという意味で「霊性」的でもある(TA, ST: I, q. 78, a. 4)。

†大いなる救済の〈物語〉のなかの心・アニマ

粗っぽくいえば、キリスト教思想は、アリストテレスのパスケイン(感覚する)とノエイン(思考する)に、「霊性」(pneuma/spiritus)を付け加えた。すなわち、ファンタシアの傍らに他動的なもの(transitivité [レヴィナスの用語で、他者に与ること])を置いた。この霊性は、アガペー(隣人への愛、慈愛)を、それに類似する現世的なものと比べつつ、それと類似しない超越的なものとして浮かびあがらせた。この思考の起源は、パウロである。パウロは、文字に依る意味解釈と、霊性に与る表徴解釈を区別し、後者の解釈を重視した。その表徴解釈の要点は、「アレゴリア」(allegoria 寓喩的思考、なぞらえて考えること)、すなわち「心」(mens 定訳は「精神」)が、もの・人を具体的に見るなかで、具体的に見えない「神」を見ることである。

パウロによって回心を遂げたとされるラテン教父のアウグスティヌスにとって、心の最重要なはたらきは、「知解する」(intellegere インテレゲレ)である。アウグスティヌスのいう「知解する」は、パスケイン/ノエインをつなぐとともに、この俗世を超越することである。その営みがめざすことは、心に「神の像」を映しだすことである。「知性」（intellectus）は、「知解する」という営みの名詞形で、「知解」でもいいだろう。この知解する・知性を支えているのが、人全体を染める「アニマ」（anima 心・身という区別を超えて、人全体に広がる生き生きとしたいのち）であり、それに支えられつつ神へ向かうベクトルが、霊性である。

一二世紀の思想家フーゴー（Hugo de Sancto Victore 1096–1141）にとって、心の主要なはたらきは、「感受」（affectus）、「離脱」（defectus）、「完成」（effectus）であるが、そのすべてが先にふれたアレゴリアで彩られていた。感受は、被造物が自分の根底にあるアガペーの愛の「痕跡」（vestigium）を「感受する」（afficere）ことであり、離脱は、人がこの痕跡を隠す俗事から「離脱する」（deficere）ことであり、完成は、人が「神の愛」に向かい自分を「完成する」（efficere）ことである（Hugo M: L. I, t. 63 [504D-505A]）。それぞれ、「身の眼」（oculus carnis）の「認識」（cogitatio）、「アニマの眼」（oculus animae）の「黙想」（meditatio）、「心の眼」（oculus mentis）の「観想」（contemplatio）といいかえられる。どの営みも、呼びかける他者に与り従い、見えないものを見るかのように考えるアレゴリアによって可能であり、このアレゴリアの営みが、理性（ratio）である。

一三世紀の神学者トマスは、アリストテレスの「プシュケー」を「アニマ」（anima）と訳した。そのアニマは、心身に浸潤している生きる力である。そのはたらきは、「生成する」（vegetare）、「感覚する」（sentir）、「理解する」（ratiocinari）、「知解する」（intellegere）に分けられる。「感覚する」は、およそパスケインであり、「理解する」は、およそノエインである。そして「知解する」は、「観想する」（contemplari）とも形容されるが、近づけず見えない「神」を遠くから眺め想うような営みである。すなわち、形なきものを象り、「神」の呼び声に聴従することである。この知解に不可欠な契機が、霊性による導きである。トマスにおいては「感じる」も「理解する」も、人が霊性に与りつつ観想にいたるための準備である（第５章参照）。

そして、こうしたキリスト教思想の心・アニマ論を意味・価値づけている基本的文脈は、キリスト論、イエスの「生誕・受難・昇天・再臨」という救済の〈物語〉である。それは、およそ「アウグスブルク信仰告白」（第四条、第三条、第一七条）に明記されていることであり、イエスが、人へと「受肉」し、みずから犠牲になることで人類に「贖罪」をもたらし、昇天したのち、天から被造物すべてを統治し、人の心に聖霊を送り「聖化」し、この世の終わりに地上に「再臨」し、救われべき者を救う「審判」である。この救済の〈物語〉は、アリストテレスの心論からキリスト教思想の心・アニマ論を決定的に分ける。

†アニマの霊性と心の知性

さらに時代を下り、一七世紀において、アニマのはたらきを棚上げしようとしたのが、デカルト（Descartes, René 1596-1650）である。デカルトは、一六四一年の『省察』において「私とは、ただ考えるもの（res cogitans）でしかない。いいかえれば、心（mens）、すなわちアニムス（animus）、すなわち知性（intellectus）、すなわち理性（ratio）である」と述べている（DOP 2, M: 184/48）。デカルトにとってアニムスは、アニマと同類の概念であるが、「啓示される」という他動的なはたらきをもたない。アニムスは、もともと「栄養を摂取し生長する」力であり、やがてその力にふくまれていた「思考」が、人間に固有な力と見なされ、「心」と呼ばれるようになった。このアニムスとしての「心」は、身体の部分ではなく、身体の全体を司る非身体的なはたらきであるが、「啓示される」という、アウグスティヌス以来のアニマのはたらきをふくんでいない。

しかし、一八世紀においても、アニマは、忘れられることはなかった。たとえば、リシュレ（Richelet, Pierre）の編んだ『フランス語辞典』（1706）は、「アーム」（ame）が「アニマの訳語」であり、「いのちの要」である、と記すとともに、それは「エスプリ（esprit）である」と記している（DLF: ame, esprit）。すなわち、このエスプリは、人を「啓示される」ことに誘うアニマにひとしい。つまり、この辞書に、六〇年以上前にデカルトが論じたアニマ＝エスプリ抜きの「心」は、載っていない。むろん、ヨーロッパ思想史の常識が示しているように、一八世紀から一九世紀にかけて、人の内的営為は、デカルトの「心」に縮減されていった。その主流的な動勢のなかで見失われたものは、あらためて着目されるべきだろう。

ともあれ、ドゥルーズの論じるスピノザに立ち帰れば、スピノザは、デカルトに従ってもいるが、デカルトから大きくずれてもいる。スピノザにとってアニマは、アウグスティヌス／トマス的なもので、霊性に通じ、アニムスは、心のもつ生動性である。しかも、スピノザは、その霊性と対関係にあるアニマではなく、心の知性に賭けている。近現代の「知性（知能）」（intellignce）から区別される「知解する」という営みこそが、「神」を映しだし、人の「神」への愛、「神」の人への愛を可能にする心のはたらきである、と考えている。スピノザにとって、その知解を決定的に助けるのが、霊性ではなく、歓びの感情であり、それによって喚起されるアニムス（心の生動性）であり、有名なコナトゥスである。

†ドゥルーズ／スピノザの認識の三態

スピノザの「認識」（cognitio 知ること）といえば、「象り」（imaginatio 定訳は「想像力」）、「理性」（ratio）、「直観知」（scientia intuitiva）が挙げられるが、ドゥルーズは、一九九三年の『批判と臨床』において、これらと重なるようで、ずれている、「認識」（connaissance）の様態を取りだしている。①中世の「感情」（passio）につらなる「アフェクト」（affect）、②中世の「観念」（idea）につらなる「コンセプト」（concept）、③中世の「存在」（esse）につらなる「ペルセプト」（percept）である（GD, CC: 172/286）*。一九六八年の『スピノザと表現の問題』に立ちかえれば、アフェクトは「さまざまな感情に通底する秩序」についての認識、コンセプトは「さまざまな関係を構成するもの［＝観念］に通底する秩序」についての認識、ペルセプトは「さまざまな本質に通底する秩序」、つまり「神の本質」についての認識である（GD, SPE: 282/320）。なお、グァタリとの共著『哲学とは何か』に「ペルセプト、アフェクト、コンセプト」と題された章があるが（DG, QP: 154-88）、これは、スピノザ論というよりも、ドゥルーズ／グァタリなりの三つの認識様態の敷衍である。

アフェクトは、スピノザのいう「アフェクティオ」（affectio）ないし「アフェクトゥス」（affectus）でもある。アフェクティオは、身体が何かを受容（感受）することである。たとえば、照りつける陽ざしによる体温の上昇、発汗、暑さなどの経験であり、それは、ある時点の自分の状態を示すという意味で、「スカラーとしての表徴」（signe scalaires）である[**]。アフェクトゥスは、自分の受容が生みだす気分・感情である。つまり、アフェクティオがアフェクトゥスを生みだす。たとえば、光や力が増していく経験が歓びの感情を生みだし、光や力が衰えていくという経験が悲哀の感情を生みだすように。それは、方向づけられた力動という意味で「ベクトルとしての表徴」（signe vectoriels）である（GD, CC: 173/286-7）。以下、私は、アフェクティオを「受容」（定訳は「変状」。「感受」とも訳せる）と訳し、アフェクトゥスを「感情」と訳す。

次に、コンセプトは、スピノザのいう「コンキペレ」（concipere）ないし「イデア」（idea）である。それは、他者と共有される言語的な意味である。それは、二者・二項以上の関係性であり、その関係性は、普遍的である必然性である。それは、たとえば「定義・公理・公準・証明」など、〈AはBである〉といった命題である。受容、感情は「偶然の出会い」に左右される「非十全なもの」であるが、イデアは、「普遍的である理性」に規定される「十全なもの」である。生き生きとした活動としての「真の活動」を支えているのは、このイデアを生みだす活動、コンキペレであるが、それらを支えているのは、受容と感情である。以下、コンキペレを「概念する」と訳し、イデアを「観念」と訳す。

最後に、ペルセプトは、スピノザのいう「インテレゲレ」（intellegere）と「ペルキペレ」（percipere）である。

どちらも「神の本質」である「光」そのものと一体であろうとする営み、その「光」に向かい、それを分かちあうことである。この光は「本来的な〈輝き〉によって生みだされる、純粋なかたちとしての光」である。それは「神の一声性（univocité）」――被造物のなかに潜む「神」へのベクトル――である。概念・観念は、人を「相対的速度」（＝相対的力能）に差し向けるが、ペルセプトは、人を「絶対的速度」（＝絶対的力能）に差し向ける。ペルセプトされた「本質」は「相対的ではなく絶対的である速度であり、光が示す幾何的形象ではなく、光［そのもの］の形象である」（GD, CC: 184/305）。以下、インテレゲレを「知解する」と訳し、ペルキペレを「覚知する」と訳す***。もっとも、スピノザは、「覚知する」を、「神」についてはそれほど多く使っていない。実際のその議論は、およそ「知解する」が用いられている。

*　affect の語源 affectio（アフェクティオ）は「はたらき・状態・気分・愛情」を意味し、もとの動詞 afficere（アフィケレ）は、「はたらきかける・ある状態におく・ある気分にさせる」などを意味する。concept の語源 conceptio（コンケプティオ）は「総括・貯水・妊娠・考え」などを意味し、もとの動詞の concipere（コンキペレ）は「取り込む・火がつく・表現する・妊娠する・着想する」などを意味する。percept の語源 perceptio（ペルケプティオ）は「収穫すること・つかみとること・心で把握すること」を意味する。類義語の perceptum（ペルケプトゥム）は「理念・提言・原理」を意味し、現代心理学でいう「知覚」という意味をもたない。もとの動詞 percipere（ペルキペレ）も「収穫する・つかみとる・うけとる」などを意味する（OLD 2012）。

**　フランス語の「シーニュ」（signe）は「記号」と訳されがちである。そう訳されたのは、記号論における「記号」すなわち英語の「サイン」（sign）がフランス語の「シーニュ」に重ねられた結果だろうが、「サイン」は、具体的言動を命じる非言語的なものである。「シーニュ」は、むしろ「シンボル」すなわち見えないものへの思考を喚起するものである。中村雄二郎は「シーニュ」を「徴し」と訳している（中村 1981: 85-6）。

＊＊＊ ペルセプトは、ライプニッツ（Leibniz, Gottfried Wilhelm 1646-1716）がいう「アペルセプティオン」（aperception）にいくらか似ている。ライプニッツは、『人間知性新論』（一七〇三～五年）において、人の「心」（âme）が象るものを、感覚に由来する「心像」（image）と、知性に由来する「観念」（idée）に分けている。心像は、無媒介に心に思い描かれるかたちであり、不完全である。理念は、数式・記号によって媒介され指示されるかたちであり、完全である。それは「サンボリーク」（symbolique）とも形容されている。たんなる心像を象ることは、人だけでなく、動物ももつ心のはたらきであり、「ペルセプティオン」と呼ばれ、観念を象ることは「アペルセプティオン」と呼ばれている。その語頭の a は、ad の略記であり、「に向かう」を意味する。

4 豊穣で多様な〈よりよく〉

†思考の豊穣な多様性へ――スピノザに依りつつ

教育が、人が他者の自己創出（みずから自分を不断に創始すること）を支援する営みであるとすれば、その営みは、何よりもまず、人が他者に寄り添いつつ、その活動を〈よりよく〉生きようとする活動として措定することだろう。そしてそうするためには、この〈よりよく〉生きようとする活動がどのようなものか、概略的であれ、描いておく必要がある。さしあたり、その活動は、変化し変転する社会的な意味・価値を踏まえながらも、一人ひとり自分なりのテロスに向かう営みである、といえるだろう。

むろん、そのテロスは、たえず修正され変更される自分に独異なテロスであり、形而上学的実体でもなければ、道徳的価値規範でもない。このテロスは、自分自身のプラクシスのなかにあるもので、それがもっともらしく語られるのは、すべてのプラクシス（praxis 実際の営み）つまり人生の活動が終わるころである。したがって、それは――あらためて説明するが――「事後のテロス」と矛盾的に形容される。そのテロスがプラクシスのなかでたえず修正され変更されるのは、私たちが繰りかえしふりかえるからである。いいかえれば、私たち（の多く）が、多かれ少なかれ、〈よりよく〉生きようとし続けるからである。小泉が「いかなる生も、善く生きたいという欲求に動かされている」と述べているように（小泉 2019: 335）。

ここで私がスピノザの認識三態論を取りあげる理由は、その〈よりよく〉を、財の再配分、配分的正義などにとどめず、もっと豊かな概念にするためである。スピノザの認識三態論が、通念の発達成長論を越える存在論的豊穣性を示している、と考えられるからである。その豊かさは、社会経済的な意味・価値を踏み越えた、深い歓びに彩られた力動である。いいかえれば、この社会で広く流行するもの、高く評価されるものを踏み越えて、自分自身の生を独異に生き生きと躍動させるものである。さしあたり、そうした力動は、アフェクト、コンセプト、ペルセプトをつらぬくだろう音色・色調である。

なるほど、スピノザを「合理論者」と見なし、彼が「表象知」は確実ではないと退け、「理性知」と「直観知」を重視した、と哲学史的にとらえることもできるだろうが、ドゥルーズのように、スピノザのいう認識の三態、すなわちアフェクト（受容・感情）、コンセプト（概念・観念）、ペルセプト（知解［ないし覚知］）は連鎖的につらなっている、と考えることもできる。アフェクトはコンセプトを宿し、コンセプトはペルセプトを求め、ペルセプトはアフェクトに通じる、というように。このドゥルーズ／スピノザの認識三態論を採用するとき、身体／精神、感情／理性といった区別も相対化できるし、いわゆる「コンセプト」もたんなる概念を超えるものになり、いわゆる「パーセプション」もたんなる知覚を超えるものになるだろう。

†啓示をずらしつつ

なによりも、ドゥルーズ／スピノザの認識三態論においては、言葉と一対一で対応する具体的な「物体」がないものを妄想・幻想・虚偽として否定し、具体的証拠をたえず要求する、「実証」を僭称する素朴実在論が、相対化される。かりに、思考の全体を大中小の三つの同心円とすれば、素朴実在論は、その中円と小円に囲まれたドーナツ状の広がりである。それは、その外側の部分、すなわち外・他からの感受と、その内側の部分、すなわち内・奥にある希求・超越を排除している。教育に引きつけていえば、アフェクトの位相を、制御されるべき野卑・蛮行・衝動として否定し、コンセプトの位相を、実在的・実効的な議論に縮減し、ペルセプトの位相を、形而上学的・キリスト教的・スピリチュアルな妄信として否定することである。スピノザの認識三態論は、こうした素朴実在論を相対化する契機となるはずである。

もっとも、ドゥルーズ的スピノザの認識三態論を用いるときに、私たちは、そこにふくまれている神学的傾きに留意すべきだろう。とりわけ、ペルセプトを可能にする「光」は、いかに数学的発見が例示されつつ語られていても、神学が語る「啓示」の別言である。その「啓示」は、超越者からの呼び声である。それは、キリスト者にのみ聞こえる。したがって、「啓示」としての「光」を前提にしたまま、ペルセプト、すなわち知解の議論を援用するなら、その議論は、キリスト教思想に親しむ人にしか伝わらないだろう。

そうした限定化を避けるために、この「啓示」を超越者からの呼び声から別の何かにずらしてみよう。たとえば、ハイデガーの「共存在」概念に依りながら「良心の呼び声」といわれるものに。あるいは、ルフェーブルが「この手、この愛」で語る「私が求めるあなたの手、あなたの優しさ（caresse）」に象徴される「交感」に（Lefebvre, SR: 628）。そうしたずらしは、第2章で、また終章で試みられるように、キリスト教思想を前提にしていながらも、あの大いなる〈救済の物語〉を退けつつ、先導性を語ることである。

第２章
イマーゴへの与り
――遠ざけられた共鳴共振

Sharing the Imago : On the Alienated Sense of Sympathetic Resonance

第2章では、**強度の交感**（**共鳴共振**）の例として、「**神の像**」（イマーゴ・デイ）の象りをとりあげる。「神の像」は、キリスト教思想の中心概念の一つであり、キリスト者がよりよく生きようとするときの同伴者である。しかし、この像は、像といわれながら、形なき像である。それは、人がイエスに共鳴共振し、イエスを自分の向かう先であり**超越者**と位置づけることである。この「神の像」への与りは、信仰なき営みへと再構成可能である。イリイチに触発されていえば、感覚の「**見る**」を知覚の「**見る**」から区別し、それを**偶然の必然性**という概念と結びつけることで、超越者から区別される**超越性**が語られる。そのあとで、**フーゴー**や**スピノザ**にふれつつ、この超越性に向かう契機を共鳴共振ととらえなおすことで、「神の像」への与りを記述しなおす余地を示唆する。そうすることで、超越性という概念がふくみもつ教育学的意義を非キリスト者にも伝わるのではないか、と期待しつつ。

1 〈象る〉をめぐって

†理想の像と偶像礼拝

人は、〈よりよく〉生きようとするとき、何らかのヴィジョンを構成する。それは「像（イマーゴ）」といいかえられる。たとえば、美学者の今道は、『美の存立と生成』において、めざされるが実現不可能であるものを「理念」とし、それを踏まえて「想像力」が構成する実現可能であるものを「理想」とし、「共同体の理想であれ、個人の理想であれ、いずれも理念への憧憬がなければ、消え去ってしまう」と述べている。そして、この「理想こそが人間を動物の水準から卓越させる観念」であり、「人間は己の自己形成の指標として、理想という形式での像を必要とする」と述べている（今道 2006: 210-1）。

この理想としての像は、およそ通念の意味・価値を超えているが、容易にそうした意味・価値に頽落する。それは、のちにふれるように、必然をふくむ偶然性として到来する理念を待ちきれず、人が意図的・恣意的に理想を捏造してしまうからだろうか。たとえば、一九六六年に当時の文部省が唱えた「期待される人間像」、すなわち利他的で自律的な主体像のように。いいかえれば、理念を待ち望み、それに向かい続けるという困難な営みを担いきれなくなり、放棄してしまうからだろうか。いずれにしても、理想としてのイマーゴ、そしてそれを生みだす理念は、たえず人為化という頽落可能性に曝されている。

すくなくともキリスト教思想は、向かうべき像の形成を「偶像」の形成として忌避してきた。七二六年の「聖像破壊」（Iconoclasmus）令は、そうした態度を象徴する出来事である。人の〈よりよく〉生きようとする自己創出的営為は、古来、キリスト教思想の重要な主題であったが、それを妨げるものが、「偶像礼拝」（idolatria）、すなわち人為を超える「神」を人為に引き落とし、自家撞着的に教義を構成することであった。

それは、人の「ヒュブリス」（hybris 傲慢）として、批判されてきた。たとえば、トマス（Thomas Aquinas）は、『神学大全』において「偶像礼拝とは、内的な不信仰を前提とし、それに外的に不適切な礼拝を追加する」ことである、と断じている（TA, ST, 2a-2e, Q.94, a. 3, ad 1）。

†「神の像」に与ること

ヒュブリスは、偶像礼拝だけではない。「神」と無縁に語られるような「正義」論も、もっとも敬虔なキリスト者から見れば、まさにヒュブリスに見えた。たとえば、二〇〇八年に教皇ベネディクト一六世（Benedict XVI）は、「回勅」において、「神が実現しない、実現できないことを、人間には実行できる、人間は実行しなければならないと主張することは、思いあがりであり、本質的に誤りである」と述べている。すなわち「自分で自分の正義を造り出さなければならない世界に、希望はない」と（ELSS: §42）。

そのベネディクト一六世は、人びとは「象られた神」（Deus imaginem）に立ち返るべきである、と説いている。それは「人となったキリスト」（受肉者 Incarnation）である。教皇は「十字架に附けられたキリストにおいてこそ、偽りの神の像がこのうえなく明確に否定され」、「私たちが人生で構築するすべてが、藁屑、空しい虚栄にすぎないとわかり、崩れ去る」と述べている（ELSS: §43, 47）。この「象られた神」すなわち「イマーゴ・デイ」（Imago Dei）は「キリストのイマーゴ」（imago Chrisri）とも呼ばれ、その起源は、新約聖書にさかのぼる。すなわち「神の像（eikon tou Theou/ imago Dei）であるキリストの栄光」、「彼［＝神］の子の像（eikon tou huiou autou/imaginis Filii sui）に一致するもの」と記されているように（Ⅱコリント 4. 4／ローマ 8. 29）。たしかに旧約聖書の「創世記」にも「神の像」という記述はあるが、脇に置く。ここでとりあげる「神の像」は、新約のパウロのそれ、アウグスティヌス、トマスなどが言及してきたそれである。以下「神の像」と表記する。

この「神の像」は、〈よりよく〉生きようとするキリスト者が与るところである。のちに取りあげる一二世紀の思想家フーゴー（Hugo de Sancto Victore）は、「神の像」を、修道士の「学び」の中心に置いている。彼は『会話と瞑想の仕方』で、読書するときには「賢人の言葉を探し、それをつねに心の眼（oculis mentis）のまえに置き、まさに自分の顔を写す鏡とせよ」と説いている。脱学校化論で知られているイリイチ（Illich, Ivan 1926-2002）の言葉を借りていえば、この「心の眼」は「神の知の光のなかで、神の子、すなわち究極の『書』のなかに隠され、今、父なる神の膝元にいる、あの神の子を見いだす眼である」（VT: 25-6/20）。この「神の子」が「神の像」である（なお、その像が「イコン」ではなく「イマーゴ」であるのは、その像が描かれた図像ではなく、心に現れる非在の像だからである。「イマーゴ」は、もともと死者の肖像を意味していた（Ny-FI:/150））。

†だれにでも象られる「神の像」に類するものへ

ここで私が試みることは、〈よりよく〉生きようとする人の「神の像」への与りが、どのように成り立っているのか、その与りを、「生誕・受難・昇天・再臨」というキリスト教の救済の〈物語〉を棚上げしたうえで、あらためて語りなおすことである。「神の像」への与りは、近代教育思想の主要概念――たとえば、カント（Kant, Immanuel 1724-1804）の「模範」「自律」「道徳性」「完全性」――を支える思想的基礎であるにもかかわらず、少なくとも非キリスト者である教育学者にとっては、それらが何を意味しているのか、わからないからである。また、キリスト教の「儀式」――「サクラメント」（聖体拝領・聖体の秘跡）や「バプティスム」（洗礼）――に依らずに、人は果たして「神の像」に与りうるのか、それもわからないからである。

しかし、もっとも重要な問いは、何が「神の像」を象らせるのか、である。東方教会でよく使われた「エイコン」（eikon 聖像）や西方教会で使われた「イマーゴ」についての神学上の議論はたくさんあるが、私の知るかぎり、はじめからその像の存立条件を「信仰」と見なしているように見える。それは当然といえば当然であるが、そう考えるかぎり、「神の像」は信仰者のものである。その存立条件を、人が〈よりよく〉生きようとするベクトルに置きかえられないだろうか。人が〈よりよく〉生きようとするとき、何かめざすところが心に浮かび、やがて消えてしまい、また浮かぶとき、その断続する〈よりよく〉の明滅のなかに、人はベクトルのような力動を感じるだろうし、それを何とかして象ろうとするはずである。心に響くもの、心を動かすもの、心にふれるもの、心を揺さぶるものを。「神の像」は、可視的な形象でも、本物の写像・模造でもなく、私たちがなんとかして象ろうとする、そのベクトルではないだろうか。

このように考えるとき、私たちの心のなかには、曖昧模糊だったり支離滅裂だったりするだろうが、何らかの形なき像が立ち現れる、といえるだろう。その像は、たとえば、ラカンがいう像である。ラカンは、一九四九年の「鏡像段階」（le stade du miroir）論で、次のように述べている。「……実際にそれ［＝像 imago］は、私たちがもつ特権である。すなわち、あの［神の］隠された顔が、私たちの日常的経験や象徴的効能のなかでほのかに顕現するということは、私たちがもつ特権である。そうした概念される像が位置するのは、見える世界［と見えない世界］の境界線上だろう。個々人の特徴としてであれ、個々人の弱点や企図としてであれ、個々人の固有な身体に宿るこの像（*imago du corps propre*）が、幻覚や夢想のなかで現れるという、その鏡像としての立場を、私たちが確かなものと信じるかぎり」と（JL, E. I, SM: 94）。

ここで私は、キリスト教思想が「神の像」と呼んできた像が、キリスト者ではない人の心にも映しだされると仮定し、その「神の像」について、大雑把ながら、再構成を試みる。まず、ローマ・カトリックから離れてもキリスト者であり続けたイリイチに触発されつつ、感覚としての「見る」と知覚としての「見る」を区別し、感覚としての「見る」をキリスト教の偶然性・必然性概念と結びつけることで、超越性の必要性を語る（第2節）。次に、フーゴーやスピノザにふれつつ、人が超越性に向かう契機を「信仰」から他者との共鳴共振へずらすことで、人の「神の像」への与りを記述しなおす可能性を示唆する（第3節）。そうすることで、超越性概念がふくみもつ教育学的意義が非キリスト者にも伝わるかもしれない、と期待しながら。

2　偶然の必然性

†心で見ると器官で見る

人間のヒュブリスをさす概念はいくつもあるが、それらしく見えない概念を一つとりあげるなら、「見る（視線を向ける・まなざす）」（regard/gaze）である。イリイチが言及しているシモン（Simon, Gérard）が詳細に跡づけているように、この「見る」は、古代中世キリスト教思想の「心が見る」から区別される（Simon 1988, 2003; Levin ed. 1993）。たとえば、アウグスティヌスは、「真理」は「視覚が見る（oculi vident）ものではなく、神は真理であると［心が］聴くときに（audit）、心が見る（videt cor）ものである」と述べている（AA, DT, 8. 2. 3）。この「見る」は、多様な営みであるが、たとえば、トマスが述べているように、「見る人」と「見られる神」の「親しみ」（habituo つながり）を前提にしている（TA, ST: I, Q.12, a.12）。イリイチの言葉を引けば、「見る」ことは「自分がまなざすものと身体的に交感する（bodily intercource）行為である」（RNF: 107/192）。

これに対し、知覚の「見る」は、「見る人」が「見られる人（物）」を客体化し物象化することに通じている。たとえば、サルトル（Sartre, Jean-Paul 1905-80）が語る「見る」は、近現代の個人主体が置かれた情況をよく物語っている。すなわち、「見る」主体が、他者の視線によって脅迫され、萎縮するという情況である。

サルトルの一九四三年の著作『存在と無』の例示にそっていえば、ある人が公園のなかに入り、自分以外だれもいないと思えば、その人は、公園という光景の中心に自分を位置づける。つまり、自分を、眺望する視線の主体として位置づける。しかし、そこに他人が入ってくると、その人は、たちまち視線の主体ではなくなり、他人の光景の一部に、つまり客体となってしまう。他人によって、自分が客体・ものとして見られていることに、その人は気づく（Sartre 1976［1943］:311-5/II: 81-8; Bryson 1988: 88-9/130）。

この知覚の「見る」が心の「見る」に優越することは、換言すれば、「表象」（representation）が「象り」（imaginatio）に優越することである。それは、たとえば、クレーリー（Crary, Jonathan）が『観察者の技法』で、ゲーテ、ヘルバルトなどに言及しつつ描きだしている思想史的事実である（Crary 1990/1997）。すなわち、実証科学の展開とともに、観察的な言表、写実的な形象、つまるところ物と言葉・形象の一対一対応が重視されていくことである。表象という現れは、プラトンに由来し、デカルト、ベンサムが強調し、フッサールにも見いだされる。それはまた、ジェイ（Jay, Martin）が一九九四年の『眼を伏せて』（Jay 1994）で描く「見る」、すなわち静観的・俯瞰的・整序的な視線である。表象の営みが前提にしているのは、「表」に象徴される空間、すなわち、さまざまな事物が位置づけられる、合理性によって編成された均質の秩序空間である。

とはいえ、心の「見る」という営みは、近代とともにまったく失われたのではない。たとえば、シャピロ（Shapiro, Gary）が二〇〇三年の『見るの考古学』で論じているように、ニーチェは、この「見る」に着目し、ギリシア悲劇やワーグナーのオペラにそれを見いだしている。シャピロによれば、この「見る」は、二〇世紀の芸術、たとえば、マグリット（Magritte, René）、ウォホール（Warhol, Andy）、フロマンジェ（Fromanger, Gérard）の諸作品にも見いだされる（Shapiro 2003: 272）。それは、人が幻惑され、驚嘆し、恍惚し、受動する活動である。そこで見えるものは、灯明にほのかに浮かびあがるような、形なきものである。

†連動同軌する想像力（象り）

シャピロは、その形なきものを、マグリットの「これはパイプではない」と題された「中空に浮いたパイプ」と、ラファエルの「［イエスの］変容」と題された「中空に浮いたキリスト」に見いだしている。ラファエルの「中空に浮いたキリスト」は、「マタイの福音書」で語られているイエスの「変容」である。すなわち、あるとき、イエスが「変容し、顔が太陽のように輝き、服が光のように白くなった」ことである（マタイ 17.2）。シャピロは、マグリットがその絵を「これはパイプではない」と題したように、ラファエルの絵も「これはキリストではない」と題することができるのではないか、という（Shapiro 2003: 103）。

どちらの「ではない」という否定も、心が「見る」ことの契機である。「イエスの変容」についてのみいえば、画家がそれを如実に描けば描くほど、それはキリストではなくなる。キリストは、写実／表象しえないからである。事実、初期キリスト教の時代に、イエスの顔は描かれず、麦の実り、葡萄の蔓などで暗示されていた。画家が求めるべきことは、如実さ・写実さではなく、「エクフラシス」（ekphrasis ラテン語は discriptio［活写］）――もともとは、ある出来事を文脈のなかに位置づけ、生き生きと伝えることを意味する（西村［2009: 212-309 参照）――すなわち見えない本質を黙示することである。マグリットの絵が「これはパイプではない」と題されることでエクフラシスとなるように、ラファエルの絵も、「これはキリストではない」と題されれば、エクフラシスとなる。「エクフラシスがしばしば生じるところは、絵画や彫像が厳密に見えるところではなく、見えないものの表徴が見い出されるところである」（Shapiro 2003: 89）。

「エクフラシス」と呼ばれる黙示の象りを支えているのは、おそらく「見る」の本態である共鳴共振ないし連動同軌（entrainer 引き込む）だろう（異なる振動の二つの振子を同じ台に固定すると、やがて連動同軌するように）。たとえば、ベルティンク（Belting, Hans）、ベスフェルク（Bœspflug, François）の思想史研究（Belting 1990; Bœspflug 2008）

が示しているように、見えない本質を黙示することが、古代・中世のビザンティン絵画のかなめであり、そこで描かれたものは、イエスや聖人の表象ではなく、その表徴、すなわち時間のなかの事物ではなく、永遠のなかの事実、ようするに「神性」の「現出」（manifestatio）であった。表徴としてのイコンから形なき「神」をいかにして象るのか、この不可能を可能にする営みが、共鳴共振する象りである。「神の像」の表徴としての絵画は、キリスト教の救済の〈物語〉、すなわちキリストの「受難・再臨」の重大な意味・価値を固着的・規範的に語る言説を背景としつつも、その絵画を「見る」人に「内在」するものが「見られる」ものの本質と共鳴共振することによって存立可能になる（共鳴共振については第6章で再論する）。

この共鳴共振という心で「見る」ための条件は、いいかえれば「想像力」（imagination）である。一九五四年にフーコーは、スピノザが『エティカ』で、「神」を人に内在すると論じていることにふれて（E: 1, P18）、このような「内在する神」という像は「真理の痕跡を見いだす想像力」の現れであり、「理念と心の構成にとって本質的である」と述べている。フーコーはさらに、この想像力を「夢見る」ことにも見いだし、「想像的なものは、超越性の表徴（signe de transcendance）であり、夢見ることは、想像的なものの表徴のもとで生じる超越性の経験である」と述べている。夢見ることは、たんなる夢想ではなく、「そうする主体にとって、自分の生きている世界を根源的に経験することである」と（DE, I, 1: 82, 83, 100）。

この超越性に共鳴共振する想像力（象り）は、ハイデガーが「世界像」（Weltbildes）を批判的に描くときに前提にしている存在論的営みでもある。「世界像」は、世界が「像」（Bild）として表象されること、すなわち把握され、操作され、収奪される「もの」（Gegenstand）となることであるが、それは、人間自身が、表象することを自明としていることと連動同軌している。「表象する」は、あの連動同軌する象りと無縁の営みではなく、その一様態である。「表象する主体（vorstellende Subjekt）としての人間は、自分の表象のはたらきが何かを対象として、像としての世界のなかに組み入れ、形づくるかぎりにおいて、それとして想い浮かべられる。すなわち、象り（imaginatio）のなかで自分を［そのように］活動させる」（GA 5, ZW: 106）。

おそらくレヴィナスは、こうした象りを支える共鳴共振状態を「学び」のなかに見いだし、それを「能動的」行為からも、「受動的」行為からも、さらに「中動的」行為からも区別し、「他動的」行為と呼んだのだろう。次に確かめたいことは、この心の「見る」を可能にする想像力の契機が、必然をふくむ「偶然性」（出来退去、生成消滅）という、「在るもの」と人の関係論にも見いだされる、ということである。

✝偶然の必然性

一般に「偶然性」（contingency/contigence/Kontingenz）といえば、必然性に対立する言葉であり、「生じなかったかもしれない」（偶発的である）を意味する。それは、九鬼周造が一九三五年の『偶然性の問題』で「仮言的偶然」と形容したことだろう。また、ルーマン（Luhmann, Niklas）が『社会の宗教』において「神」を「偶然性処理定式（不確定性定式）」（Kontingenz-formel）――すなわち「問題とされているものを縮減し把握することをそれを解決することと考える単純化」――と形容したように（Luhmann 2000: 147-8）、それは、解釈され処理され制御されるべきわからないもの、つまりノイズだろう（その処理過程を楽しむべきか、手早く済ませるべきか、という議論はともかくとして）。このような必然性に対立する偶然性の概念は、さかのぼれば、アリストテレスの『形而上学』（1017b-1018a）における「シュンベベーコス」（sumbebekos）に行き着く。

しかし、中世キリスト教思想が語る「偶然性」（contingens）は、必然性と対立せず、むしろ必然性と一体である。その偶然に見える必然性（以下「偶然の必然性」）は、アウグスティヌスが「なぜ神は世界を創造したのか」という問いに「神が欲したから」と答えたことに由来する。中世後期にいたるまで、その含意は詳しく論じられなかったが、その含意は、一三世紀あたりから、さまざまな神学者たちによって、アリストテレスのたんなる偶然性を踏まえつつも、詳しく論じられるようになった（その詳細は Söder 1998 参照）。

たとえば、トマスは、アリストテレスに依りつつ、「偶然性とは『在ることもないことも可能なもの』である」といい、それは「質料」（ヒュレー）に属し、「感覚」（sensus）が認識する「個体化の根源」（individuationis principium）であるが、必然性は「形相」（エイドス）に属し、「学知」（scientia）が認識する「普遍的な理法」（ratio universalis）であるという（TA, ST, I, q. 86, a. 3）。しかし、トマスはまた、「偶然的なものと必然的なものは……それぞれ異なるが、ともに存在者（entis）の共通の特質において一致している。知性とは、この共通の特質に言及するものである」という（TA, ST, I, q. 79, a. 9）。この「共通の特質」は「神の意志」ないし「神の贈与」である。つまり、すべての存在者（具体的に実在するもの）は、神からの無償かつ必然の「贈与」である。これは、九鬼のいう「離接的偶然」に近いだろう*。

＊ ちなみに、contingens は、動詞 contingere の名詞形で、その動詞は「ふれる、ぬる、よごす、隣りあう、とどく、かかわる、ふりかかる」などを意味するが、「たまたま」（偶発）を意味しない。

† 「存在」における与り

一七世紀に入り、世界（もろもろの存在者［人・物］）が人為の操作対象となりはじめるなかで、すなわち所与の法則の必然性と未来の思考の可能性が前面に押し出されるなかで、先にふれたスピノザは、非必然の偶然性を否定し、偶然は必然であると述べている。「存在者が［たんなる］偶然（contingens）と呼ばれるのは、私たちの認識に欠陥があるからである」（E: 1, P33, S1）。たとえば、人がここに山百合の花が咲いていることを偶然と考えてしまうのは、人がこの花が咲くことの本質を知らないからであり、さらに自然の因果関係を充分に知らないからであり、つまるところ本質や因果関係の創造者である「神」を受容し畏敬しないからである。スピノザは「存在者はすべて、神のうちに在る」といい、「神を偶然的なもの（res contingens）と呼ぶことはできない」。「神は、偶然的に在るのではなく、必然的に在る」と述べている（E: 1, P29）。

確認するなら、「神」は無限であるといわれるが、その無限は、たとえば「無限の半径の円は直線である」といわれるときのそれ、つまり際限がないという意味の無限ではなく、特定・区別されていないという意味の無限である。いいかえれば、非必然の偶然性は、際限のなさとしての数量的な無限を前提にし意図的・恣意的な能動を可能にするが、偶然の必然性は、すべての特定・区別の彼方としての超越的な無限を前提にし感受ないし受容を可能にする。際限のなさは、同一平面という地平のうえに在るもの、つまり何らかの意味のうちの存在者であるが、特定・区別の彼方は、同一平面という区別されたものすらない在ること、つまり意味を超越する「存在」である。与るという姿勢は、この「存在」において可能になる。

スピノザの〈存在者すなわち必然〉という考え方は、「おのおのの人が、自分に有益なものをもっとも多く求めるとき、人は、互いにもっとも有益である」という定理の前提でもある（E: 1, P35）。あまりに楽観的に見えるこのホッブス的定理を支えているのは、「私」と「あなた」が「理性」に従い、人の「本質」に有益なことをするという想定である。それは、いいかえれば、「自分のために求める善を他者のためにも欲する」という想定であり、「神」の受容が深まるほど、そうするという想定である（E: 4, P37）。むろん、これらの想定は、現実的ではなく理想的であるが、確認されるべきは、この理想、すなわち過ちを赦す勇気を人にもたらすそれが、必然の「神の贈与」によって可能になる、という考え方である。

イリイチが、ブルーメンベルク（Blumenberg, Hans）を引きつつ、中世キリスト教思想に見いだすのも、この偶然の必然性である。ブルーメンベルクは、偶然性は「消え去ることが運命づけられている存在の状態であり、唯一の神の意志によって支えられている存在の様態である」と規定している（Blumenberg 1999: 1793; RNF: 65/126）。それは、神から贈与された一つのいのちのはかなさであり、すべてのいのちの様態である。この必然の偶然性は、他者と交感する細やかな心と一体である。その心は、すべてを必然性と見なす規則しか知らない心からも、すべてを非必然の偶然性と見なす贈与すら知らない心からも、区別される。

†人間の僭上

おそらく、真理を「見る」や、必然の偶然性が退けられることと、ジラール（Girard, René）のいう「模倣の欲望」（désir mimétique）が広がることとは、無縁ではないだろう（Girard 2011［1961］/1971）。私たちは日々、さまざまな商品を選択し購入し消費しているが、その物欲行動の多くは、自分の意図・思惑に依るものでありながら、他人の物欲の模倣である。だれかがもっているものが、「私」の欲望の対象である。「流行」に見られるように、人は、だれももっていない・もとうとしないものを求めない。何がなぜ流行するのかわからないままそれに迎合してしまうのは、それがいつのまにか模倣してしまっている欲望だからだろう。

確認するなら、物欲に見られる模倣の欲望は、古くからあったが、近代以前においては、一般的ではなかっただろう。近代以前の世界においては、商品市場が、範囲においても、品数においても、きわめて限られていたから。アリストテレスが『ニコマコス倫理学』でいう「エピトゥミア」（epithumia）は、なるほど「欲望」と訳されるが、それは、苦よりも快を求めることであるが、加えて、苦しくても善を求めることでもある（AA, EN: 1102b-1106a）。また「プレオネクシア」（pleonexia）も、より多くとること、つまり財貨・名誉などの「一人占め」「横取り」を意味した（AA, EN: 1131a-1169a）。どちらも私たちのいう「欲望」ではない。

ラテン語の「クピディタス」（cupiditas）も、「デジデリウム」（desiderium）も、なるほど「欲望」と訳されるが、多様な意味の「求め」であった。動詞の「デジダーレ」(desidare)も、「憧れる」「不足を感じる」「失う」を意味し、善に向かうことを含意していた。その含意は、デカルトが一六四九年の『魂の感情』(*Passion de l'âme*)でいう「[désirという]感情は、いつも未来に向かっている」にも見いだせる(DOP, 3, PA: §57)。ついでにいえば、現代フランス語の「デジール」(désir)も、たんに「欲望」を意味するだけでなく、「望み」「待望」も意味する。たとえば、pluie désirée は、「欲望の雨」ではなく「待望の雨」である。

ジラールのいう模倣の欲望の蔓延は、人間の僭上を指し示す近代的現象である。それは、ジラールがいうように、もっとも大切なものの欠如(根源的欠如)を代補しようとする、終わることのない試みかもしれない。もっとも大切なものが実現不可能な理念であるかぎり。確かめたいことは、その際限のなさではなく、そのなかで自己が設けられ、この自己が肯定的に評価する「他者」が欲望の対象として定められることである。人が、欲望の対象を意識すると同時に、その主体である自己を意識すること、欲望の対象の意識に先行し自己が存立しているのではなく、欲望の対象を意識することが自己を構成すること——つまり自己は、欲望する「私」の意識である。固有の真理を心で「見る」こと、偶然の必然性が前提にしていた超越者が退けられるとき、人が自分に映しだそうとする像は、この欲望する自己が象り向かう他者となる。つまり、「神の像」への与りは、他者を模倣しようとする欲望に押しのけられ、捨て去られる。

†自己の欲望を越える「私」の希求

スピノザに戻っていえば、欲望する「私」は、人と「神」のつながりによって乗り越えられる。「私」が通俗的な意味・価値で象られるとき、欲望する「私」が生じる。形成され消失する能力、利用され廃棄される機能にあれこれの感情を抱くものとして。この「私」は、優越・劣等、嫉妬・名誉、損得・利害といった感情的な意味・価値にかまけ、偶然の必然性を知ろうとしないが、それを知るなら、自分の「独異性」(singularis)を知解することになる。この独異性の「私」は、もはやもろもろの感情にふりまわされる「私」ではなく、「人の自然」という本質を通じて神につながる、一人ひとり独異な「実存」(existentia)である。「神のなかには、この、またその人の身体に宿る本質［＝人の自然］を、永遠の位相(aeternitas)のもとに象る観念が、必然的に存在する」(E: 5, P22)(「神」の営みだから、「永遠の」「必然的」と形容されている)。

スピノザのいう「永遠」は、一人ひとりの人(実存)の本質(＝人の自然)の特徴である。「永遠について、私は実存(existentia)そのものであると知解する。実存が永遠なもの［＝神］による定義のみから必然的に把握されるかぎり」(E, 1, D8)。人の身体は、有限、すなわち生成消滅するが、人の本質は、「絶対的に無限である「神」を認識する心であるから、「神」に通じている。そのかぎりおいて、人の実存そのものは、永遠である。永遠は「永遠とはこれこれこれである」と述定されないが、人が生成消滅するかぎり、その対極にある状態が考えられる。さもなければ、生成消滅は意味をなさない。永遠の実存は、他人との違いに振りまわされる「私」がいだく「欲望」とは無縁であり、「神」に向かい、「神」を知解するという「希求」(cupiditas)と一体である。その希求は、歓びに向かう「コナトゥス」である(第3、第6章参照)。

ラカンは、欲望の「私」(＝自己)と無縁の「希求」を語ることにおいて、スピノザに通じている。ラカンは、一九六〇年の「望み」(désir)論において、「無意識とは、大いなる他者(l'Autre)が語るところである」と断じ、人は、自分の「望み」について知らない、すなわち自分が何を望んでいるかを知らないし、自分がどこで望んでいるのかも知らないという。「大いなる他者と話すなかで」こそ「あなた［の望み］」が語られる」。すなわち、あなた自身の「望み」が顕わになる。端的にいえば「人のもつ望みは、大いなる他者の望みである」。「人は、大いなる他者であるかぎり、［望むべきことを］望む」(JL, E. II, SSDD: 294-5)。ここで「大いなる他者」と訳したl'Autreは、「母国語」も意味するが、「超越者」ないし「神」を意味する。

もしも、こうした「神」ないし「大いなる他者」の像が、キリスト教が語ってきた、大いなる救済の〈物語〉を前提として象られている、とすれば――後の章で確認するように、すくなくともスピノザは、そうではなかったが――その象り論の訴求力は、キリスト教に親しんでいる人に限定されてしまうだろう。以下、その訴求力を非キリスト者にも広げるために、共鳴共振と呼応の関係という、二つの記述概念を提案したい。

3　学びを支える共鳴共振

†超越者から超越性へ

まず、単純な図式を示そう。偶然の必然性、真理を「見る」ことが語られる言説空間の構図は、〈この世界の必然性を定める神〉、〈定められた必然性につらぬかれたこの世界・人〉、〈その世界の内に在りこの世界を越えるもの〉、という三項の関係である。さしあたり第一項の「神」を棚上げするなら、第三項は、イエスである。人は、このイエスが「わざ」(opus)として示した慈愛に深く心を動かされ、「受難」(passio)として被った苦しみを自分のことのように感じることがある。その交感、共鳴共振において、人は、眼で「見る」ことを超えて、イエスを超越者として「幻視」(visus)する、つまり心で「見る」、と考えてみよう。

この心で超越者を「見る」ことは、中世キリスト教思想において、しばしば「聴従」(oboedientia)――ハイデガーのいう「聴き従う」(Hörigkeit)にひとしい――と形容された。それは、「神の声は高潔である。神の声は驚異である」（Psalm 28. 9. 4）といわれる「神の声」を、人が論証・計算抜きでそのまま受け容れることである。この「神の声」をそのまま受け容れる（＝応える）のが、「信仰」（fides）である。したがって、この超越者の呼び声を受け容れることは、「神」と人の呼応の関係が開始されることである（田中 2017）。惑いも、疑いも、企ても、謀りも、そう形容されるかぎり、すでにこの呼応の関係を前提にしている。

私の提案は、この呼応の関係の本態を、交感、共鳴共振という感覚の事実にとどめることである。すなわち、神格化されたものの権威・威信を帯びた意味・価値のもつ固着性・規範性の外における、交響、揺動、感動としてのそれに。この交感、共鳴共振は、中世キリスト教思想の「聴く」をめぐる思考のなかにも見いだされる。その感覚の事実にあらためて着目することで、そこで語られる「信」の存立機制を超越者から超越性にずらし、その行先（テロス）の言説時制を未来完了にずらしてみよう。

†響きとしての声を聴く——〈自然〉

たとえば、一二世紀の思想家アベラール（Abélard, Pierre 1079-1142）は、「声」（vox）を「語り」（sermo）から区別する。今道によりつつ約言すれば、彼がいう「声」は「叫ぶ・呼ぶ」といったパトスの活動であり、見えないものを暗示する「表徴」（signum）、おのずから生成する「ピュシス」（自然 physis/natura）に通じている。これに対し、「語り」は「説く・語る」といったロゴスの行為であり、語と語を結びつける「テシス」（命題 thesis）に通じる（今道 2010: 318-9）。私なりに敷衍すれば、「声」は躍動的であるが、「文字」（littera）は固着的である。ad litteram（文字どおりに）という言葉があるように、littera は動かず定めるが、vox は響きわたり招きよせる。vocare という言葉が「呼ぶ」だけでなく「呼びよせる」を意味するように。

アベラールとほぼ同世代のベルナール（Bernard de Clairvaux 1090-1153）は、「聴く」（audire）を「見る」（videre）

から区別する。アベラールは「聴く（audirus）は、見る（visus）がとらえていないものを見いだす。外観は眼を欺くが、真理は耳にそれ自体を注ぎ込む」と述べている（BC, SCC: Ser. 28, 5）。金子は、この「聴く」に感覚全体の限界を超える「作用」を見いだし、その端緒を「私にふれてはならない」と言ったイエスに見いだす。この「聴く」も、聴覚としての機能を超えている。それは、信仰に支えられた理性の営みである。金子は、この理性に「言葉」の「響き」の源泉を見いだすヒルデガルド（Hidegard von Bingen）にふれつつ、「「言葉」が「響き」のうちにあるように、「子」は「父」のうちにいる」と述べている。それは、すなわち「神を畏れる心貧しい謙虚な魂に、神が直接に幻視を注ぎ込む」ことであると（金子 2012: 136, 142-3）。

イリイチは、こうした中世キリスト教思想が語る、響きわたり聴かれる「声」に、「自然」（natura）を見いだす。イリイチにとって、一二世紀くらいまでのキリスト教思想の語る「自然」は「おのずから生成するもの」である。たとえば、Natura a nascitura dicitur（自然は生成するもの）といわれるときの「自然」、そしてマーチャントが「自然の死」というときの「自然」は、このおのずから生成するものとしての「自然」である（IIC: 266/398; Merchant 1980/1985）。それは、仏教的日本語の〈自然〉（おのずから然る）に近いだろう（ついでにいえば、フーゴーは、『ディダスカリコン』において「自然とは、それぞれのものにそれ固有の存在を贈り与えるもの」（Natura est quae unicuique rei suum esse atribuit）という定義を挙げている（Hugo, D: L. 1, c. 10）。つまり、自然は、本性のような一般的所与ではなく、ものにそれに固有な生動性を与えるものである、と）。

およそ一三世紀あたりから、生成の〈自然〉に彩られる「声」、すなわち響きとしての言葉と、テシスから編まれる「言述」（litteratura）、すなわち文字としての言葉は、区別されつつも重層するものでなく、分離され、後者が重視されるようになったらしい。おそらく、トマスが「もし神の本質を見ようとするなら、[人は] 表象像から切り離される必要がある」といい、「神の本質を見る」ために必要なものは「知性」である、と述べたこと（TA, ST: 2a-2ae, Q.175, a.4）の含意は、その知性概念が霊性を喪うとともに、見失われていたのだろう。イリイチは、この響きとしての言葉よりも文字としての言葉を重視するという歴史的変化を、「自分の声が自分の耳に向かって詠うからこそ、心のなかで響きわたる頁、つまり音色を奏で歌う頁」が、「私の思考を投影するものとして頁、他者が私の思考の構造を読みとる文書としての頁」に変わることである、と形容している（IIC: 239/357）。

✝学びを支える共鳴共振

イリイチによれば、この〈自然〉としての声は、一二世紀くらいまで、「学び」の根幹を成していた。イリイチは、フーゴーを論じた『テクストの葡萄畑で』において、一二世紀の修道士たちの学びの本態に共鳴共振を見いだしている。彼らの「高らかな朗読は、ふるえる唇と舌が織りなす［書物と人の］共鳴として響きわたった」。「文章は、唇がひろう音溝であり、読む人が詠い、自分自身の耳に届ける。読むことで、頁は、文字どおり着床化され、身体化される」（VT: 54/52）。彼らは、書物を暗記し暗唱していたが、それは、あの自己としての「私」が命じる努力ではなく、「私」を超えるハビトゥスである。それは、言葉を言葉たらしめている呼び声に真理を見いだし、それを取り込む／学ぶ（apprendre）ことである。イリイチは、ベルナールを引き、「その言葉の甘美さを享受すること、私は、何度も繰りかえし言葉を味わう。そうすると、私の器官は、強まり、膨らみ、私の骨は、歓び、叫ぶ」と述べている（VT: 56-7/54）。

この書物と人の共鳴共振は、いいかえれば、心のふれあい、取り憑かれであり、そこで修道士が玩味しつつ享受すべきことは、既存の共同体への懐疑と、その外にあるイエスへ真摯に向かうことであった。フーゴーは、『ディダスカリコン』において「完全であること、それはその人にとって全世界が異郷であること」（perfectus vero, cui mundus totus exsilium est）と述べている（Hugo D: L.3, c.19［778B］）。「完全である」とは、農夫のように共同体に依存しその秩序を維持することを超え、また商人のように共同体間を越境し諸共同体に通底する合理性を活用することを超え、すべての共同体を相対化して生きること、共同体を支える意味・価値を超えて思考することである、と。それは、自己の意図・思惑から逃れつつ、いつのまにか・おのずからイエスを想い、形なき像として象り、彼へと真摯に向かい続けることである。

　こうした外へ向かう共鳴共振は、イリイチ自身を支えてきた事実であり、その存立条件は、神性ないし霊性としての「プシュケー」である。イリイチは、「私は、ともに語りあえるような仲間を、いかなる既存の教会［つまり共同体］のなかにも見いだすことができない」と述べ、「伝統に即して話をすればするほど、私はますます徹底的に異邦人と化してしまう」と述べている。その「伝統」とは、中世キリスト教思想の語った「内在の感覚」すなわち「神の声」を聴くための（容器としての）プシュケーである。それは「［神の］創造によって生じ」、「贖罪のための受肉［イエスの出来］によってはたらく」内的な実体である（IIC: 279-80/419）。すなわち、神に贈られ、その声を迎え入れるプシュケーによって、人は、イエスの言葉に共鳴共振し、イエスを模倣する。つまり、イエスに連動同軌し、イエスを「キリスト」と象る。

　ちなみに、スピノザも、共鳴共振を重視しているように思われる。スピノザは、たとえば、自己が意図し思惑した結果として、よいことを定め求めるのではなく、おのずから現れ出ることが、よいことと判断される、と述べている。「あるものが善であると、私たちが判断するから、私たちは努力し意志し衝き動かされるのではない。むしろ反対に、何かに向かい努力し意志し衝き動かされるから、私たちはそれを善と判断する」（E: 3, P9, S 傍点は引用者）。この「努力」すなわちコナトゥスも、「意志」（voluntas）も、「衝動」（appetitus）も、あの自己を原因としていない。それらは、共鳴共振によって出来する。

†アニムス的事実にとどまる

共鳴共振にとどまりつつ「神の像」への与りを記述しなおすことは、その議論から「神」も「キリスト」も「プシュケー」も棚上げすることである。これは、奇妙な試みかもしれないが、試みるだけ試みるなら、そこには、「アニムス」(animus) としての共鳴共振が浮かびあがり、呼応の関係をその顕れにとどめることができる。主体と客体がまずあり、そのあいだ・相互性としての関係性が生じるのではなく、まず波動のような感受性の広がりがあり、そのなかに「私」と「あなた」が交感、共鳴共振の両端として出来する、と考えられる。交感、共鳴共振は、たしかに感官の知覚に根ざすが、それを超えて、相手と連動同期しつつ、相手を見いだす。それらは、たとえば、傷んでいる・苦しんでいる「あなた」の、耳に聞こえない声を聴きとり、その人を支え援けようとすることである。その「あなた」が見ず知らずであっても。

ここでいう交感、感受性は、知覚、いわゆる五感を研ぎ澄まし感じることではない。それは、象る、すなわち線を引く (輪郭を描く)、意味がわかる (言葉にできる) といった心のはたらきに何らかの抽象性 (概念性) を見いだすとき、その前提にあると考えられる生の事実、すなわち五感の全体が心・身の外にあるもの (他者・自然) に否応なく通じているという感覚の事実である。それは、「アフェクティオ」(affectio) というラテン語が意味していた「受容」、すなわち「感情」(affectus) の源泉であり、自・他の区別を超えた営みである。晩年のセザンヌ (Cézanne, Paul 1839-1906) は、自分の身体を「感光板」と形容していたが、その「感光」も「受容」といいかえられるだろう。前田の言葉を借りれば、セザンヌは、自分の身体を「自然の無数の強度がつらぬいていく」と感じ、「自然が命ずる義務」で「自己の感覚をいっぱいに満たして、どうにもならず存在」していたという (前田 2010: 125, 127)。その存在様態は、いわば感受性そのものである。

共鳴共振は、この感受性の位相の一つであり、人がだれかに〈よりよく〉生きようとする力を見いだし、自分の心をふるわせるとき、そのベクトルと自分のベクトルが連動同軌することである。思うに、イエス、パウロは、そのアニムス的事実を「隣人への愛（アガペー）」（agape to plesion/dilectio proximi）と呼んだのではないだろうか。そもそも、イエスが「隣人への愛」の具体例として挙げた「よきサマリア人」の人助けは、痛ましさを感じることを動因としていたはずである（ルカ 10. 33-5）。そのサマリア人に見いだされるのは、「神の声」への聴従というよりも、他者への共鳴共振である。すなわち、他者の痛みに自分の「心を痛める」（スプランクニゾマイ splangchnizomai）ことである（マタイ 20. 34）。それは、ハイデガーにならい、「存在からの呼び声」に「ともに聴き従う」（Zusammengehören）こととといいかえられるだろう（田中 2017）。

「神の像」に文字ないし固着的・規範的な意味・価値、つまり崇められ奉られる超越者を見いだすかわりに、他者への共鳴共振を見いだすことは、可能である。この共鳴共振を本態とする、いわば脱宗教化された「神の像」への与りにおいては、人は、だれに・何に共鳴共振し呼応するのか、事前に決まっていない。共鳴共振は、人の言動を決定せず方向づけ、拘束せず喚起し、表象の明証性に還元せず表徴の敢然性に赴かせる、人間性の普遍的エレメントではないだろうか（「人間性」については、終章で再論する）。

4 「神の像」への与り

†遠ざけられた共鳴共振に向かう

おそらく、中世キリスト教思想にふくまれていた共鳴共振は、たんなる偶然性や、眼で「見る」ことの広がりに象徴される、何らかの思想変容とともに、遠ざけられたといえるだろう。アベラール、ベルナール、フーゴーなどの中世キリスト教思想は、およそゆたかな交感、感受性を前提にしていた。もちろんトマスも「人が信心から涙するのは」「感情（affectus）の優しさからである」、たとえば「失ったと思った子や親友が戻ってきたときの、愛おしさの感情からである」と述べている（TA, ST, 2a-2ae, Q. 82, a. 4, ad 3）。しかしそうした交感、感受性、そして共鳴共振は、近世・近代の哲学から遠ざけられていった。

本論の試みは、存在論を「基礎づけ主義」と論難する近代的言説にかかわることなく、中世キリスト教思想の存在論に向かうことである。たとえば、ローティ（Rorty, Richard）のように、「〈むかしむかし私たちは、目に見える世界を超えて存在する何かを崇拝する必要を感じていました〉」と嘲り揶揄するような存在論批判や、「すべてのもの……を時間と偶然の産物」」（Rorty 1989/2000: 47-8）と見なす近代的言説にかかわることなく、存在者を超えて交感、感受性と一体の「存在」を考えることに向かうことである。その一例がここで示した、「神の像」が形象的に把握され物語的に意味づけられるなかで、それに、聖人画・肖像画のような「具象的なもの」（le figuratif）が帯びる固着性・規範性ではなく、他者・生きもの・自然に広がる交感、感受性を見いだすことである。そのとき、「大いなる形象」（La Figure）としての「神の像」は、人がだれか・何かにただ強く交感すること、すなわち共鳴共振することに、とどめ置かれるだろう。

このような存在論的思考は、公共性に違背しない。それはむしろ、公共性の前提である倫理基盤を成している。たとえば、ハイデガー、デリダに見いだされる存在論的思考は、ロールズ、ハバーマスの説く公共性論と対立しているのではなく、それらを黙々と下支えしている。その倫理基盤、たとえば「フミリタス」（身を低くすること）は、人がたんなる偶然性を前提にしているかぎり、理解されないだろう。ちなみに、物理学者のシュレーディンガー（Schrödinger, Erwin）は、一九五一年の評論「科学と人間性」において、カッシーラーに賛同しつつ「物理的現象は、実際にはおおかた、厳密には決定されておらず、純粋に偶然に左右されるとすると、……この偶然的な側面は……人間の倫理的振る舞いに対応する物理的概念として求められるものではけっしてありえないだろう」と述べて、「倫理を含めた自由意志の根拠を物理的偶然性に求めることは、とてもばかげた話である」と結んでいる（Schrödinger 1996/2014: 198）。

†「神の像」への与りを共鳴共振にとどめる

思想史的に見れば、「神の像」への与りは、ドゥルーズが『スピノザと表現の問題』でいうところの、近代の「成長・発達」にいくらか通じる〈芽〉の隠喩ではなく、「表現・模倣」に通じる〈鏡〉の隠喩に属する。それは、人が〈よりよく〉生きることを、鏡のように「理想」の像を映しだすことと見なすことである（GD, SPE: 69, 158-64/74-5, 174-85）。〈鏡〉の隠喩における人のよりよい生き方の典型は、冒頭にふれた、イエスを「大いなる像」とし、それに「まねぶ」という、「キリスト教の教え」である。

この〈鏡〉の隠喩は、後述するように、ハイデガーの気遣い（顧慮 Fürsorge）論にもいくらか見られる。ハイデガーは、『存在と時間』において、顧慮を「手本を暗示し他者を自由にする顧慮」と「他者のために尽くし支配する顧慮」に分けている。前者の手本を示す顧慮は、他者に顧慮の実例を示すことで、他者自身に顧慮ができるようさせることであり、そうすることで、他者を「自由にする」ことである。ようするに、この顧慮のめざすところは、「本人の気遣いに向かって自分を解放することを援助すること」である（SZ: 122）。ハイデガーのいう「手本」は、権威や威信によって準備され確定されている模範ではなく、他者を他者に即しつつ気遣うというプラクシスの実例である。それは、新たに創始される気遣いである。

私の提案は、こうした「神の像」への与りを可能にする共鳴共振が、制度化・規範化されかねないキリスト教的諸概念、たとえば「アニマ」「霊性」によって可能になると考えるかわりに、交感・感受性、共鳴共振によって可能になると考えることである。権威や威信にもとづく自己の意図・思惑が可能にするような「神の像」への依存は、自分の肯定的評価が投影された偶像への従属である。この肯定的評価は、それが他者を模倣したものであればあるほど、自分が下した評価であるとわからなくなり、疑われなくなる。そして、私たちが傲慢で自己本位であればあるほど、この肯定的評価は、傲慢で自己本位の「神の偶像」に私たちを跪かせ、私たち自身の生を破壊していく。自己による評価は、自家撞着するからである。

ようするに、問題をふくんでいるのは、「神の像」への与りという考え方自体ではなく、その存立条件が交感・感受性、共鳴共振を踏み越えたものになること、すなわち制度化・規範化された超越者を事前に確定し、それに関連する意味・価値を固定化・理想化することである。「神の像」と形容されてきた形なき像を、こうした制度化・規範化、固定化・理想化から解き放つために、次章以下において、私たちの認識様態を、スピノザの議論を援用することで、揺さぶってみよう。

第3章

受容と感情
――〈感じる〉について

Affectio and Affectus : On Sensing/Feeling

第3章では、**受容・感情**（**アフェクト**）をとりあげる。まず、感じることを**知覚**と**感覚**に分ける。感覚は、五感のような知覚に先行し、自分が他者に「**なりかわる**」ことを可能にする**交感のつながり**として現れる。また、**感情**は、**象り**をともない、**超越性**の出来を準備する。感覚は**受容**（アフェクティオ［パッシオ］）であり、それは感情の基礎である。中世キリスト教思想において、超越性の出来を準備した感情は、他者への**愛**である。**スピノザ**の受容・感情は、**心身連関**であり、受容は交感のつながりを生みだし、**歓び**の感情は超越性の出来を準備する。**カント**は、こうした受容・感情を論じなかったが、**サルトル**、**アンリ**は、感情のもつ超越性へのベクトルを論じている。スピノザに立ちかえれば、スピノザの感情が超越性へのベクトルを体現するのは、人が他者への愛という歓びに向かう**コナトゥス**を生きているからである。こうした議論は、理性に支配されるべき感情という通念をゆるがし、有用性偏重の動勢を相対化する契機になるだろう。

1 〈感じる〉について

†感覚と知覚

「知覚」と「感覚」は、同じような営みを指す言葉に思われるが、はっきり区別されることもある。たとえば、哲学者の市川浩は、一九六八年の『新・哲学入門』において、「判断によってまだ汚されていない……直接的経験」を「感覚」と呼び、そうした「感覚をもとにして構成された二次的産物」を「知覚」と呼んでいる。たとえば、窓の外に広がる風景、「白い葉裏をかえす樹々の梢、けぶるようにふるえている落葉樹の細い枝先、乾いた秋の空を掃くさわやかな巻雲……」などは、知覚であるが、そうした言葉を離れて、窓の外を「虚心に眺めるとき」、そこに見えるのは「さしあたっては何とも名づけられない中性的な色彩の交響である」（山崎／市川 1968: 60-1）。これが感覚であり、かつて印象派が解放しようとした色彩である。

もっとも、ふつうまず意識されるものは、知覚されたものであり、それから意味づけを拭い去ることでなんとか現れるものが、感覚されたものである。市川は、「最初にあたえられているのは知覚であり、感覚は知覚から抽象された仮説的な存在にすぎない、というべきではないだろうか」と述べている（山崎／市川 1968: 63）。人がまず感じたと思ったものは、知覚の内容であり、感覚そのものではないからである。直接的経験としての感覚は、かりに感じていても、そのまま思考されるものではない。どうしても、思考は形容してしまうし意味づけてしまうからである。無理にやろうとすれば、印象派の画家たちが描いたような色彩の交響が現れるのだろうが、基本的に、感覚は、知覚されたものの前提として措定される。

市川はまた、先に引いた本のなかで、「知覚されるものと想像されるものとの間には、本質的な違いはない」だろうし、違いがあるとすれば「強度と鮮明度の違いにすぎない」だろう、と述べている。たとえば、

「私は庭のバラを思い浮かべる。ほとんど黒味がかってみえる深紅色の花弁のかさなりや、重たげに花冠を傾けて風にゆれるさまを、私はありありと想像する」。その想像は、私たちに直接に与えられる「バラの現われ」と、たいして違わないだろう、と（山崎／市川 1968: 83）。たしかに、実物のバラがあり、私がそれを見ているときとあとで想起するときとで、その二つのバラの像、知覚像と想起像に決定的違いはないだろう。そのバラが現実に存在するという実感をともなう／ともなわないという違いを別にすれば。

この実感は、対象からの絶えざる受容である。実際にバラを見ているときは、見るたびに、新しいことに気づく。この花弁は萎れている、この棘は折れている、といった気づきがある。実感することは、そうした気づきを受容し意識することである。いいかえれば、実感されるバラは、ありのままのバラではなく、そのつどそのつど限定されているバラである。限定するのは、私たちの意識である。市川はそれを「網」と呼ぶ。「われわれはいつもありのままの現実を知覚しているように思っているが、実はわれわれの網にかかったものしか知覚していない」。「知覚に現れていないものを補い、あるいは現実をとらえる新しい網を編むには、知覚に現れていない現実を現前させる想像力を必要とするであろう」（山崎／市川 1968: 86）。市川は、その想像力のはたらきは、知覚された像を〈地〉としつつ〈図〉としての像を創ることでなければならないという。すなわち、現実を踏まえたうえでの、節度ある像の創出でなければならない、と。

†現実を現前させる想像力

こうした市川の感覚／知覚の区別、知覚像／想起像の類同という議論を踏まえつつも、いくらか展開を試みるなら、二つの議論の可能性が見えてくるだろう。一つは、感覚を、ドゥルーズ／グァタリが一九八〇年の『千のプラトー』でいう動物的に「感受すること」（affect）とつなぐ可能性である。この感受することは「感情（sentiment）でも、性格（caractére）でもなく、［動物たちがもっている］群れ的な力の具現である」。それは「自我を刺激し揺さぶる」営み、すなわち、人をもっともらしい「人間性から引き離し、動物的なつながりの荒ぶる力（violence）に引きもどす」営みである（DG, MP: 294）。この感受するという営みは、たとえば、自己愛の対象としての、主人の恣意に従順な動物（ペット）に向けられる愛玩の感情の対極に位置している。その愛玩の感情は、動物の所有・支配に向かう。ドゥルーズ／グァタリは「イヌやネコを愛玩する者は、すべて馬鹿者である」と断じている（DG, MP: 294）。彼（女）らが、動物から感受する力を奪う暴力に無自覚だからだろう。ともあれ、私たちの感覚は、この感受に重ねられるだろう。

この感覚・感受において、自己は主語ではない。そして感覚・感受は、圧倒的に受容的である。ドゥルーズ／グァタリにとって、たとえば、子どもが、鞭でひどく打たれ、倒れて呻いている馬を見て、痛ましく感じることは、「同情」（pitie）でも「共感」（sympathie）でもなく、感受とともに自分がその馬に「なりかわる」（devenir）ことである。それは、自分の心がその馬と〈ともに在る〉ことである。彼らはそれを、子どもと馬が「ともに生きること」（symbiose）、「分かちあうこと」（participation）と形容している。そこに自己の賢しらな「類推も企図もない」。痛ましいと思うことは、感受によって馬と子どもが「一つに合わさること」（une composition）である（Deleuze/Guattari 1980: 315）。ドゥルーズ／グァタリは「感受することは［自分が他者に］なりかわることである」と述べている（Deleuze/Guattari 1980: 313）。

もう一つの議論の可能性は、感情を梃子にしながら、想像力をより肯定的な力として描きなおす可能性である。この可能性は、のちほど取りあげるスピノザの象り論に見いだされるだろう。それは、歓びという肯定的感情が身体を生き生きとさせるということであり、また心のなかで超越性が象られる準備が行われることである。前者は日常的知見から納得できるが、後者は日常的知見を越えている。感情がどうして超越性につながるのか、はなはだ不分明である。しかし、のちに確認するように、中世のキリスト教思想においては、感情は「神」に通じる経路であった。感情における超越性の象りは、ぼんやりしたものであるが、それにもかかわらず、その象りの出来に導かれて、超越性が暗示される、と考えられていた。

これもあとで確認するが、中世キリスト教思想において、またスピノザにおいても、超越性に通じる感情は、「愛」（amor/dilectio）である。その考え方は、たとえば、パスカル（Pascal, Blaise 1623-62）にも見いださせる。パスカルは、一六七〇年の『パンセ』において、「神を感じうるのは心である、理性ではない。理性にではなく、心に感じられる神」（C'est le cœur qui sent Dieu et non la raison. …….. Dieu sensible au cœur non à la raison）と述べている（Pascal 1976: B278/L424）。その「感じる」（sentir）、また「感じられる」（sensible）は、想像（象り）をともなう「感じる」であり、その「心」（cœur）は、感情である。そしてこの感情の最高位を占めているのが「愛」である。パスカルにとって「心」は「普遍的存在をおのずから愛する」という傾向を、また「自分自身もおのずから愛する」という傾向をもっている（Pascal 1976: B277/L422; 金子 2001 も参照）。

†〈感じる〉とは何か

こうした〈感じる〉ことのとらえなおしは、現代の感情の位置づけをゆるがすだろう。現代社会において「感情」（情動、情念、情緒）は、一般に「理性」（合理性、論理、認識）などから区別され、後者によって制御されるべきである、と考えられている。そうした制御を端的に表現する言葉が、「自律」（autonomy）、「自制」（self-control）、「克己」（self-denial）、「節制」（temperance）、「コンプライアンス」（法令遵守）などの制御系の規範である。こうした制御系の規範のもとでは、違和感、不条理、つらさといった感情を抑え、それに堪え、それを忘れることが「努力」であり「当為」である、と肯定的に語られている。たしかに、制御系の規範は重要であるが、感情の制御ばかりが強調されるなら、大きな問題が生じる。「あなた」が量的・質的に分析され類型化される「人」になり、「私」が親身・真摯にかかわる「あなた」ではなくなる。

制御系の規範に対する根本的な問いは、個人が自己と外界に対し自由であるときにのみ、制御という営みは意味をもつが、はたして理性や合理性は、感情から完全に区別されているのか、である。区別されていないなら、はっきり区別すればよいという考え方もあるだろうが、私は、むしろ別の考え方を採りたい。それは、感情の営みが、人と他者を、意味・価値を越えて結ぶものであり、超越性とつうじている、という考え方である。そうであるとすれば、理性や合理性と情動が情緒が端然と区別されていなくとも、さして問題ではない。そして、感情は、人が人として生きるうえでの基底性となるだろう。あとで確認するように、ヨーロッパ中世のキリスト教思想は、当時「パッシオ」と呼ばれた営みに、そうした基底性を見ようとしていた。たとえば「受苦する者は学ぶ者」(Ta pathemata mathemata)といわれたように。

以下、まず、日本語の〈情〉にかかわる言葉の起点にある〈感じる〉(＝感覚する・感受する)ことの尊さを、ヨーロッパ中世キリスト教思想の「パッシオ」にさかのぼり、確かめ、またスピノザのいう「アフェクティオ」(受容)、「アフェクトゥス」(感情)の意味を確かめる(第2節)。次に、感情をめぐるカント、サルトル、アンリの議論を引きながら、感情のもつ超越性へのベクトルを確認する(第3節)。最後に、議論をふりかえり、超越性へのベクトルをふくむ感情という考え方は、有用性を偏重する現代社会の感情論をゆるがしとらえなおす契機になるだろう、と述べる(第4節)。

2　パッシオと感情

✝交感としての〈感じる〉——シンパシアとパトス

日本語には、〈情〉にかかわる多様な言葉——たとえば、「情動」「感情」「情操」「情念」「情熱」など——がある*。これらの言葉の基礎には、〈感じる〉という身体的営みがある。それは、「思わずもらい泣きする」というような、自分のことのように他者のことを感じるという受容的営みである。この営みは、さきにふれたドゥルーズ／グァタリの「感受」であり、そこで生じる「なりかわり」（devenir）であり、第1章で論じた言葉を使えば、自己を越えて広がる交感・感受性・共鳴共振である。この越境的な〈感じる〉を意味する言葉は、古代ギリシア語（のちにラテン語にもなる）でいえば、「シンパシア」（sympathia）である。この「シンパシア」は、現代の「共感」という意味の「シンパシー」からは区別される。

「シンパシア」は、もともと、人が他の人・生きものと「一緒に感じる」（「同じように感じる」）ことを意味していた（ちなみに「シンビオス」（symbios）は「一緒に暮らす」であり、「シンポシア」（symposia）は「一緒に飲む」である）。「シンパシア」は、ルネサンス期に神秘化され、「怪しい性状（オカルトもの）」（occultae qualitates）と見なされたが、古代のその意味は、現代の心理学で「同調」（synchronization）と呼ばれる現象にも重なるだろう。たとえば、子どもが音楽に合わせて身体を動かすこと（「同型的同調」）、サッカーで選手がボールをパスしたり受けとること（「応答的同調」）、テレビでラグビーを観戦していると身体に力が入ってしまうこと（「身体的同調」）などである。同調は、幼い子どもほど、顕著であるが、大人になるにつれて潜在化していく（ヨーロッパにおける「シンパシア」の概念史についてはSchliesser 2015; 山崎 2015を参照）。

この〈感じる〉をとらえるために、「パトス」（páthos）、「パッシオ」（passio）に注目してみよう。ヨーロッパでは、近世にいたるまで、「パトス」「パッシオ」は、〈情〉にかかわる営みの基底を示す言葉であったからである。なるほど、「パッション」の「情念・情熱」という訳語を思えば、活動的に見えるが、原義にさかのぼれば、それは受容的である。「パトス」は、ストア派、さらにアリストテレスの『修辞学』第2巻の「パテー」(páthe) ――「パトス」の複数形――の用例に見られるように、「快苦をともなうさまざまな感情」を意味するとともに、人が「(異なるものを)受け容れる」ことも意味していた。後代のキケロは、「パッシオ」を「四つの感情」の総称として用いつつも、その基礎に「受け容れる」という営みを見いだしている。文学史家のアウエルバッハ (Auerbach, Erich) は、「近代のパッションは本質的に活動的であるが、古代から中世のパッシオは……本質的に受容的である」と述べている (GARP, PL: 161)**。

* 日本語の「情動」は、およそ[E] emotion / [F] émotion / [D] Emotion の訳語であり、「感情」は、feeling / sentiment / Gefühl の訳語である。田中義久は、「情動」を「気分」(mood)、「情熱」(passion) とともに、「感情」の一つと位置づけ、これらのうちでもっとも意識化の程度が低いのが「情動」であるという。つまり、意識化の程度によって「感情」は「情動」「気分」「情熱」と高次化すると (田中 1988a/b)。ほぼ同じ規定が、北田耕也の『感情と教育』にも (北田 1992: 15)、『日本国語大辞典』にも見られる (日国 2001: 情動、感情)。「情操」は、およそ[E] sentiment/ [F] sentiment/ [D] Innerlichkeit の訳語であり、「情念 (情熱)」は、ほぼ passion / passion / Pathos の訳語である。前述の北田は、「情操」を「学問、芸術、宗教、道徳など、精神的 [価値をもつ] 刺激に対して生じる感情の複合」と規定し (北田 1992: 15)、坂本忠芳も、一般に「情操」は「道徳的・芸術的・宗教的などの高次の価値を持った感情を意味している」と述べている (坂本 2000: 79)。「情念」は、そうした文化的価値とは無縁である。たとえば、『日本国語大辞典』は、「情念」を「心の働きと思い。また、強くとらわれて離れない愛憎の感情」と規定している (日国 2001: 情念)。『大辞林』は、それを (たとえば、恋愛・情事などによって)「激しく高まった気持ち」と規定し

ている。そうした高揚感としての「情念」は、たとえば、中村雄二郎が一九六九年の『現代情念論』において危惧している、「制度」を凌駕する「情念」への自然な臣従、「日本人のもつ『感情的自然主義』」と形容されたものにつながる（中村 1969: 335）。

** 補足しておけば、現代英語の「センス」（sense）も「感じる」と訳されるが、これは、ラテン語の「センティーレ」（sentire）に由来する言葉で、それは「知覚する」「味わう」「考える」など、多様な意味をもつ。また「フィール」（feel）も「感じる」と訳されるが、これは、ギリシア語の「パラメー」（paláme）に由来する言葉で、それは「手（作業）」を意味し、活動的である。ただし、「感情・感覚」と訳される sentiment の語源であるラテン語の sentimentum は、「感じられたもの」を意味し、明らかに受容的である。ちなみに、「感情・情動」と訳される「エモーション」（emotion）の語源は、ラテン語の「エーモートス」（emotus）であり、「運び出すもの」「追い出すもの」を意味し、活動的である（英語の語源は『オックスフォード英語辞典』（OED 1989）に依る）。

†愛にもとづく感情――アウグスティヌスとトマス

次に、中世キリスト教思想の「感情」（affectus/passio）論にふれておこう。中世キリスト教思想においては、パッシオは、「受容」だけでなく「感情」も意味していた。中世キリスト教思想の起点に位置しているアウグスティヌスは、『神の国』において、キケロの四つの「感情」（passio）、すなわち「悲哀」（aegritudo）と「喜び」（laetitia）、「恐れ」（metus）と「望み」（libido）を、すべて「愛」（amor）を前提に定義しなおしている。すなわち、「愛の対象をいつも携えるのが望み（cupiditas）、愛の対象を所有し享受するのが喜び（laetitia）、愛に反するものを避けようとするのが恐れ（timor）、その恐れが現実に起きて感じるのが悲しみ（tristitia）である。これらの感情は、愛が悪ければ悪く、愛が善ければ善い」と（AA, CD: 14. 7. 2）。

こうした四つの感情の前提である善い愛は、「慈愛」(caritas)と呼ばれている。それは「霊性」(spiritus)、すなわちアニマのなかの「神」へ向かうベクトルに与り生きることであり、世俗的な「望み」(cupiditas 欲望)を超えて、他者とつながり、他者を慈しむことである。それは、いわゆる共同・協働ではなく、他者を無条件に気遣い、ともに霊性がめざす「至福の生」(beate vivere)に向かうことである。この慈愛は、霊性に隠されがちであるが、基本的に、イエスのいう「隣人への愛」、すなわち「よきサマリア人」の人助けに見られるように、他者の痛ましさを感じ、それだけで手助けすることである(なお、「怒り」(ira)や「貪欲」(avaritia)といった「欲情」(libido)は、こうした愛を前提にした感情から区別されている(AA, CD: 14. 15))。

スコラ学のトマスも、愛が「感情」(passio)の前提である、と考えている(TA, ST: II-1. q. 28. a. 6, ad. 2)。ただし、トマスは、アリストテレスのいう「心」の七つの「パトス」を、「アニマ」(anima 魂)がもつ十一の感情として敷衍している。すなわち、愛する者と愛される者の共鳴としての「愛」(amor)と、愛する者と愛される者の背馳が生みだす「憎しみ」(odium)、求めるものの引き寄せとしての「望み」(desiderium)と、求めていないものの遠ざけとしての「嫌悪」(fuga)、この「望み」の現前がもたらす「喜び」(delectatio)と、「嫌悪」の現前がもたらす「悲嘆」(dolor)、善に向かうという「希望」(spes)と、善に向かえないという「絶望」(desperatio)、悪を避けることとしての「恐れ」(timor)と、悪に挑むこととしての「大胆」(audacia)、そして避けがたい悪の現前がもたらす「怒り」(ira)である(TA, ST: II-1. q. 23. a. 4)(興味深いが、棚上げせざるをえないことは、「怒り」のみが対項をもたない単独項であることである。なぜだろうか)。

†「神」に向かう感覚につらぬかれる愛

アウグスティヌス、トマスがすべての感情の前提におく愛は、「神」に向かう「感覚」(sensus)に支えられている。アウグスティヌスは、『神の国』において、生きものは、その「存在自体（ipsum esse 生き生きと生きていることそれ自体）を自然の力として歓び」、一人ひとりが「それぞれの仕方で」「自分の自然に従い、自分の存在を保全している」と述べるとともに（AA, CD: 11. 27. 1）、「身体感覚」（sesu corporis）よりもはるかに優れた「内なる人の感覚」（interioris hominis sensum）によって、人は「善いものと善くないものを感じとる」と述べている（AA, CD: 11. 27. 2）。この内なる人の感覚は、「神」に向かう感覚、つまり霊性である。

またトマスは、『アニマ論解釈』において、「感覚は、質料をともなわず、形相を受容する」と述べている。つまり、感覚されたものは、重さや大きさをともなわず、形象や特徴から成っている、と。その「形相」は「知覚可能なものにおいて（in re sensibili）は、自然的存在（esse naturale）［＝実際に生き生きと生きている］という形態をとり、感覚において（in sensu）は、志向的・霊性的存在（esse intentionale et spirituale）［＝神へ向かって生き生きる］という形態をとる」（TA, SSDA: lib. 2, l. 24, n. 3）。『神学大全』においては、「感覚は、自然というその起源に即していえば……［神へ向かう］知性に由来」し、「受容というその道筋に即していえば……［知性をふくむアニマの］諸能力の根源である」と述べている（TA, ST: I. q. 77. a. 7. co.）。

アウグスティヌス、トマスの、「神」に向かう感覚に依拠する愛は、たとえば「フランチェスコ会」の創設者であるアッシジのフランチェスコ（François d'Assise 1182-1226）の行為に見いだされる。フランチェスコは、裕福な家に生まれ、若いころは遊興を好んだが、「ある日、一人の癩病人のそばを馬に乗って通り過ぎようとしたとき、憐れみの衝動が急に湧いてきて、馬から降りてその男に接吻した」。フランチェスコが「自分自身の救われることよりも、他人の幸福により大きな関心をもち」、「もっとも下賤な者にも、もっとも邪悪な者にさえ……いささかの優越感を示さなかった」のは（Russell 1949/1970, 2: 443, 444）、彼が感情の前提にある、自己を超えてつながる慈愛、すなわち「神」に向かう感覚につらぬかれたから、といえるだろう。

†救済の〈物語〉と受難のパッシオ

ここで確認したいことは、「パッシオ」が、中世以降のキリスト教思想において、イエスの「受難」を指していたことである。イエスの「受難」は、「マタイ福音書」の第二六章に描かれているように、イエスが弟子たちに裏切られ、見捨てられ、十字架で刑死することである。これは、「パッシオ」という言葉が「生誕―受難―昇天―再臨」という救済の〈物語〉のなかで価値づけられてきた、ということである。それは、なるほど、トマスが『神学大全』の第三部で論じているように、イエスが敢然と逆境に立ち向かったこと、いわば、イエス的なフマニタスを「顕現させたこと」を意味するだろう。いいかえれば、苦しみに耐え忍ぶ敢然な意志にこそ、イエスのフマニタスを見いだすことができるだろう。中村雄二郎を引きつつ、敷衍すれば、「受苦的存在から出発しないかぎり、いかなる能動性も根拠を欠いた、抽象的なものとならざるをえない」。すなわち、人の「存在根拠そのものを破壊することになる」（中村 1982: 49）。

この救済の〈物語〉には、〈受容－活動〉という基本的なシェーマを見いだすことができる。受容は、イエスの生誕、すなわち神が人へと「受肉する」ことであり、またイエスが人びとの罪をすべて引き受けて殺されること、つまり「受難」である。活動は、イエスの刑死、すなわちイエスの旧来のユダヤ教会に対する闘争であり、またイエスの「復活」、すなわち殺されたのちに死者からよみがえることであり、さらに愛するマグダラのマリアに「私にふれるな」といって、天に昇ることであり、さらに付け加えれば、イエスの昇天後、イエスに共鳴共振する人びとが、イエスの受難の意義を説き、キリスト教を世界に広めていったことである。最初の布教活動が、まさに「使徒言行録」（*Acta Apostolorum*）と呼ばれたように。

しかし、後述するように、キリスト教の救済の〈物語〉は、結果的ながら、「パッシオ」の意味をキリスト教の教義によって規定される活動として排他的に価値づけることになったのではないだろうか。すなわち、救済の〈物語〉は、古来から「パッシオ」という言葉が表徴してきた「受容」を、背後に後退させる契機になったのではないだろうか。ジェームズ（James, Susan）が『パッションとアクション』で論じているように（James 1997）、一七世紀のヨーロッパに生じた思想動向の一つは、古代の「パッシオ」の受容という力、そして本来的に受容されたものとしての霊性――ギリシア語では、プネウマ（pneuma）――が、過去の遺物に追いやられていくことである（James 1997）。救済の〈物語〉は、その一端を担っていたように思う。

いずれにしても、感覚、受容という根底的営みが、霊性によって、また大いなる救済の〈物語〉の陰に隠されていったとすれば、一七世紀に登場する、無神論者扱いされていたキリスト教思想家スピノザは、まず、この感覚、受容をあらためて語っているという意味で、注目されるだろう。その感覚、受容、スピノザ自身の言葉でいえば「受容」（affectio）は、意図し思惑し計算し考量する自己を介在させずに、「感情」を顕現させる。それは、規範の「道徳」（moral）から区別される生動の「倫理」（ethica）の、礎といえるだろう。

†スピノザの受容にもとづく感情――交感という要

スピノザは、デカルトにならい、もの（こと）と心を区別するが、デカルトと違い、それらを対立させない。むしろそれらをつないでいる。そのつながりを示す概念が「受容（されたもの）」（affectio）である。これは「身体が感じ被ったもの」（corporis affectiones）である（E: 3, Df. 3）。心は、この受容されたものを「象る」（imaginatur）（E: 3, P17, S）。「寒い、暖かい、静か、煩い」などと。受容されたものには、おぼろげながらも、肯定的／否定的、すなわち能動的／受動的という違いが生じるが、その違いがはっきりするのは、受容されたものが「感情」（affectus）として象られるときである（たとえば「寒くてつらい」「暖かくて嬉しい」）。

スピノザは、感情を、「活動的感情」（affectus actione）と「受動的感情」（affectus passione）に分け、当然といえば当然であるが、前者を重視している。この活動的感情は、いいかえれば、「歓び」（laetitia）であり、受動的感情は「悲哀」（tristitia）である。スピノザにとって「基本感情」は「歓び、悲哀、希求（cupiditas）」だけである（E: 3, D3; 3, P3; 3, P11. S）。三つめの希求は、意識されている〈よりよく〉の「衝迫」（apetitus）であり、心身をともにつらぬく「コナトゥス」すなわち「人の自然」である。

スピノザにとって、感情は本来的に、身体の生存の力を肯定し、また心の思考を肯定的に方向づけるものである。すなわち、人は、活動的感情を象れば象るほど、より明確に生存の力に与り、より明確に心の思考を方向づける。この感情が心身両面に作用するのは、それが「アニマの情動」（animi pathema）だからである。つまり、アニマが身体と心にともにかかわるように、アニマ的である感情は心身両方に作用する。それは「身体の……以前よりも拡大した、ないし縮小した生存の力（existendi vis）を肯定し、また心自体があることを他のことよりも以前よりもよく考えることを決定する」が（E: 3, aff. gen. def.）、「不明瞭ないしぼんやりした観念」（ideas inadaequatas sive confusas）と形容されている（E: 3, aff. gen. def. E）。

この受容・感情という連関をつらぬく原理は、自・他の心の「類似」（simile）であり、また自分の心における相手の「感情模倣」（affectus imitatio）である（E: 3, P27. S）。「このことから、すなわち私たちとだれかが似ているということから、また私たちが感情を喚起されないだれか［つまり見知らぬだれか］が、情動を喚起されていると、私たちが象ることから、私たちは［そのだれかと］似たような感情を喚起される」（Ex eo, quod rem nobis similem et quam nullo affectu prosecuti sumus, aliquo affectu affici imaginamur, eo ipso simili affectu afficimur）（E: 3, P27）。つまり、模倣される感情が「悲哀」のとき、その模倣は「ともに嘆くこと」（commiseratio）であり、このともに嘆くことから生じる希求が、他者への「慈愛」（benevolentia）である（E: 3, P27. S, C3. S）。いいかえれば、慈愛を生みだす、他者の感情の模倣という象りは、それが通念的に意味・価値づけられていないかぎりにおいて

──よくいわれる「共感」「同情」ではなく──「交感」と形容できるだろう。

ようするに、スピノザにおいては、人の心は「類似を見いだす」ないし「模倣する」という、象りのはたらきをもち、その象りが、受容・感情の本態である。このはたらきによって「私たちは、原因を知らずに、ただ（いわゆる）シンパシア（sympathia）とアンティパシア（antipathia）だけから、なぜある物を愛したり憎んだりするのか、その理由を理解する。［すなわち、ものは、それが］私たちを一般に歓びや悲哀の感情に向かわせるものに類似しているという理由だけで、私たちを喜ばせたり悲しませたりするものの仲間に入れられてしまう」（E: 3, p15. S 傍点は原文の強調）。付言すれば、スピノザは、デカルトと違い、「シンパシア」を、ルネサンス期の「怪しげな性状」という意味でとらえず、たんに「自分事として感じること」ととらえ、「アンティパシア」を「自分事として感じないこと」ととらえている。

†「神」に通じる受容・感情

ともあれ、スピノザにおいては、受動的感情よりも活動的感情のほうが、適切な観念である。「心は、適切な観念をもつとき、必然的に活動的であり、適切な観念をもたないとき、必然的に受動的である」（E: 3, P1）。「適切な観念」とは、他者をよく受容したうえで象られた観念である。もしも適切な観念をもたないなら、人は他者をよく受容しなければならない。たとえば「私たちは、私たちがともに嘆く人を、できるだけその不幸から逃れさせようとする」が（E: 3, P27. C3）、この「逃れさせる」（助ける）という行動は、私たちが他者を受容した結果生じる「助けるべき相手」という適切な観念に支えられている。

この模倣ないし交感による他者の観念の象りが、デカルトの心身二元論（dualism）から区別される、スピノザの心身並行論（parallelism）、すなわち「観念の秩序とつながり（ordo et connexio）は、もの［物だけでなく、人もふくまれている」の秩序とつながりと同一である」という考え方の要である（E: 2, P7）。近代の主／客図式のもとでは、観念とものは、はっきり区別されている。観念は主体の構成するものであり、ものは客体として外在するものである。観念は、ものと一対一に対応するものとして、表象されるとしても、根本的にそれとは違うものである。しかし、スピノザの場合、観念で象られるものはすべて「自然」であり、「ものの本質」は「ものの自然」である。したがって、すべてのものは「自然」として同一である（スピノザは、トマスと反対のことを述べているように見えるが、トマスのいう「自然」は、スピノザのいう「自然」ではない。トマスのいう「自然」は、人に固有な属性であるが、スピノザの自然は、「神の属性」にも通じるそれである）。

第5章でも述べるが、スピノザにおいては、活動的感情（歓び）は、人が「神」を知解する礎である。知解は、端的にいえば、「神の自然」を知ることである。活動的感情が「神の自然」を知る契機であるのは、感情が人の本質に属しているからである。人の本質は、「存在者」（人・もの ens/entis）の「存在」（生き生きと生きること esse）である。この存在は「実在性」（realitas）とも「完全性」（perfectio）とも呼ばれている（RDPP: I, P7, Lem. 1, D/59）。ドゥルーズの言葉を引くなら、スピノザのいう「感情は、受動的であれ、活動的であれ、人の本質である」。受動的感情は「付帯的」（adventice）であり、もの・人から生じるが、活動的感情は「内在的」（innée）であり、人の本質から生じる（GD, SPE: 285）。人の本質は、一人ひとりに独異である「人の自然」であるが、それらは、すべての人に分有されている。したがって、人の活動は「ある人の自然だけでなく、他の人の自然もふくまなければならない」（E: 2, P16）。

†感覚的なものに彩られる人の存在――ヘルダー

人が受容・感情によって「神」に通じることは、スピノザを好んだドイツの思想家、ヘルダー（Herder,

Johann Gottfried 1744-1803）の議論にも見いだされる。ヘルダーは、一七六三年の「存在についての試論」において、「存在」（Sein）を「もっとも感覚的なもの」（der allersinnlichste）」と見なしている。この「存在」は「まさに生きている」（Dasein）という実感である。人が抱く観念（Idee）は、もともとすべて感覚的（sinnlich）であり、不分明である。観念から「概念という殻」を剥がせば、「肌理の粗い塊」、分節化できない感覚的なものが見えてくる。そして「存在という概念」ほど「感覚的である概念は、他にない」（FHW 1, VS: 11, 12）。

ヘルダーにとって、この「感覚」・「情感」（Empfindung）・「感情」（Gefühl）は、思考の基礎である。人は、視覚・聴覚・触覚などに依りつつも、そうした知覚を越えたものを感じることができる。この感覚・情感の営みは、さまざまな知覚を結びあわせて、単一の知覚のはたらきを越えるもの、とりわけ「人の本質（Wesen いのち）」を感じることである。ヘルダーにとって人の本質は、人がまさに生きていると感じる実感である。一七七二年の『言語起源論』で、それは「情感的本質」（ein empfindsames Wesen）と形容されている（SWS 5, ASU: 6/13）。一七六九年の「感情の情感へ」では、「私は私を感じる！［だから］私は存在する！」（Ich füle mich! Ich bin!）と述べられている（FHW 4, ZSG: 236; cf. Pasewalck 2002 : 107; 濱田 2014: 109 も参照）。

感覚・情感はまた、言葉を支え、他者に通じていく。ヘルダーは、『言語起源論』において、言語を創造する力を「理性」（Vernunft）ないし「思慮」（Besonnenheit）と形容しているが（SWS. 5, ASU: 31/45）、この理性は、「魂」（Seele これはアニマ?·）のはたらきである。「神の業である人の魂は、みずから言語を創造し創造し続ける」（SWS 5, ASU: 147/177）。この魂の言語創造のはたらきを支えているのが感覚・情感であり、この感覚・情感も魂のはたらきである。「魂は、見て触れてよく考え、言葉を探す」（SWS. 5, ASU: 36/52）。さらに魂は、孤立しているのではなく、感覚・情感によって他の魂と交感することができる（SWS 5, ASU: 7/13）。

感覚・情感は、さらに「神」に向かうベクトルをふくんでいる。ヘルダーは、人を霊性（Geist）・魂・身体（Körper）に分け、身体に宿る魂は、霊性に依りつつ「人間性」（Menscheit）に向かい、自分を「展開」（Entwiklung）する、と考えている（SWS 13, IPGM; 金子 2008: 352-4）。霊性については、第5章であらためて論じるが、端的にいえば「神」に向かうベクトルである。ヘルダーにおいては、人は、魂のなかの霊性によって「神」を心で感じることができる。その感覚・情感は、人の思考の基底をなしているので、人の感覚・感情は、人が立ちかえるべきところである。ただし、人が「専心敬虔」（Andacht）であるかぎり。

3　呼びかけられる

✝呼び声を聴く心

通念においては、受容・感情が超越性――「神」――につうじているとは考えられていない。暑い日は暑いだけ、不快な人は不快なだけである。しかし、人は、見る前に見るべきものをぼんやりと想起し、聞く前に聴くべきものをぼんやりと想起している。色彩も形象も、旋律も律動も、たんなる物理現象ではなく、人のなかにおのずから生じる情感と一体である。人が、受容とともに想起されるものにすでに親しんでいるとすれば、それは、受容するときに象りとして出来するだろう。「神」に親しんでいれば、「神」に通じる何かが受容されるときに「神」が象られるだろう。それを「幻想」「妄想」と呼んで否定することは許されない。その象りが、私たちの日々の〈感じる〉生活を成り立たせているからである。

ここで、スピノザの受容・感情に見られる〈受動 - 活動〉のシェーマを、後段の議論を先取りしつつ、翻案してみよう。それは、受容されたものの象りのなかに、耳に聞こえない呼びかけがふくまれていると考えることである。その呼びかけは、ヘルダーの場合、霊性の呼び声であるが、スピノザの場合、歓びへの誘いである。この歓びへの誘いは、他者――身近な人であれ、見知らぬ人であれ――の痛ましさに即応した支援として、自分の奥底から自分の意識に到来する。それは、だれかの姿にふくまれている「痛ましさ」という情動相を、「私」が認識するとき、「私」の心の奥底から響いてくる、耳に聞こえない呼び声である。この呼び声は、「私」があれこれ理屈をこねて無視しようとするまえに、「私」に唐突に呼びかける。その呼び声は、キリスト教思想がいう「隣人への愛」（agape to plesion/dilectio proximi）への呼びかけである。

ここで、受容・感情は、歓びへの誘い、つまり呼び声をふくみ、その呼び声が、キリスト者においては「神の像」という像を用意する、と考えてみよう。「神の像」の象りは、のちの章で取りあげる「理性」による概念・観念、「知性」による知解・覚知を経由することで、はじめて具体化されるが、ここで確認したいことは、受容した呼び声を象る心によって現実を超越する感情が立ち現れる、ということである。このように考えられるなら、たとえば、ヘルダーの師であり近代教育思想の基点に位置するカントは、この呼び声を暗示しながらも、それを声として聴く心を退けている、といえるだろう。またハイデガーに強く影響されつつフランスで独自の存在論を展開したサルトル、アンリ（Henry, Michel 1922–2002）は、この呼び声を聴く心を情動・感受性をつうじて積極的に描いている、といえるだろう。

†カント――理性が支える道徳感情

カントは、感情・情動が感覚（感受）に肯定的に支えられる、とは考えていない。カントは、一七八七年の『純粋理性批判』で「快／不快の感情（Gefühl）」を「認識ではまったくない」と述べ（KW, KrV: B65）、一七九七年の『人間学』で「情念（Leidenschaft［passio animi］）は、純粋な実践理性にとっての癌であり、多くの場合、けっして治らない」し、「情念は……例外なく悪い感情であり……道徳にとって忌まわしいものである」と述べている（KW, A: §78, S. 600-1）（同時代のカンペ（Campe, Joachim Heinrich 1746-1818）も、一七七九年の『感傷主義と感傷性について』（*Über Empfindsamkeit und Empfindlei*）で同じように考えている（Campe 2012［1779］））。ボルノウ（Bollnow, Otto F.）は、一九五八年の『畏敬』（*Die Ehrfurcht*）において、カントは「感情を、感覚の『受容』によって、外から人に襲いかかる何かと考えている。その感情は、理性に規定された人間の本質から隔てられ、どこまでも『暗く』、知性あふれる生の明るさと鋭く対立している」と述べている（Bollnow 2009: 25）。

カントは、このように、感情・情念を「人に襲いかかる」もの、理性（ないし知性）に反するもの、と考えているが、感情・情念すべてを否定的にとらえているのではない。カントは「尊敬（畏敬）」（Achtung）という感情を、快／不快を原理とする他の感情から区別し、「道徳感情」（moralische Gefühl）と形容し、高く評価している（KW, KpV: 197）。それが、完全な善と一体である「理性」（Vernunft）につらぬかれているからである。「この感情を規定する原理は、純粋な実践理性にもふくまれている」。「この（道徳的と形容される）感情は、つねに理性によって生じる」と（KW, KpV: 196-7）。なぜ尊敬という感情は、完全な善と一体である理性によって生じるのか。この感情が、キリストへの信仰を、すなわち真摯な「キリストの受容」を基礎としているからであり、完全な善と一体である理性が、人の心に潜在する「神の本質」（＝「神の類似」）だからである。

一八九七年の『人倫の形而上学』においては、「相互に距離を保つように指示する」尊敬と、「相互に接近するように指示する」隣人への愛が、区別されつつも（KW, MS: 585-6）、どちらの根源も「謎めいている」（unerforschlich）と形容されている（KW, MS: 531）、どちらの根源も、心に内在する「神の類似」だからである。潜在している理性は、この「神の類似」（スピノザの「神の自然」）を賦活させ、尊敬、隣人への愛という道徳感情を生じさせる。つまり、理性が「神の類似」に与りながら活動するかぎり、人は、完全な善を追求し続ける。そして、その道徳的な追求力は、完全な善に向かう人類の進歩とともに発展するから、その限界をあらかじめ定めることなどできない。ここに見いだされるのは、あの近代教育思想が語ってきた「完成可能性」（perfectibilité）や「教育可能性」（educability）といった概念の基礎論である。

✝サルトル――情動は絶対性に通じる

ここで、大きく時代を下り、フランス現代思想に眼を向けてみよう。そうすると、私たちは、カントと違い、尊敬だけでなく、すべての感情の根底に「神の類似」に相当するものを見いだす思想に出会う。それは、私たちの通念・常識――通俗化されたカントの理性/感情という対立図式を、無意識のままに踏襲しているかにみえる私たちのもつそれ――を超えた、いくらかヘルダーの感覚論に似た感情論である。

まず、サルトルの「情動」（émotion）論、ときにスピノザへの言及が見られるそれを取りあげよう。サルトルは、よく知られているであろうが、ハイデガーの影響を強く受けた人である。彼の主著は、一九三九年に公刊された『存在と無』（*L'Être et le néant*）であるが、その書名も、ハイデガーの主著『存在と時間』を思い起こさせる。「無」と訳されているフランス語の **néant**（ネオン）は「消滅」も意味する。つまり「実在するが消滅するもの」である。サルトルは、人は、出来し消滅するように生きるかわりに、社会的な「何者かである」ように生きることを強いられている状態に「嫌悪感」（nausée）をおぼえるという。すなわち、通俗的な意味づけられ価値づけられて頽落したまま生きるという状態を嫌悪する、と。その通俗的状態から脱する方途の一つが、情動を十全にはたらかせ、世界や他者とつながることである。それはしかし、教会や政治団体に帰属することで「魂のコミュニオン」（communion d'âme）を感じ、「だれかと一緒に*いなくても*」「孤独だなんて感じませんよ」（S-N: 138-9/188-90）と表現されるような心理状態に向かうことではない。澤田の議論を援用させてもらえば、サルトルが求めるのは、「世界との直接的（非媒介的）な合一としての認識」であり「エクリチュールを通しての他者との一体感（コミュニオン）である」（澤田 2002: 219）。

　さしあたり、「世界との直接的（非媒介的）な合一」についてのみいえば、それは、サルトルのいう情動の基本的なはたらきである。一九四〇年の『想像力の問題』で論じられているように、サルトルのいう情動は、スピノザの感情のように、「感受性」（affectivité）、つまり「受容」に基礎づけられている（S-Ie: 135-45/131-41）。サルトルは、「意識する」ことを「情動的に意味づける」こととととらえなおしているが（S-ETE: 98/317）、それは、具体的に何かを〈感じる〉という位相をともないつつ知ることである。この〈感じる〉という位相は、サルトルの「存在」概念の本態である。サルトルは、一九三七年の「私の超克」という論文の冒頭において、「私（ego）は、［頭のなかにあるとされる、いわゆる］意識のなかにあるのではない。私は、外すなわち世界のなかにあり、他の私と同じように、世界のなかに在る一つの存在者である」と述べている（S-TE: 13/177）。すなわち、ハイデガーの「世界内存在」と同じように、「私」は「世界」の一部として「存在」する。この「世界」に「存在」することは、何よりもまず「世界」を、いわゆる「意識する」自己を前提にせず、意味の区別を設定せず、価値で評価せずに知るということ、つまり〈感じる〉ことである。その〈感じる〉ことを、サルトルは「前反省的意識」（conscience préréflexive）と呼んでいる（S-EN: 20）。

　もう一ついえることは、サルトルが情動を〈よりよく〉生きようとする力の礎と考えていることである。サルトルは、一九三八年の「情動論の粗描」において「意識することは、たんに自分を取り巻く世界に情動的な意味を付与するという営みであるだけでなく、自分が形成したばかりのその新しい世界を生きるということでもある」と述べている。「それは、その世界を直接的に生き、それに専心し、行為が作りだした性状を受け容れることである。［反省的］意識が退行し、身体がまるごと突き進むことである。……この情動に染まった意識は……新たな世界に身を投じ、この新しい世界を身体によって生きかつ知るために、総合的全体性（totalité synthétique）としての自分の身体活動を変形する」（S-ETE: 98/317 傍点は原文の斜体）。つまり、情動的に世界を意識し生きる人は、新しいよりよい「世界」を構成し、そこで生きようとする、と。

興味深いことに、サルトルにとって、この「新しい世界」は、ただ新しいだけでなく、情動が暗示する超越性に向かう「世界」でもある。つまり、情動は、絶対性に向かう契機である。サルトルは「情動は、私たちの日常生活のなかの平凡なエピソードなどではなく、絶対性（absolu）の直観である」という（S-ETE: 104/321）。情動は、私たちに「秘義的」（magique 魔術的）なもの、すなわち合理性・有用性という通俗的価値を超えたものを黙示する、という。「意識は［情動に染まっていることで］受動性に変容し、そうなることではじめて超越性になりうる」と（S-ETE: 108/323）。サルトルにとって、情動すべては、カントの「道徳感情」が人を超越者に導いたことにいくらか似て、人を絶対性に導く契機である。

†アンリ——感受性は絶対性を感じる

こうしたサルトルの情動論にいくらか重ねられるのが、アンリの「感受性」（affectivité）論である。アンリも、ハイデガーから大きな影響を受けているが、最初の哲学研究は、「スピノザの至福」（*le Bonheur de Spinoza*）についてである。そのアンリは、一九六三年の『顕現の本質』において、人が「生きる」ことを根底的に支えているものは「感受性」（affectivité）である、と論じている。感受性は、雨ばかりふって「鬱陶しい」とか、明日は温泉に行く予定だから「嬉しい」とか、私たちが日々抱いている「感情」（sentiment）の基層であるが、この感受性は、人が人間として「生きる」うえでもっとも大切である「いのち」（vie）を「感じる」ことができるということであり、その意味で人を支える「根源的な力」である（EM: 594/669）。アンリの感受性と感情の関係は、スピノザの定めたその関係とほぼ同じである、といえるだろう。

アンリの創案の一つは、スピノザ的な「受容」をハイデガー的な「情態性」と結びつけたことだろう。アンリにおいて、感受性は、私たちが生きるこの世界を可能にする心の営みであり、その意味で人の生存を可能にするもの、人の「存在」にひとしい。この感受性は「情調性」（tonalité 気分）とも呼ばれ、また「感情の本質」（EM: 601, 578/679, 648）とも「可感性」（sensibilité）の……本質」（EM: 602/680）とも呼ばれている。この感受性の根本的特徴は、それが自分から遠ざけられないこと、つまり他人事にならないことである。アンリが言及するハイデガーが『存在と時間』で提示した「情態性」（Befindlichkeit）がそうであるように（SZ: 137; EM: 738/839）。つまり、人は、感受性豊かに生きているかぎり、世界を否応なく自分につながる広がりとして感じ受け容れ、他者も事物も否応なく自分につながるものとして感じ受け容れている。

この感受性の最大の特徴は、それが自分のなかの「いのち」を感じることである。その意味で、感受性は「絶対性」（absolu）と形容される。アンリは「……絶対性は気分の本質、すなわち感受性である」と述べ、「感受性は、絶対性が私と完全につながること、私と一致すること以外の何ものでもない」と述べている。「感受性は、絶対性を在るがままに啓示する」と（EM: 858, 860/974, 976）。感受性が絶対的であるのは、すくなくとも「原初的感受性」（affectivité primitive）が、絶対性すなわち「いのちの言葉」（Parole de Vie）を感じるからである。「いのちの言葉」は、「欲望」に塗れた「世界の言葉」の対極に位置する「自分」に潜在する向神のベクトルである。アンリは、その実在はおのずから証されるという。「真理は自分を示す」（Verum index sui）とスピノザが述べているように、と（E : 2, P43）（PC: 98/119）。「私たちは、事実、自分のなかにいのちが在ることを感じている」（PC: 144/178）。また、一命が贈られる歓びや一命が失われる苦しみは、「世界の言葉」に遮られることがあっても、「いのちの言葉」が私たちに語りかけた結果である。「苦しみや歓びといった感情の特質は、いのちの言葉に依拠している」(PC: 98/120)。その向神のベクトルに沿って生きることは「[贈られた自分の]いのちを受けとめ、それをあらわにし、それをになう」ことであり、「自分の苦しみや歓びのなかで、思いがけず自分が[いのちの言葉と]融合していると感じること」である(PC: 144/178, 147/184)。

アンリにおいても、サルトルと同じように、感情の基礎である感受性が、人が絶対性を〈感じる〉契機である。アンリにとって、感受性は、自己に先行するという意味で**所与的**であり、損得勘定・比較考量の余地を与えず、もっとも重要であるものを〈感じさせる〉という意味で**絶対的**である。アンリのいう感受性の絶対性は、サルトルの絶対性と同じように、キリスト者ではない人には理解しがたいだろうが、アンリ自身の示唆に従い、「いのちの言葉」を「良心の呼び声」と読みかえてみると、いくらかわかりやすくなるかもしれない。アンリは、キェルケゴールの「絶望」論にふれつつ、感受性に「良心の呼び声」を見いだしているからである。もっとも、キェルケゴールの良心論も*、まさにキリスト教的であるが……。

* キェルケゴールは、一八四九年に出版された『死にいたる病』のなかで、「絶望(Fortvivlelse/Verzweiflung)」とは、それにかかったことがないことが最大の不幸であり……それにかかることが真の神の恵みである、といえるような病である」と述べている(KSV 15, STD: 85/236; EM: 857/973)。キェルケゴールのいう「絶望」は、自己の欲望・恣意が達成されないときに生じる不快な状態ではなく、そうした自己の欲望・恣意を絶つことが困難であり自己に執着する自分の「罪深さ」に懊悩するという状態である。この絶望している人を救うものが、「隣人への愛」へ自分を誘う「良心(Samvittighed/Gewissen)の呼び声」である。この呼び声が、一人ひとりに潜在する「精神」(Aand/Geist 霊性)を覚醒させ、この「精神こそ、自分自身である」といえるような、本来の「私」に差し向ける(KSV 15, STD: 73/216)。したがって「絶望とは、人がまさに精神として定められたことを自覚しないことである」(KGW, 15, STD: 84, 80/235, 229)。

†愛の歓びに向かうコナトゥス

ヘルダー、サルトル、アンリの感受性・感情論を踏まえて、スピノザに立ちかえれば、スピノザの受容・感情という連関は、受容したものから外界のもの（人）を感情的に「象る」ことで、超越性（絶対性）に備えることである、といえるだろう。まず「象る」についていえば、ラテン語の「象る」（imaginari）という言葉は、形式所相動詞、すなわち能動でも受動でもない中動態的な動詞である。つまり、「私が象る」でもなければ、「私が象られる」でもなく、おのずから象（られ）ることを意味する。

事実、スピノザのいう象りは、何かに方向づけられている。「心が象ろうと努める（imaginari conatur）ものは、身体の活動力を増やしたり促したりするそれである」（E: 3, P12）。この努める力、すなわちコナトゥスは、歓びに向かう。その歓びは、だれかを愛することである。「愛（amor）は、他者について［私が象る］観念がもたらす歓びである」。そして、だれかを「愛する人は、その愛する相手と実際に一緒にいよう、その相手を大切にしよう（habere et conservare）と努める」（E: 3, P13, S; 3, aff. D6）。「慈悲」（benevolentia）は「私たちの意志ないし衝動であり、それは、私があなたを憐れみ、支えようとするときに生じる」感情である（E: 3, P27, S）。この「憐れみの情（Misericordia［憐れむ miserescere 心情 cordia］）は愛である。それは、人を動かし、他者の幸せを歓び、他者の不幸を悲しむことである」（E: 3, aff. D24）。「歓びに彩られた［だれかの］像は、［その人を］愛する人の心の努力（mentis conatum）をうながす」（E: 3, P21, D）。「私たちは、自分自身と自分たちの愛する相手を歓ばせる象りすべてを……肯定しようと努める（affirmare conamur）」（E: 3, P25）。つまり、象りは、コナトゥスに方向づけられ、コナトゥスは、他者への愛という歓びに方向づけられている。

このコナトゥスは「人の本質」であり、生動的であるために悲哀の受動性を歓びの活動性へ反転させる。人の愛は、人びとが〈ともに在る〉歓びのなかで、心が象る観念である。この愛を重視するかぎり、「神」

に対しへりくだる態度、すなわち「フミリタス」をわざわざ規範に掲げる必要はない。通俗的なフミリタスは「私たちの弱さという観念をともなう悲哀」(E: 3, P55, S) にとどまっている。自慢や妬みを生みだす「自己愛」(philautia/acquiescentia) が「私たちが自分のことばかり想う歓び」であるように。「人の本性 (homines natura) は、憎しみと妬みに傾斜しているように見える」が (E: 3, P55, S)、この「人の本性」――「人の自然」**natura humana** とも形容される (E: 3, aff. D29, E) ――は、「人の本質」(essentia humana) から区別される (E: 3, P57, S)*。「人の本質」は「心の本質」(essentia mentis) であり、他者への愛に向かうコナトゥスである。

人は、自分の「心の本質」に従いつつ――まぎらわしいが――「人の自然」(natura humana) の「範」(exemplar) に近づこうとする。「私たちは、見るべき人の自然の範 (naturae humanae exemplar) として、人の観念を形成しようとしている」。「善とは、私たちのなかで提示される人の自然の範へ、私たちがますます接近するための手段である」。その接近を妨げるのが「悪」である。スピノザは、人がこの「人の自然の範により大きく接近する」ことを「より完全」と形容し、「より小さく接近する」ことを「より不完全」と形容する (E: 4, Pr)。レベルに大きな違いがあっても、人は「人の自然の範」つまり「完全性」に向かい続ける。この「人の自然の範」は、明記されていないが、「神の像」すなわちイエス・キリストだろう (なお、この「人の自然」は、すべての外的自然に開かれ通じている。「人が自然の一部分でないということは、不可能である」(E: 4, P4)。「人が、自分の存在を保全する力［コナトゥス］は、神ないし自然の力そのものである」(E: 4, P4, D))。

たしかに、スピノザの場合、受容も感情も、心をつらぬくコナトゥスの力動に方向づけられていくが、このコナトゥスのベクトルは、アウグスティヌスやフーゴーのいうアニマの霊性のベクトルから、またサルトルやアンリにおいて甦っているように見えるそのベクトルから、どれくらい隔てられているのだろうか。コナトゥスのベクトルが「神の像」に向かい続けるベクトルであるなら、それは、アニマの霊性の神に向かうベクトルとそれほど大きく違わないのではないだろうか。ともあれ、スピノザの受容・感情という連鎖、その基底である感覚・受容、すなわち〈感じる〉という営みは、たんに身体と心をつなぐだけでなく、人と超越性をつないでいるといえるだろう。アウグスティヌス、トマスのアニマがそうであるように。

＊　スピノザの「自然」は、基本的に「神の自然」に通じるが、つねに理性的なのではない。「人がそれぞれにもつ自然な定め（jus）は、まともな理性ではなく、欲望と力動によって決められている。……人は、だれであれ、まったく無知のまま生まれてくる」（TTP: C16, N3）。それは、通念で「悪」と形容されることもある。なお、私は「本性」を肯定的な意味で用いていない。たとえば「本性がむき出しになる」といわれるそれを。

4　感情と超越

†受容・感情としてのアフェクト

第1節でふれた〈感覚／知覚〉の区別に立ちかえれば、人は、身体で感覚されたものを心で知覚することで、感覚されたと遡及的に了解する。スピノザのいう受容されたものは、身体がその主語であるかぎり、感覚されたものだろう。スピノザにおいては、この受容されたものの観念、それが生みだす感情という観念が、心が心自身を知る契機である。「心がそれ自身を知るのは、心が身体の受容したものの観念を把握するかぎりにおいてである」（Mens se ipsam non cognoscit, nisi quatenus corporis affectionum ideas percipit）と述べられているように（E: 2, P23）（つけくわえれば、ラテン語の「イプセ」（ipse）は、いわゆる自己ではなく「自身」である）。つまり、何を歓びと感じ、悲哀と感じるのかを知ることが、心が心そのものを知る第一歩である＊。

確認しておくなら、スピノザの受容・感情（〈受動・活動〉）の連関のうちの受容（感受）は、ドゥルーズがいうアフェクトの受容・受動の側面である。それは、「私」が他者をつねにすでに受け容れてしまっているという交感のつながりに通じている。また感情は、ドゥルーズのいうアフェクトの感情・活動の側面である。それは、心が受容に依りつつ感情という観念、とりわけ歓びや愛という観念を象るという活動である。それは、人を「神」に向かわせる契機である。スピノザの受容・感情の連関は、「並行論」と呼ばれる〈身-心〉連関であるが、いわれるほど独特な考え方ではない。第2節で確かめたように、むしろスピノザは、キリスト教思想で語られた感覚・感情の連関を、その思想と不即不離のかたちで、継承している。

第3節で述べた感情論の点描は、アフェクトの感情・活動の側面の敷衍である。要約すれば、感情はたんなる心理現象ではなく、自己を越えて超越性に向かう活動の契機をふくんでいる。すなわち、感情の基礎である感覚（スピノザのいう「受容」）は、「歓びへの誘い」と形容されうる声に聴従するという応答性をふくみ、人は、その応答性に与りつつ絶対者の属性（スピノザのいう「神の自然」）を象ることで、通俗的なものを超える可能性を拓く。その潜勢力が、スピノザの場合、コナトゥスであるが、サルトル、アンリの場合、とくにこれこれと名づけられていないように思う**。それでも、その力は、感覚のみに突き動かされる動物／生を監督し（vitam degere）事物を統治する（rem gerere）人という、キケロ以来の区別を突きくずす。

* ちなみに、このあたりの議論は、ハイデガーの感情論を思わせる。ハイデガーは『現象学の根本問題』で次のように述べている。「何かに対し感情をもつことには……自分を感じることがふくまれていて、自分を感じることには、自分自身が自分に顕われることがふくまれている」と（GA 24, GP: 187）。

** たしかに、アンリは「自分の〈自己性〉」（soi Ipséité）という自己創出的な力の概念を提案しているが（I: 260）。それは、スコラ思想で使われた「イプセイタス」（ipseitas 自分自身性）の翻案であり、さかのぼれば、アウグスティヌスのいう「内なる人」「神の類似」にいたるだろう（第6章参照）。

†有用性の強迫のなかで

こうした感覚・感情論がもつ現代社会への含意を述べよう。超越性へのベクトルを潜ませる感情概念は、感情を利益追求の手段として利用するという通念を相対化する契機となるだろう。すなわち、感情を利益誘導の一手段へと矮小化する風潮、たとえば、あの「感情労働」を相対化する契機になるだろう。具体的にいえば「顧客の心をつかむにこやかな笑顔」のようなそれを。そこに感謝が示されているとしても、「その感謝は、自己中心的欲望（caeca cupiditate）に支配された人のそれ」（E: 4, P71. S）に傾いていないだろうか。そうした「感情」は、快／不快を原理とする感情であり、歓び／悲哀を原理とする感情ではない。この二つの原理の違いは、自己を越える超越性へのベクトルの有無といってよいだろう。ちなみに、スピノザは、自己を越える「愛を希求し、相互に助け合おうと努力する」人を「自由な人」と呼び（E: 4, P71. S）、「自由な人は、けっして欺瞞（dolus malus）の行動をとらず、つねに真摯（fides）な行動をとる」と述べている（E: 4, P72）。

なるほど、現代社会では、人が個人化・能力化され、競争が常態化・制度化されるなかで、人が信じるべきものは自己の「能力」以外になくなっているのかもしれない。人は、自分の行為のすべての責任を負わされる個人主体として、自分の自律性を出発点にしつつも、不安定な行動様式を編成しているように見える。いわば「たえず強迫され続ける個人」として生きざるをえないように見える。リベラリズムの言説がどんなに個人の自律性を高らかに宣揚しても、そうした言説からのずれの感覚に悩まされるばかりではないだろうか。人は、たえず現世利益獲得の「失敗」に怯え、それにつながる「不正と欺瞞」を恐れ、そうした怯え・恐れが、人を必死に努力させ、競争へ駆りたて、遅かれ早かれ、自分を消尽させてしまうように。

そして「失敗」の怯え・恐れに取り憑かれた人びとは、自分の努力が報われないと、自分を卑下するか、他者に責任を転嫁したり、嫉妬憎悪を込めて他者に暴言を吐いたりするだろう。それでも、気持ちが収まらないときは、通俗的価値を諦めたふりをし、高踏派を気どるだろうし、他人の「失敗」を、いくばくかの自己嫌悪におちいりながら、心のうちで喜ぶだろう。また「不正と欺瞞」への恐れが、規則随順行動を蔓延させるだろう。どこまでも規則を定め、それにのっとった行動を人に要求するだろう。

こうした有用性偏重の動勢から完全に離脱することは困難であるとしても、それを相対化することはできるだろう。少なくとも、第3節で示した感情のとらえなおしは、その契機になるだろう。ちなみに、ドゥルーズが高く評価するヒューム（Hume, David）は、『人間本性論』で、「理性は感情（passion）の奴隷であり、それだけのものであるべきだ」と述べている（Hume 2010: 179）。卑近な現実に引き下ろして、その「理性」は、有用性志向であり、その「感情」は、自己を越えて他者へと広がり、超越性に傾斜するそれである、と考えられるだろう。有用性の価値を相対化するためには、スピノザを読みながら、もうすこし中世キリスト教思想の概念をたどってみる必要があるだろう。次は、コンセプトである。

第４章

概念と観念 ――〈考える〉について

Conceptio and Ideas : On Thinking

第４章では、〈**考える**〉ことを取りあげる。人は、客観的に指示され、身体的に知覚され、言語的に表象されるものだけではなく、そのようには把握できないものも、考える。中世キリスト教思想において、その思考は、「**読む**」（レゲレ）、「**象る**」（イマギナリ）と呼ばれた。スピノザの「**概念する**」（コンキペレ）も、そうした思考である。中世キリスト教思想において事物を深く考えることは、**アニマに属する理性**（ラティオ）の営みであった。スピノザにとって、事物に見いだされる関係・連関としての「**観念**」（イデア）を概念することは、**コナトゥスに与る理性**の営みであり、「**神の観念**」に向かう。こうした概念・観念は、通念の意味・価値を超える**形なき像**の象り、といいかえられる。それは、現代社会を念頭に敷衍すれば、意図・思惑する自己を越えて「**存在**」を**想起**し、他者に応答し、自・他が**呼応**する思考となる。

1 〈考える〉について

†生動・力動としての意味

二〇〇一年に、社会学者の今田高俊は、『意味の文明論序説』において、近現代を主導する「機能主義的理性」と「意味」を対峙させ、「意味」の衰微を概嘆している。近代社会では、「機能分化と整合的でない意味は、主観的で、個人的で、浮遊する対象でしかなく、その社会性を貶められる」。「意味作用の問題」、いいかえれば、意味生成の機会は、「公共の場から締めだされ、私生活の場あるいは社会の緊張処理を担当する文化領域に追いやられる」。近代社会は、「機能の側面」においては、人間を「有効活用」してきたが、「意味の側面」においては、「人間を薄っぺらな存在へと強いてきた」と（今田 2001: 149）。

今田のいう「意味」は、いわゆる「言葉の意味」、すなわちある言葉が指し示す何かではなく、人が内的に体験する豊かさ、いいかえれば「心の豊かさ」である。今田は、それを「存在」（being）と形容している。「意味は……個人が自分を包み込んでいる世界といかにかかわるかという、存在（実存）の問題として考察」されるものである、と（今田 2001: 159, 158, 162）。このような「意味」は、第三者にとって観察可能なものではない。個人が体験し感じとった豊かさとしてのそれは、第三者にとっては、およそ類推されうるものでしかない。すなわち、「心の豊かさ」は、客観的にみれば、かなりあやふやなものである。

この「心の豊かさ」としての「意味」は、いいかえれば、特異（独異）的かつ強度的である。それが、一人ひとりにおいて、特異な経験によって喚起される特異な事象であり、またそれが、おのずから変化を遂げることを本態とする真摯な営為だからである。この「心の豊かさ」としての「意味」は、つねに一人ひとりの生を肯定する潜勢力である。この「意味」は、たしかに「分節化」すなわち区別という営みをふくんでいるが、その本態は、世界に関与し、既存の秩序に新たに差異を生みだすことである。つまりそれは、ニーチェやドゥルーズがいう「力」を漲らせている（今田 2001: 170）。今田は、この「力」を「情動」ないし「強度」と重ね、「意味は、深層の情動により自己組織化する」と述べている（今田 2001: 242）。

私なりにひきとっていえば、この「意味」は、およそ、おのずから、かつみずから〈よりよく〉生きようとする力として生動的・力動的である、といえるだろう。この〈よりよく〉というベクトルを帯びている「意味」は、「言葉の意味」という場合の字義的・命題的な「意味」を超えるもので、語りがたい、生き生きと躍動する営みそのものである。今田のいう「力」、すなわちニーチェの「力への意志」、ドゥルーズの「強度」は、まさに〈これこれである〉と命題化できない生動・力動である。

†見えないものの象りとしての〈考える〉

この〈よりよく〉生きようとする力は、中世ヨーロッパの思想史を文脈として考えるなら、見えないものについての思考の契機である、といえるだろう。大雑把にいえば、中世ヨーロッパの人びとは、見えないものを思考することを思考の歓びとしていた。見えないものについての思考は、「読む」（legere「集める」「見とる」も意味する）と呼ばれてきた。たとえば「世界」という、全体が見えないものを、あたかも書物を読むように読み、その本態を知ることが、試みられてきた。フーゴーは、『エリュディティオニス・ディダスカリケ』（*Eruditionis Didascalicae* 教える・学ぶ）の第7巻、通称「デ・トリブス・ディエブス」（*De tribus diebus* 三つの日）において、「この感受可能な世界のすべては、神の手によって書かれた本（liber）のようなものである」と述べている（Hugo, TD: Lib. 7, cap. 3 [814B]）。すなわち、神の見えない叡智を表徴し暗示するものである、と。

中世ヨーロッパのキリスト教思想においては、この見えないものを「読む」ことは「象る」（imaginari/

imaginare）こととも呼ばれ、その結果は「像」（imago）と呼ばれた。この像は、現代のアイコン（icon 記号・符牒）とは違い、文字の代用ではなく文字の基底であった。すなわち、文字の意味を支えている生き生きしたものであった。それは、ベルクソンやルフェーブルのいう「イマージュ」にひとしい（序章参照）。中世キリスト教思想においては、この像の一つが「神の像」である。クザーヌスの言葉を引けば、「その真の顔［という像］は、いかなる縮減（contractio）からも解き放たれて存在する」。それは「量的でも、質的でもない、また時間的でも、空間的でもない……絶対的形相（absoluta forma）である」（NC, VD: 6. 17）。

ヨーロッパの中世以降、画家たちは、この絶対的形相、いいかえれば、人から隔絶された「イエス・キリストの顔」をいかに実際に形として象るか、繰りかえし試みてきた（永野 2014 参照）。しかし、それは、やはり縮減から解き放たれて「存在」するものを縮減することである。クザーヌスは、「霊性的で知性的な眼（mentalibus et intellectualibus oculis）によって」のみ、その「存在」するものを観ることができる、というが（NC, VD: 6. 17）、人の思考は「人の自然（natura humana）のうちに縮減されている」と述べている（NC, VD: 6. 19）。すなわち、クザーヌスは、「人の自然」は「神」につながりにくい、と見なしている。

しかし、スピノザは、あとで述べるように、この「人の自然」を、ためらいなく「神の自然」（natura divina）につなぐ。すなわち、見えないものを象り考える可能性を、「人の自然」のなかに見いだしていく。その考え方は、キリストとしてのイエス、「神人」（theanthropos）を前提にしているはずである。四五一年にカルケドン（現在のイスタンブールの一部）で開かれたカルケドン公会議で定められたことは、「ヒュポスタシス」の名称で、キリストとしてのイエスに「人の自然（ピュシス）」（「全くの人」）と「神の自然（ピュシス）」（「全くの神」）をともに見いだすことであり、それらに通底性を見いだすことだからである。そこで決定された「カルケドン信条」では、その「自然」は「神の言葉（声）」（theon logon / deum verbum）とも形容されている

（坂口 1996: 143-86; 稲垣 2013: 181-2 参照）。

†何が〈考える〉と呼ばれるのか

この「人の自然」を肯定的に把握することが、スピノザの認識（cognitio）——思考——論をつらぬく原則である。認識は三つに分けられている。第一種の認識は、何かの感覚から現れる「思いないし象り」（opinio vel imaginatio）である。つまり第３章で扱った感情という観念である。第二種の認識は、もの（res）の特質についての「共通の知見」（notio communes）や「適切な観念」である。つまり本章で扱う「理性」である。第三種の認識は、「直観知」（scientia intuitiva）、すなわち「神の属性である形相的本質についての適切な観念から、もの（res 人）の本質について適切に知ること」である（E: 2, P40, S2）。この認識は「知解する」（覚知する）と形容されるもので、「知性」とともに、第５章で扱われる。つまり、認識は、象り、概念、知解（覚知）に分けられるが、概念と知解は、認識されるものが「もの・物」から「人・神」へ変わるだけで、地続きである。

また、スピノザのいう「象り」（imaginatio）は、踏み越えられるものではなく、大きな可能性を秘めている。「心のはたらきである象り（mentis imaginationes）は、それ自体としては、何の誤謬もふくんでいない」。「もしも心が実在しないものを実在するもののように象り、実際にそれは実在しないと考えているなら、心は、間違いなくこの象る力を、自分の自然の欠点ではなく、長所と価値づけるだろう。もしもこの象る力が、心の自然にのみ属しているとしたら……すなわち、心の象る力（imaginandi facultas）が［人の行使する］自由であるとしたら、なおさらである」（E: 2, P17, S）、この「心の自然」は、先にふれた「人の自然」であり、「神の観念」を「知解する」力である。スピノザは「ただ神の像を頭のなかで形成できないという理由だけで、神の観念を否定する人の議論など、取りあげるに値しない」と述べている（RDPP: I, P6, S）。

なるほど、スピノザは、「神の像」を「象る」といわず、「神の観念」を「知解する」というが、「神の像」を実在しないものの形なき像と考えるかぎり、それは「神の観念」と同じである。加えてスピノザは、人は、知解とともに「心の眼（mentis oculi）」で「観想する」（contemplari）と述べている（E: 5. P23. S）。もっとも、ドゥルーズが「コンセプト」と形容する心の営みは、この「神の観念」を「知解する」手前の営みであり、「物の自然」を「概念する」ことである。この概念は、理性に与りつつ活動的なものを志向することを特徴とする思考であり、「物の自然」は、物の必然性、すなわち数学的・物理学的な法則性や因果律であるが、それはまた、人の心を〈よりよく〉生きようとすることへ向かわせる契機でもある。

スピノザのいう概念・観念は、〈よりよく〉というベクトルをともなう「ふりかえり」をふくんでいる。過去の具体的な動作・表現をいくら正確に思い出しても、それだけでは、ふりかえりは自分を〈よりよく〉しない。悔しさが反復され、楽しさが減衰するだけだろう。ふりかえりが人を高めるのは、その思考が自己を超えている場合である。ドゥルーズの言葉を引けば、「身体は、私たちのそれについての認識を超えているし、同じように、思考も、私たちのそれについての意識を超えている」（GD, SPP : 28）。そうした認識・意識、つまり自己を超えた、形なきものに向かう概念・観念が、人を高める。

以下、まず、中世キリスト教思想、いいかえれば〈普遍は抽象である〉というノミナリズムが言葉から象りを追放するまえにさかのぼりつつ、アウグスティヌス、フーゴー、トマス、スピノザにふれながら、見えないものと思考の関係を素描する（第2節）。続いて、ふりかえりに注目し、自己を超えるそれについてふれ、またハイデガーを引きながら、見えないものと思考の関係を敷衍する（第3節）。最後に、「考える」（思考）という営みが、本来的に他なるものを概念することであり、超越することである、と論じる（第4節）。

2　アニマの理性と知性

†存在論的思考

身近な事実から始めよう。およそ私たちは、五感のなかでも、とりわけ視覚に依拠して生きている。そして、「百聞は一見にしかず」、"I see"（「わかった」）といわれるように、「見える」ことは、「わかる」（理解する）ことと重ねられがちである。しかし、「わかる」ことすべてを「見える」ことに還元することは、できない。「見える」ものは、明白な事実であり、具体的・客観的に「認識される」ものであるが、「わかる」ものは、具体的・客観的な認識の対象だけではなく、漠然と・情感的に「了解される」ことでもあるからである。たとえば、自分が生きることも、だれかを心から愛することも、「了解される」ことである。

「認識する」ことは、およそ言葉に依る営みであるが、言葉に依ることは、たんに言葉の意味を知っていることではなく、言葉の使用を習得していることである。この習得は、「慣れ親しむ」（be habituated）ことで生じる。この慣れ親しみは、いわゆる「教授」（instruct）の成果というよりも、個々人の「納得」（comply）の結果である。それは、くりかえし試すという「練習」のなかで〈こういうことか、なるほど〉と想うことである。考えてみれば、知識・技能は、もともとだれかが納得したものである。たとえば、「円」（丸い）という形は、数学で〈同一平面上の一点からの等距離の点の集合である〉と定義されているが、それは数学者の「納得」である。子ども自身の「納得」は、この言語表現と自分の経験知を重ねることである。満月、ボール、タイヤなどに「円」という「類似性」（漠然とした「丸さ」）を見いだしつつ。

しかし「了解する」ことは、言葉に依る営みではあっても、何かに慣れ親しむことではなく、見えないものを象ることである。象られるのは、これこれであるといえる「実在」（entity）ではない。したがって、それは、シニフィアン／シニフィエの意味連関の外にある。文字表現、映像表現、音声表現などを「シニフィアン」（signifien）と呼び、そうした文字、映像、音声が示す形象を「シニフィエ」（signifie）と呼ぶなら、了解されることは、そうした意味連関の外にある。にもかかわらず、その了解されることに、人は支えられている。そうした通念の意味連関の外にあり了解されることを語る試みを、存在論的思考と呼んでおこう。

キリスト教思想史をさかのぼっていえば、この存在論的に思考されることは、さまざまな名称で語られてきた。すなわち、ギリシア教父思想の「ウシア」（ousia 本質）、「フュシス」（physis 自然）、「ヒュポスタシス」（hypostasis 実体）、ラテン教父思想の「エッセ」（esse 存在）、「ナートゥーラ」（natura 自然）、「ペルソナ」（persona 位格）*、「スブスタンティア／スブシステンティア」（substantia/subsistentia 実体）ないし「エッセンティア」（essentia 本質）である（スブスタンティアとエッセンティアは同じものである［TA, ST: I, q. 29, a. 2］）。以下、アウグスティヌス、フーゴー、トマスにさかのぼり、この存在論的思考の営みを確かめ、スピノザの概念論と、彼らのアニマ（理性・知性）論が似通っていることを示す。

* トマスは、ペルソナを、エッセンティアに加味された「個体的な根源的要素」（principia individualia）と意味づけている（TA, ST: I, q. 29, a. 3, ad 3）。「理性的自然を有するすべての個体は、ペルソナと呼ばれる」と（TA, ST: I, q. 29, a. 3, ad 2）。ついでにいえば、私は、以前、ペルソナを、人を個体たらしめる人・神の共鳴共振として、すなわち関係性概念として、解釈したことがある。

†知性・理性を宿す——アウグスティヌスのアニマ

アウグスティヌスにとって事物を知ることは、他人の言葉を信じることではなく、「私の眼を信じることである」（AA, M: 10. 35）。その眼が見ることは、身体で「感じる」（sentir）ことを経由して見ることでもあれば、まさに心で「覚知する」(percipere)ことでもある(AA, M: 12. 39)。この心で覚知することは、「知解する」(intellegere)とも表現されている。この「知解する」は、人が意図的に行うことではなく、「神と自然が、[光、月、太陽、大地などの事物]それ自身によって、見せて示すこと」(per se ipsa exhibet atque ostendit deus et natura)に依拠する(AA, M: 10. 32)。すなわち、事物の知解は、事物それ自体が「神と自然」に与りつつ提示することを受容することである(中川 2000: 122 も参照)。この知解する心は、「内なる人」(homo interior)といいかえられ、またそのはたらきは「知性ないし理性」(intellectu atque ratione)といいかえられている(AA, M: 12. 40)(アウグスティヌスの知性と理性は、はっきり区別されていないように見える)。

心の知性・理性のはたらきは、人の「存在」(esse)を知ることである。人の「存在」とは、「神」に向かうことである。アウグスティヌスは、『ソリロキウム』(*soliloquium* 独り対話)において、この「神」に向かう思考を描いている。同書においては、理性の「私」は、人の「私」と問答を繰りかえしている。もしもこの二つの「私」が通底せず、無縁であるなら、その問答は創始につながらない。ずれ続けるだけである。その問答が創始につながるためには、その対話が始めから何らかの同一のテロスに向かっていなければならない。そのテロスは「至福」(beatitudo)と形容されている。その至福にいたる方法は、一人ひとりのアニマに宿る理性・知性、すなわち「神の助力」(Deo adiuvante)とも形容されるそれらによって、示される。

アウグスティヌスのいうアニマは、およそ一つの身体に贈られている一つのいのち、身体と心を生き生きさせる力である。このアニマは、心と身体をつなぐだけでなく、「神」に向かうことで人と「神」をつなぐ。アウグスティヌスは、理性に向かって「神とアニマを知りたい」という(AA, SL: 1. 2. 7)。すると、理性は、「私は……神があなたの心に明示されることを約束する。そして[その心の]眼は、アニマの感覚(sensus animae)である」といい(AA, SL: 1. 6. 12)、この「アニマのなかの[神を]見る力が、理性である」

（Aspectus animae, ratio est）という。そして三つの要件、すなわち「神を見る力」が自分を至福にするという「信仰」、かならず見られるという「希望」、それに与りつつ生きたいという「愛」が、「神への直視（visio Dei）を実現する」といい、この「神を直視するものは、アニマに宿る知性である」という（AA, SL: 1. 6. 13）。

こうした信仰も、希望も、愛も、「神」に向かう力の現れであるが、確認しておくなら、そこで語られている「神への直視」は、「直視」と訳したvisioが「視像」と訳されることがあるように、あの「神の像」を象ることにひとしい。アウグスティヌスが語る理性・知性のはたらきは、この像を「見ること」であり、いいかえれば、この像を「象ること」である。しかし、たいていの場合、この理性・知性は、眠りこけているか、忘れられたままである。次に、フーゴーの神性としてのアニマ論を紹介しよう。アウグスティヌスにおいて、アニマは、理性・知性をふくんでいるが、それはあくまで人の属性である。フーゴーにおいては、アニマこそが人の本質＝存在であるが、これも寝ぼけているか、物忘れ状態である。

†人に贈られ神を愛する——フーゴーのアニマ

ずいぶん時代は下るが、アウグスティヌスの『ソリロキウム』を承けてだろう、フーゴーは一一三〇年代に『アニマの徴しのソリロキウム』という本を書いている（Hugo, SAA）。そこでは、人である「私」とアニマである「私」が、問答を繰りかえしているが、アウグスティヌスの『ソリロキウム』と違い、人の「私」とアニマの「私」が対等に対話している。むしろ「人」がアニマに諭している。人の「私」は、霊性（＝神へ向かうベクトル）を体現しているフーゴー自身である。また、アニマは「心の理性」（mens rationalis）にひとしい「神の類似」（similitudo Dei）、すなわちイエスに十全に体現される神性であり、父である「見えない神／隠れたる神」を見る力であるが、ふつう充分に目覚めていない。フーゴーにとって、理性は、事物の秩序を知る力であるだけでなく、心そのものを知る力である。「理性は、心のなかにあるものが、心そのものとは同じではない、と知っている。それらが、ときに心から切り離されるからである」。心そのもの、すなわち「人そのものが、ペルソナ［＝プネウマ、神の息吹＝言葉］である（Hugo, DSC: I, 3, 25［227］）。

同書で、人がアニマに「神」への愛（amor）をもつべきだ、というと、アニマは、あれこれ反論するが、最終的に納得する。アニマが「神」への愛をもつために必要なものは、「自分を見ることができる透明な眼」である（Hugo, SAA: 953B-954C）。それは、聖書に記された「鏡」である。「あなたが自分で自分の顔を写しだし、それがあるべきそれよりも劣っていないか、異なっていないかを見るための」鏡である（Hugo, SAA: 966C）。「隣人を愛せ」という言葉が、その「鏡」に映しだされる「神の言葉」である。隣人への愛は、アニマが本来の姿に戻ることである。「私」は「私のアニマよ、かつてあなたは存在しなかった。あなたは、彼［＝神］の贈りものとして、その存在を享受した。……彼のまったくの好意として、存在を享受した」という（Hugo, SAA: 960B）。「あなたは、ただ［神を］愛すること以外に、返せるものを何ももっていない。［神からの］慈愛（caritas）によって贈られたものは、［神への］愛によってのみ、よりよく［その愛に］報いることができる」という（Hugo, SAA: 961A）。この神を愛することは、隣人を愛することと一体である。

隣人への愛は、「フミリタス」（下支えすること）を示し、他者を気遣うことである。「もしあなたが、大きな［よい］はたらきをするなら、あなたは、［他者からの］共感（misericorditer）によって高められるが、そうしなくても、あなたはおのずから［他者を］下支えしながら生きている（humiliaris）。……あなたが、力強い恵み（gratiam virtutum）をもたず、弱々しい衝迫（vitiorum impulsu）にさらされても、あなたは、下支えすること（humilitas）を疑わない。高慢な力強さ（virtus elata）よりも、弱く下支えすること（humilitas infirma）のほうが、神には香しい」（Hugo, S: 967A）。なぜなら「すべての起源は、神の慈愛（charitas）だからである」（Hugo,

SAA: 967B)。「神の慈愛」は、どんな人にも、それぞれ一つのいのちを贈ることである。フーゴーの「神」に向かう歩みは、人がアニマとの対話のなかで、自分の為すべきことを行えるようになることであるが、トマスの場合、その歩みは、人が学識を深めるなかで、人の為すべきことを行えるようになることである。

†もの／人の自然を知解する——トマスの知性

トマスは、一二五〇年代なかばに書いた『存在者と本質について』で、「存在者」「存在」「本質」「実体」というまぎらわしい概念を区別し整理している。まず、存在者(ens)は、実在するもの(res 人をふくむ)(「類別されるもの」)と、言葉の意味(significatio)(「命題の真理を意味するもの」)に、分けられる。本質=自然は、実在するもののなかにある。「たとえば、フマニタスは、人の内にある本質である」(humanitas est essentia hominis)。この本質=自然は「知性によって把握されうる」。「ものの本質=自然」は、存在者を支える「実体」としてはたらく。もっとも純粋単一の実体は「神」であり(TA, DEE: c. 1, 1-4)、人は「アニマと身体」(=形相と質料という二つの実体をもっている。つまり、人は、アニマと身体に支えられている。

「人の自然」は、アニマと身体の両方を実体としてふくんでいるが、身体は、一つひとつ固有なもの(materia signata)なので、その違いによって、人は「個体性」(individuum)となる(TA, DEE: c. 2, 1-4)。つまり、身体が、人をそれぞれ異なるものにしている。アニマ、そしてアニマの主要なはたらきである知性は、質料つまり身体とともに存在しているが、それから独立しても存在できる。「人の自然」は、この知性によって知解されるが、その知解された「人の自然」は、それぞれ異なる身体から独立しているから、普遍化する。つまり、すべての人に見いだされる「人の自然」は、類同的なものとなる(TA, DEE: c. 3, 5)。

トマスにおいては、人は、おのずから「人の自然」を知ろうとする力を秘めている。「人の自然」が「神を知り愛する本来的な適性」をもっているからである（TA, ST: I, q. 93 a. 4）。「人の自然」を知ることは、「物（corpus）の自然」を知ることと同じで、理性によってその秩序や因果を知ることである。ただし「物の自然」を知ることと比べて「人の自然」を知ることは、理性に大きく依拠しない。たしかに「人の善は、理性にもとづいている」から、「理性で身体のはたらきを規定することは重要である」（TA, ST: II-1, q. 24, a. 3）。それは、物の因果を把握し利用するという、基本的に現世の活動を円滑に行うための道具である（TA, ST: II-1, q. 68 a. 1）。また理性は種差概念であり、人を他の動物から区別するための形相であるが、「人の自然」は「神の自然」をふくんでいるから、「人の自然」を知るためには、理性を超える知性が必要である。

しかし、人が「人の自然」を知性によって知ったとしても、それだけでは「神を知り愛する」ことにはならない。愛が欠けているからである。神を愛するためには、イエスの手助けが必要である。この世界に「子が派遣されたのは、［人びとに］知性を教え、この知性が愛という感情に（in affectum）浸される」ためである（TA, ST: I, q.43, ad 4）。人としてのイエスが体現した愛は、「神」／人の越えがたい境界を越えて、人に完全に分有されている「神の自然」である。人としてのイエスは、他の人によっても、模倣可能である。すなわち、イエスの愛を模倣することが、「神を知り愛する」ことをやり遂げるための最後の仕事である。「アニマは、向かう力（virtus）を形成するために、模範に従わなければならない。その模範は［イエスという］神である」。それは「［人が神に］向かう力の範」（virtus exemplaris）と呼ばれる（TA, ST: II-1, q. 61, a.5, co.）。

確認すれば、こうしたアウグスティヌス、フーゴー、トマスのアニマの知性、すなわち「神」から人に贈られ、「神」・人を愛する力は、キリスト教の救済の〈物語〉のなかに位置づけられている。すなわち、アニマの「高まり」（sublimatio）を支えているのは、あのキリスト論である。キリストは「憐れみ深く、あなたのために呪いを受けた」。「堕ちたあなたをふたたび引き上げるために。……彼は、地上に降り、受難し、忍従し、勝利し、復活した。死すべき人の身に住み、受難を経験し、刑死に打ち勝ち、人類を救済した」と言われるように（Hugo, SAA: 962BC）。しかし、この救済の〈物語〉がなければ、アニマの知性は「神」といわれるような超越性に向かわないのだろうか。スピノザは、このキリスト教の救済の〈物語〉に言及することなく、「神」に向かい〈よりよく〉生きようとする力を語っている。

†人の自然に与り、物の自然を概念し、神への愛を求める——スピノザの理性

スピノザは、アニマよりも心を重視している。「私はアニマといわず、心という」（RDPP: I, D6）。その心の中身の一つが「理性」（ratio）が作る観念である。「観念は、人の心の中身を構成する基本」であり（E: 2, P11, D, C）、「心が形づくり（formare）概念されたもの（conceptio）、つまり思考されたものである」（E: 2, D3）。自分の感情も観念であるが、「概念されたもの」である観念は、おもに物（corpus 物体・身体）に見られる秩序である。こうした概念をつかさどる理性は、「神の［すべての物になれるという］無限の知性」に由来する力である。人のそれは、「神の知性」ほどではないが、物理法則のような、物を規定する必然性を象る。「理性の自然（natura rationis）は、ものごと（res 事象・出来事）を、偶然としてではなく、必然として見なすことである」（E: 2, P3; 2, P10, S, C; 2, P44）。この理性は、トマスが述べている理性とおよそ重ねられる。トマスの理性も、物やものごとを規定する因果律を把握するからである（TA, SSLS: Lib.1, d. 2, q. 1, a. 3, co）。

スピノザのいう概念と観念の関係は、心の認識は人に帰属するが、心の認識の結果は神に帰属するという、独特の関係にある。いいかえれば、「概念する」という営みとその結果である観念が、区別されつつも一体である。のちに論じるように、見えない像を象るという営みと、その結果である「神の像」が、区別されつつも一体であるように（第6章参照）。それは、端的にいえば、「受肉の論理」と同じである。すなわち、

イエスの発した言葉は人の口から出ているが、その言葉の内実は神に属するという考え方である。人の概念は、人の心に属するから「妥当とはいえない知である」が（E: 2, P31）、本来、「すべての観念は、神の内に属し、……それらは、神に属するかぎり、真理であり十全である」（E: 2, P36, D）。この観念の神への帰属を保証する心のはたらきが、理性である（また、次章で取りあげる知性である）。

こうした理性の認識の前提は、心の「象る」というはたらきである。「よく使われる言葉を保持するために、私は、人の身体が受容したものは……ものごとの形状（rerum figuras）の再生ではないが、ものの像（rerum imagines）である、という。そして心が、このような仕方で、物［corpus身体をふくむ］を思い浮かべるとき、私たちは、それらを心が象る（imaginari）、というだろう」。この「象りそれ自体は、何の誤謬もふくんでいない」（E: 2, P17, S）。なぜなら、人の心の営みの基底が「自然」だからであり、「人の自然」が「神の自然」に由来するからである。「……神は、無限の知性の内部に帰着するすべてのものが生じる原因（causam efficientem）である」（E: 1, P16, C1）。「神は、ただ自分の自然の諸法則のみによってはたらく」（E: 1, P17）。つまり「物の自然」を概念することとは、「人の自然」を概念することに通じている。

こうした理性は、何よりも「神への愛」（amor erga Deum）を希求している（E: 5, P16）。いいかえれば、人の心は、「神への愛」で占められるために、理性的にはたらく。たとえば、他人の「欠点を非難すること」も、他人を「恐怖で抑圧すること」も、心の理性的なはたらきではない。それらは、たんに「不快感」や「憎しみ」を生みだすだけだから（E: 4, P63, S）。そもそも「心のはたらきは、身体におけるすべての受容（corporis affectiones）、［心における］すべてのものごとの象り（rerum imagines）を、神の観念（Dei ideam 神の類似）と結びつけること」である（E: 5, P14）。「自分や感情を明晰に知解する人は、神を愛する」人である（E: 5, P15）。「この愛が、［自分の感情の礎である］すべての受容に結びついていて、それらによって養われている」からである（E: 5, P16, D）。そして人は、この受容するという営みを明晰に「知解する」ことを通じて、すべての人が「神」の一部であると「知解する」ようになる（この「神」の知解は、第5章で論じる）。

「神への愛」の希求は、最終的に「神の像」を象り現すことである。「キリストの霊性、すなわち神の観念」（spiritu Christi, hoc est, Dei idea）は「人が自由になるための、……人が自分に希求する善を他の人びとに希求するようになるための、唯一の基礎である」（E: 4, P68, S 傍点は引用者）。「私たちは、見るべき人の自然の範（naturae humanae exemplar）として、人の観念を形成しようと努めている」。善についていろいろ言われているが、「善とは、私たちのなかで提示される人の自然の範へ、私たちがますます接近するための手段である」（E: 4, Pr）*。この「人の自然の範」を象ることは、人に贈られたもっとも重要な可能性である。

ただし、スピノザは、イエスを「キリスト」として意味・価値づけるあの救済の〈物語〉を前提にしていない。スピノザは、『神学・政治論』において、次のように述べている。「……使徒たちが説いたあのキリスト教は、キリストの物語（Christi historiam）を語ることに終始し、理性（rationem）の埒外に位置している。もっとも、その物語の基本、すなわちキリストの教え全体は……一人ひとりに自然の光（lumine naturali）があれば、容易に理解できる」と（TTP: C11. N7）。この「自然の光」は「キリストの霊性」だろう。スピノザがトマスの議論――「[光という言葉]は、霊的なものにおいてこそ[神を顕現させるという]固有な意味で使われる」（TA, ST: I, q. 67, a. 1）――を踏まえているのなら。もうすこし、スピノザの議論をたどろう。

* 私の理解では、キリスト教思想においては、およそ、exemplar（範）は、父なる神を指し、imago（像）は子であるイエスを指すが、exemplar は、人のなかの「神の類似」を指すこともある（第6章第3節も参照）。

†理性が生みだす活動・力動——スピノザの理性と自由

スピノザにとって、感情の根底にある希求（衝迫）は、理性に導かれることで、活動的・力動的になる。「人が努めるべきことは、自分自身の感情をできるだけ明白で明確に知り、心に、その感情から出発しつつも、明白で明確に覚知された、十全な内容をもつものを認識させることである」。つまり「感情それ自体が、外的原因の認識から離れ、本当の認識に結びつくことである」。そうすることで、通俗的な「愛・憎は滅ぼされ……そうした感情を生みだす衝迫（appetitus）・希求（cupiditas）も抑制される」。そうした衝迫・希求は「理性によって導かれない人の受動態（passio）のそれであり……傲慢（superbia）にひとしい」。「理性に導かれて生きる人のそれは、活動（actio）・力動（virtus）であり、敬虔（pietas）とも呼ばれる」（E: 5, P4, S）。

スピノザは自由を重視するが、彼のもっとも重視する自由は、社会的なそれではなく、理性に聴従することである。「自由人」（liberum）は「理性に聴従する（ratione ducitur［理性から言われる］）人」である。この「理性に聴従する人は……自分［の心のなかの理性］以外の何ものにも従わず、人生においてもっとも重要であると自分が知っていること、そしてそのために自分がもっとも希求することだけを行う」（E: 4, P66, S）。理性は、「神の属性」である知性の一部であり、理性に聴従することは「神の声」に聴従することにひとしい。この「神の声」は「キリストの声」つまり「イエスの残した言葉」である（TTP: CI; 工藤 2015［1972］: 74）。そうすることは、たとえば「他人を不幸から救い出す」ことを、作為的な「憐れみ」（commiseratio）の感情によってではなく、「歓んで善くあろうと努める」理性によって行うことである（E: 4, P50, D, S）。スピノザのいう理性は、アウグスティヌスのいう理性に、およそ重ねられる（AA, LA: 1. 11. 21）。

この理性に与る自由は、他者とともに生きることで、高められる。「理性に聴従する人は、自分だけに従う孤立状態よりも、ともに定め（communi decreto）つつ生きる共同状態（civitate）において、より自由である」(E: 4, P73)。その「自由」は、自分の心が「力動」(fortiudo)に彩られて生きることにひとしい。すなわち「だれも憎まず、怒らず、妬まず、憤らず、卑しまず、傲慢にならない」ことに、すなわち「自分のために希求する善を、他者のために希求する」ことにひとしい(E: 4, P73, S)。そして「死」を恐れないのではなく、「死を考えない」ことにひとしい(E: 4, P67)。この自由の力動が生じる契機としての認識は、「すべてが神の自然の必然性(necessitate divinae naturae)から生じている、と知解する」ことである(E: 4, P73, S)。

ただし、先にふれた理性によって導かれるか／導かれないかを決めるものは、当人が「人の自然」に従うか／従わないかである。理性は、知性とともに、心の重要な能力であるが、みずからはたらきだすことはできない。理性をはたらかせるのは、人自身が意志して「人の自然」に従うことである。心は、「すべてのものごとが［「神」のなかで］必然的に存在すると知解しているかぎり、感情に対してより大きな力を有する」(E: 5, P6)。しかし、そうした知解は、私たちが「人の自然」を大事にするかぎり、理性とともに生じる。「私たちは、私たちの自然(nostrae naturae)に違背する感情に囚われないかぎり、知性の命令に従いながら、身体が受容したものを秩序づけ結合する［理性という］能力を発揮できる」(E: 5, P10)。

† 〈自然〉とふりかえり

このように、スピノザのいう理性は、「物の自然」を概念し、「神への愛」を求め、そして心の希求、すなわちコナトゥスを、具体的な活動・力動に向かわせる心的契機である。そもそも理性は、本来的に「神の属性」であり、人の心に「人の自然の範」を映しだす。中世キリスト教思想が語ってきた「神の像」が、人が〈よりよく〉生きようとするうえで必須である、と見なされていたように、スピノザが語る「人の自然の範」も、スピノザ自身が述べているように、人が〈よりよく〉生きようとするうえで、必須である。

興味深いことに、スピノザの概念することは、おのずから然ること〈自然(じねん)〉としての自然に収斂している。「神」が「それ自体に因る」(causa sui/causam esse per se) からである (E: 1, D1; 1, P16, S2)。これに類似する考え方は、トマスにも見いだされる。トマスは、一般に「自然」と訳されるギリシア語の「フュシス」(physis) に「生けるものの生成」(すなわち生誕［nativitas］) を見いだしている (TA, ST: II-1, q.94, a.2; I, q. 29, a.1, ad 4)。またハイデガーは、このフュシスについて、それは「おのずから現れ出ること」、すなわち「自分を開示し展開し……参入し……滞留する」ことであり、「存在」(Sein) である、と述べている (GA 40, EM: 16)。

この〈自然〉は、「物の自然」にも「人の自然」にも内在し、すべてに分有されている「神の自然」である。それは、光、すなわち歓びを求めて、ただただ前に進み続ける。しかし、スピノザが「人の自然の範」が必須であると述べているように、「人の自然」は、闇ないし悲哀に堕ちる傾向にある。この悲哀は、スピノザ自身は語っていないが、人が歓びに向かい続けるうえで不可欠だろう。人が歓びに向かうことは、自分の闇の言動をふりかえり、悔やみ落胆することを前提にするからである。なるほど、スピノザが説くように、「後悔は力強さではない」(Poenitentia virtus non est)。「後悔する者は［邪念と悲哀に支配されているという意味で］二重に不幸か、無能である」(E: 4, P54) が、一瞬の悔やみもなく、前進することは不可能である。人に何かを概念させるものが歓びに彩られているかぎり、その歓びは、その対極にある悔やみや悲哀が想起されることで成り立つ。歓びの観念と悲哀の観念の落差、生き生きした状態と鬱々した状態の落差は、人がふりかえり、向かうところとして象られるもの——「神の像」であれ、「人の自然の範」であれ——の前提である。

スピノザにとって、このふりかえり、すなわち感情ないし観念を「あとで象る」(posta imaginor) こと (E: 2, P18) は、「神のなかで」生じる。「人の心についての観念も認識も、神のなかにあり」(E: 2, P20)、「あとで象る」ことも思考だからである。先行する観念についての事後の観念（「観念の観念」idea ideae）は「神のなかで生じ、神に帰する」。「神が、人の心の本質を構成しているからである」（E: 2, P22, D）。神の属性である理性は、人の思考に遅れてやってくるらしい。神のもとの理性による思考としてのふりかえりは、はじめから「神」が指し示す〈よりよく〉生きることに傾斜している。よくないものは、身体であれ、心であれ、事物であれ、それらを構成している秩序（定め）、それらを可能にしている「自然」が、それらを通じて具現化されなくなることである（E: 4, P39, S の翻案）。いわゆる物理的暴力、精神的暴力がそうであるように。

さて、ふりかえりといえば、ラカンのいう鏡像段階論が思いだされるが*、スピノザに触発されて取りあげたいふりかえりは、ふつうの人の思考としてのそれである。私たちのふりかえりの一つとして、人生を終えるころに試みられるふりかえり、すなわち、自叙伝（autobiography）を挙げることができる。その自叙伝のなかには、意図し思惑する自己を超える、この「私」の〈よりよく〉生きようとする力が見いだされる。また、ハイデガーの存在論を踏まえるなら、私たちの日常実践のなかに見いだされる思考も、ふりかえりである。どちらも、〈よりよく〉生きようとする生動的で力動的な歓びに通じているだろう。

* ラカンは、一九四九年の「鏡像段階」（le stade du miroir）論で、「主体」（sujet）が形成されるとき、自分の「像」（signe）が重要な役割を果たしている、と論じている（「私のはたらきを形成する鏡像段階」（『エクリ』I所収））。生後六ヶ月から一八ヶ月の幼児は、鏡に写る自分の「像」を見て喜ぶ。それは、鏡に写る自分の「像」が、自分の「統一体」（unité corporelle）の象りであり、この時期の子どもは、頭のなかで自分の全体を象ることができないからである。もっと成長すると、他者の「像」が、将来の自分を先取りする契機になる。こうした「像」は「想像的なもの」（l'imaginaire）と形容され、さらに言語によって語られ超越性を帯びた意味として象られるとき、「象徴的なもの」（l'symbolique）と形容される（JL, E. I, SM: 92-9; JL, N, SIR）。人の思考が「想像的なもの」から「象徴的なもの」へ変

容する契機は、「父の名」（Noms-du-Père）という——「私」でも、「あなた」でもない——第三項の到来である（JL, N, NP)。この「父の名」は、おそらく「神の名」の翻案だろう。その「父の名」に触発されて、人は、自分の欲望・願望の写し絵でしかない想像的なものを凌駕する象徴的なものを創出する。この象徴的なものを心に抱きつつ、通念を超えて生きる人が、主体である。

3　想起し呼応する

†自己という観念

現代のふりかえりは、「自己」（[E] self/ [F] soi/ [G] Selbst）と深くかかわる営みであるが、ヨーロッパにおいて、たとえば、英語の self が「自己」を意味するようになるのは、およそ一五世紀からである。サンダース（Sanders, Barry）の研究によれば、self は、一四世紀あたりまで「自己」ではなく、人・物の強調符、つまり「そのもの」という意味で用いられていた。この self が「自己」を意味するようになったのは一五世紀であり、それは、修道院で、神への専心から逸脱させるものとして、また内省によって個別化された意識をさす言葉として、使われはじめた。しかし、一八世紀になるまで、そうした自己は、修道院で日々自分をふりかえる僧籍者に見られるもので、一般社会に広く見られるものではなかった（Sanders 1994/1998: 36-7)。

このはざまの一七世紀に、デカルトのコギト論が生まれた。そして彼のいう「コギト」（cogito）を「拠点」（subjectus）とする「言語学」の登場とともに、コギトをもつ「自己」という「主体」（subjectum）が構成され、人の「言葉」が、コギトをもたない動物の「声」から、区別されるようになった。デカルトのいうコギトは、それがたんに「思っている」という状態なら、その営みに主体はないが、それに「エルゴ・スム」（ergo sum ゆえに、私は存在する）が続くとともに、そのコギトは「私が思っている」というように、営みをふりかえる「私」すなわち「自己」が生じる。スピノザふうにいえば、たんなるコギトは、受容されたものについての心の象りであり、エルゴ・スムをともなうコギトは、心についての心の概念である。

この自己がヨーロッパに一般化しはじめる時期は、市場経済の広がりとともに、中産階級（ブルジョア）が誕生する一八～一九世紀だろう。このころから、人前でのあくび、くしゃみ、おなら、そして人にさわることなどが、非難されるようになった。いわゆる「マナー」（礼儀作法）の出現である（多木 1992 を参照）。マナーは、身体の規律化をつうじ自己を形成し人を統制する装置である。このころ登場した「自己規律」（self-discipline）、「自己統治」（self-government）という言葉は、そうした自己の形成をさす言葉である。その自己は、否定される「生身の私」でありかつ肯定される「めざす私」でもある。すなわち、始まりと終わりを設定し、展開を心に描き、その実現に努力する「私」である（Stallybrass/White 1986/1995）。

一八世紀後期に登場した「小説」（novel）も「自叙伝」（autobiography）も、こうした自己の一般化を告げているといえるだろう（Watt 2001 参照）。たとえば、novel という言葉は、イタリア語の novella に由来し、一八世紀から使われるようになった。ドイツで「教養小説」（Bildungs Roman）と呼ばれた「小説」は、一回性の人生を一般性の人生に変換する装置といえるだろう。それは、森田伸子（1993: 22）によれば、自律する個人が大挙して出現し、叙事詩が描くような〈物語〉が自然に教訓を生みだせなくなったときに登場した、という。autobiography という言葉は、やはり一八世紀に英語圏で使われるようになり、のちにフランス語やドイツ語に移入されていったらしい。有名なものは、フランクリンのそれやルソーの『告白』などだろう。むろん、自叙伝の歴史をさかのぼれば、アウグスティヌスの『告白』や、ボエティウス（Anicius Manlius Boethius 480-

524）の『哲学の慰め』（*De consolatione philosophiae*）にいたるが。

†自叙伝のなかの想起

まず、通念の自己、すなわち意図し思惑する自己についての、ある興味深いとらえ方を紹介しよう。一九八七年に数学者のロトマン（Rotman, Brian）は、『ゼロの記号論』において、自己は、十進法の代数における「ゼロ」、遠近法の空間における「焦点」、そして資本制の市場における「貨幣」に似ている、と述べている。ゼロは、さまざまな数字の「広がり」のなかで成り立ち、焦点は、さまざまな情景の「広がり」のなかで成り立ち、貨幣は、さまざまな商品取引の「広がり」のなかで成り立つ。すなわち、「実在するものの広がり」（field of entities）がゼロ、焦点、貨幣を存立可能にしている。自己も、同じように、さまざまな言説実践——およそスピノザのいう「象る」「概念する」——のなかで成り立っている。

しかし、その自己は、ゼロ、焦点、貨幣とは異なる特徴をもっている。それは、自己が、そうした実在するものを計算し比較し、描写し重視し、取引し儲けること、ようするにこの社会でうまく立ちまわろうと合理的に思考するという意味で、そうした「実在するものの広がり」の外に在ることである。ロトマンは、このような意図し思惑する自己を「主体性の自己意識形態」ないし「メタ主体」（meta-subject）と呼んでいる（Rotman 1987: 28/53）。ロトマンにとって、この外から実在するものを操作しようとするメタ主体としての自己は、人が自分の人生を「ふりかえり」象る「私」から区別される。

たとえば、モンテーニュ（Montaigne, Michel de 1533-92）は、一五八八年の自叙伝的著作『エセー』において、自分は、多くの時間を費やし、「自分のなかで［自分を］象り、自分の像を創りだした。私は、私の像を取り出すために、何度も自分を整えなおし、方向づけなければならなかった。その像は、かなりのところ［おのずから」象られたものである。……私がこの書物を作りだしたというよりも、むしろこの書物が私を作りだした」と述べている（MM, E: L. 2, C. 18［485］/4: 123）。著者が「私がこの本を書いた」と考えることは、当然のことのように思えるが、幻想である。それは「先行性」（anteriority）の錯覚である。モンテーニュが『エセー』のなかで描く「自分の像」は、モンテーニュの自己が作りだしたものではなく、そのプラクシスのなかでおのずから象られたものである。ロトマンは、モンテーニュが「描写している自分は、その描写するという過程から分離しえない」と述べている（Rotman 1987: 44-5/82-3）。

この自分をふりかえり描写するプラクシスは、過去の自分を想起する（思いだす）ことである。すなわち「注意深く自分を見極めること、……徹底的に自分を吟味すること」（MM, E: L. 2, C. 18［485］/4: 123）である。その想起を彩るものは〈よりよく〉生きようとする力である。『エセー』のなかの「私」は、〈よりよく〉生きるようとする力とともに現出する。その「私」は、〈よりよく〉生きるようとする力に与りながら、それからずれ、それを忘れ、それに戻る自分である。なるほど、モンテーニュによって象られた「私」は、生身のモンテーニュ自身ではないが、そのずれなど、どうでもよい。重要なことは、自分のなかにある、あの自己に回収されない〈よりよく〉生きようとする力に気づくことである。この倫理的な力を看過するとき、あの「メタ主体」としての自己がでっちあげられ、自明化されてしまう。

メタ主体の自己の合理的思考から区別される思考、すなわち独異性である「私」の想起という思考は、総括的なふりかえりのなかに生じる〈よりよく〉に向かう思考である。これに対し、日々のふりかえりのなかに生じる〈よりよく〉に向かう思考は、いささか異なる様相を呈している。それは、相手と呼応する思考である。この呼応する思考は、ハイデガーが描く存在論的思考に見いだされる。

†日常実践のなかの呼応する思考

ハイデガーのいう「思考」は、狭義の「認識」（Kognition/Erkenntnis）から区別されている（GA 8, WhD）。この認識は、スピノザの広義の認識（知ること）とは違い、事物が実在しているか、どんな特徴をもっているか、知ることである。それは、他者・事物をモノとして対象化する営みであり、その営みを行う自己を他者・事物の外に位置づけ重視している。これに対し、「思考」（Denken）は、他者・事物へのプラクシス（実践的関与）であり、ときにそのプラクシスを自己保存よりも重視している。狭義の認識は、「コギト」（cogito 思う）という概念に由来するが、思考は、「エクシスト」（exsisto 外に現れる）という概念に由来する「エクシステンティア」（exsistentia 実存）の営みである。思考は、自分が制御し生産する〈強さの力〉を誇る自律的活動ではなく、自分が感受し応答する〈弱さの力〉が現れる自生的活動であり、「私」のなかにあるが、特定のだれか・何かに属し、そのだれか・何かのために自分が生きることに向かう。

たとえば、世界を「像」（Bild）としてとらえることは、狭義の認識の営みである。この像が、対象化・客体化（物象化）されているからである。すなわち、この「世界像」（Weltbild）は、制御・処理される対象・客体であり、人は、この世界像を構成・操作する主体である。世界を像として認識することは、人を生身の他者、生成変化する世界から離床・分出させ、どこでもないところにむりやり立たせる。その結果、世界の内に存在する「私」、すなわち世界と連綿連関する「私」が、消え去ってしまう。これに対し、思考は、人を他者・世界に滞留させ内属させる。自分の感覚、経験は誤っていないか、などと執拗に自己吟味しない。思考は、おのずから未知なる外に向かう。認識の妥当性を差し置いて、他者・世界に向かい、他者・世界のもとにとどまり、他者・世界とともに活動する。認識は、デカルトの「幾何の精神」（l'esprit de geométrie）に通じ、思考は、パスカルの「機微の精神」（l'esprit de finesse）に通じている（Pascal 1976/1973）。

思考は、他者と「呼応」（Entsprechung）することである。呼応は、他者・事物の呼びかけを聴き、その声に応えることである。「思考における本質の追究はすべて、問われるべきものからの呼び声に支えられている。したがって、この声を聴くことこそ、つねに必要とされている思考に固有な営みである」（GA 12, WsS: 169）。「学ぶことは、そのつど本質的なことに即して、私たちに語りかけられ贈られているものに対し、私たちの行為・状態を応答させることである」（GA 8, WhD: 17）。こうした応答は「手仕事」（Handwerk）をともなう。だれか・何かの本質の呼び声を聴くための必須条件は、手で仕事をすることである。「思考することは……一つの手仕事である」。ドイツ語の greifen は「［手で］ひっかく」であり、begreifen は「理解する」である。フランス語の prendre は「手にとる」であり、comprendre は「理解する」である。それは、たとえば、指物師の徒弟が、いろいろな種類の木材の本質に応答することである（GA 8, WhD: 18）。

アガンベンが論じているように、中世ヨーロッパの修道院では、「手仕事」（opera corporalis）は「神の業」（opus Dei）を実感する契機である、と考えられていた（Agamben 2011/2014: 32）。すなわち、細かな手作業を通じてこそ、一つひとつの手作業のなかにはたらいている「神の意志」に感応できる、と考えられてきた。その手仕事は、ものに対する具体的な呼応の活動によって、すなわち物が「私」の行為を限定し「私」の行為が事物を限定するという相互活動によって、被造物の本質を「見る」ことである。この「見る」は、スピノザふうにいえば、人が、受容し概念し、神の定めた「物の自然」を象り考えることである。

†自己抜きの〈よりよく〉の思考

先にとりあげたモンテーニュは、エピキュリアンと呼ばれたが、「よく生きる」ことをつねに目指していた。モンテーニュにとってそれは、哲学にも神学にも深く傾倒せず、いのちあるものすべてに固有に贈られている「自然」（nature）に随順して生きることである。その生は、自分を「その条件［＝自然］に従って導く」生である（MM, E: L. 3, C. 13［479］/6: 205）。完全性へ向かうことは、キリスト教がかかげる教導の理念であるが、モンテーニュにとって「絶対の完全性、神のそれは、自分の存在を正しく享受することを知ることである」（MM, E: L. 3, C. 13［481］/6: 207）。それは、自然という「恒常普遍」（constant et universel）を知ることである。すなわち、動物たちが歩んでいる「自然の轍」を知ることである。「私たちは、その自然を捨てた」ために（MM, E: L. 3, C. 12［381］/6: 90-1）、世情や通念に流されたまま生きている。「私たちは、自分で行くのではなく、運ばれて行く。水に浮いた物のように」（MM, E: L. 3, C. 1［15］/2: 220）。モンテーニュが取り戻そうとする自然は、スピノザのいう「人の自然」からそう遠く離れていないだろう。

　ハイデガーの存在論的思考も、ハイデガーによって明言されてなくても、〈よりよく〉のベクトルに彩られている。その思考が「存在」に向かっているからである。「存在」は、「頽落」「不安」「不気味」などの否定性の対極に位置している肯定性である。この「存在」は、定立された目的ではなく、了解された行先である。人は、「存在とは何か」という問いを立てるとき、すでに「存在」を了解している。「問うことは、それが探究であるかぎり、探究されるものから予示的に（vorgangig 前もって）導かれている。……私たちは、すでに何らかの存在の了解（Seinverständnis）のなかで活動している。この存在の了解から、存在の意味への問い、その概念化という姿勢が生まれる。……このあいまいでぼんやりした存在の了解は、一つの事実である」（SZ: 5）。この「存在」の了解は、一人ひとりの「私」が「実存することとしての［自分の］存在」を漠然と知ることである（SZ: 143）。そこで了解される「存在」は「現存在自身が、自分に固有的な存在可能性を存在すること」であり、「おのずから自分自身のもっとも大切なことを自分に開き示す」ことである（SZ: 144）。この開き示しにおいて、意図し思惑する自己は、埒外に置かれている。人が、このとき、「存在」からの呼びかけに聴き従うからである。静寂からの呼びかけ、すなわち耳に聞こえない響きに。

スピノザの「物の自然」の概念、モンテーニュの「自然」の知見、ハイデガーの「存在」の了解は、人が〈よりよく〉生きるうえで不可欠な存在論的思考といえるだろう。その〈よりよく〉は、社会規範の善に通じるが、その善に還元されない。その〈よりよく〉は、自己をともなわないおのずからの営みに、たとえば、出来としての愛に向かうことである。それは、第2節でふれたアウグスティヌス、フーゴー、トマスにおいても、同じである。思考が、唯一神のような一なるものに向かう思考、ユニ・ヴァーサル（uni-versal）な思考であるか、隔絶された人と人を架橋する思考、トランス・ヴァーサル（trans-versal）な思考であるか、という問いも大事だろうが、ここで示したかったことは、そうした二分法的思考ではなく、人生の最期において自分を想起的にふりかえるなかでも、また人生の途上において呼応的にふりかえるなかでも、人が、あの自己を棚上げし、おのずから〈よりよく〉生きようと思考する、という可能性である。

4　概念と存在

✝意味世界に先行する存在

先にふれたロトマンにならい、比喩的に述べるなら、「ゼロ」が数学的広がりのなかに存立する概念であるように、自己は、何らかの社会的広がりのなかに存立する概念である。自己は、基本的に近現代の機能的に分化した社会構造のなかでそれと整合的に存立する概念である。自己が、あたかも実在するもののように意味づけられるのは、人が機能的社会構造のなかで承認・利益・支配などを欲望する個人主体である、と意味づけられているからである。その自己を支えるもの、かりにそれが「理性」「神性」と呼ばれても、それが、何らかの意味世界に存立するものであるかぎり、それは、自己を正当化する偶像でしかない（ちなみに、デリダが自分の思想を「根源的無神論」（l'athéisme radical）と呼ぶのは、この偶像から逃れるためである）。

これに対し、たとえば、ハイデガーの「存在」ないし共存在は、こうした自己とは無縁である。「存在」は、意味世界に先行するからである。「存在」は、意味・価値づけに先行する豊穣な事実的具体性であり、人が他者（人をふくむ生きもの）との交感・感受性のなかに生き生きと生きていることである。したがって、それは、はじめから意味・価値として了解されたものではない。「存在」は、すでに感受・感覚されていると事後的に（＝ふりかえりつつ）思考されることである。それは、事後的に形なき像として把握されるものであるが、そうであっても、存在者を後追い的に支える実感をともなっている。次章でも述べるように、「存在」は、あらためて了解され思考されるなかで、圧倒的な「歓び」に彩られていく。

なお、本章冒頭の「意味」に立ちかえっていえば、どうしても思いだされるのは、『マクベス』（第五幕・第五場）のなかでマクベスが「人生には何の意味もない（signifying nothing）」と、嘆くことである。もしも、この言葉が、自分の人生が圧倒的な歓びに彩られていなかった、ということを意味しているとすれば、暴力的専制者であったマクベスは、自分が行使してきた暴力の対極にあるものを心で感じながら、そして求めながらも、それを具体的に他者を通じて具現化しようとしなかったにもかかわらず、人生の最期に自分をふりかえり、もっともらしくその欠如を語ってみせた、ということだろうか。彼に欠如していたものは、つきつめれば「真の至福」（TTP: C3, N1）についての知、すなわち「神」の知解だったのだろうか。

†コンセプト――〈自然〉の認識

スピノザの思想に立ちかえろう。ドゥルーズ／スピノザのいうコンセプトは、「理性」に依りつつ「概念する」ことであり、その結果として生じる「観念」である。この営みはおもに、遡及的に「物の自然」を知ることである。「物の自然」そのものは、見えないが、観念から遡及することで、その実在を知ることができる。この営みはまた、〈自然〉に向かうこと、悲哀の感情を歓びの感情で凌駕することでもある。すなわち「……意識が、受動的感情を活動的感情によって乗り越える」ことでもある。その活動的感情は「人びとに分有されているものを概念することから生じ、それが受動的感情から区別されるのは、そのもともとの原因の違いからだけでなく、それが理性によって支えられているからでもある」(GD, SPP: 81)。この論理は、ハイデガーの「存在」に向かい、実存し呼応する思考と、少なからず重なっている。

一見すると、スピノザの概念・観念は、「物の自然」の認識を重視することで、神学的な「無垢」を退けているように見える。たしかにドゥルーズは、「完全で幸福なアダムという神学上の伝統的考え方に対して、スピノザほど決然と反対を唱えた人はいなかった」といい、アダムは「ものごとの原因も自然も知らず、ただ生じる出来事を意識するばかりで、その法則を把握できないまま、ただ結果を受け容れるしかないから」「不安と不幸のうちに生きていた」に違いない、という(GD, SPP: 37)。そうかもしれないが、形式論理的にいえば、不安や不幸という意味のないところには、完全や幸福という意味もないだろう。また、私たちの思考が、およそいつも〈よりよく〉を希求しているかぎり、そうだろう。人の生育・成長、すなわち自己創出という営みがつねに含意していることは、この〈よりよく〉生きることへの希求といえるだろう。

前章の議論に立ちかえっていえば、スピノザのいう受容が、「人の自然」の観念とともに、意図し欲望する自己を超えて世界に広がるとき、「私」の基底と、「あなた」のそれ、そして世界のそれが、つながる。スピノザは、そのような分有されるものを「神ないし自然」と呼んだ。この「神ないし自然」は、自然科学者が測定し表象する「自然現象」でも、癒やしを求める疲れた人びとが体感する「美しい自然」でもない。スピノザのいう「自然」の本態としての〈自然〉は、少なくともハイデガーの存在論的な「存在」と等価である。本章の第3節の試みは、そうした〈自然〉ないし「存在」へ向かう思考が自己とは無縁に生成可能であることを例示することであった。そこで論じたふりかえりは、第5章、また第6章でとりあげるように、あの落差を駆け上がる〈よりよく〉の力動をふくんでいる。

第5章 知解と自然
――〈独り〉について

Intellegere *and* Natura : *On Singularity*

本章は、人の**かけがえのなさ**を暗示する「**独り**」という概念を踏まえつつ、スピノザの**知性**（インテレクトゥス）概念のもつ教育学的意義を示す。中世キリスト教思想において、人を「独り」にするのは「**霊性**」である。それが、他ならないこの「私」が「神」を**知解する**（インテレゲーレ）ことを可能にするからである。この知解する力、すなわち知性は、スピノザにおいては、アニマの霊性ではなく、たんなる**心**（メンス）の営みであり、**覚知**（ペルケプティオ）とも形容されている。しかし、中世キリスト教思想もスピノザも、この知性が示す「**神**」**と人の分有性**、すなわち「**自然**」を語っている。現代社会において、人は、有能性規範のもとで自己の確立保全へ駆りたてられながら、未来に向けて自分の**生の**〈**物語**〉を作り続けているが、知解は、その生の〈物語〉を重層化する契機となりうる。〈自然〉は、キリスト教の**救済の**〈**物語**〉にも、通念の**成功の**〈**物語**〉にも回収されない、**カイロスの時間**を浮き上がらせるからである。

1　〈独り〉について

†単独性という独り

柄谷は、一九八六／九年の『探究Ⅰ・Ⅱ』において、「教える‐学ぶ」の共同体論を展開している。柄谷の「教える‐学ぶ」は、「教える者」が、「学ぶ者」を、共同体の規則に従わせつつも、その規則を超えさせることである。学ぶ者が「規則を超える」ことは、共同体を超える者としての「他者」になることである。柄谷は、人を「他者」に変換する営みの起源を「イエス」の愛に見いだす。柄谷は、イエスが共同体から軽蔑され排除された人びと（異者）を無条件に愛したことは、イエスが彼（女）らを共同体を超える「他者」と見なした、ということであるという。すなわち、イエスは、共同体を超える「超越的領域」を構成し、その内に彼（女）らをかけがえのない「単独者」として迎え入れた、と（柄谷 1986: 151-60; 1989: 212）。

こうした柄谷の議論を、永井は、一九九一年の『〈魂〉に対する態度』で批判している。永井は、「教える‐学ぶ」は、「売る‐買う」と同じで、「超越的」であるにしても、やはり「共同性」を作りだすものであり、この共同性こそが「『近代』が創り出した新たな高次の等質空間」の本態であり、「真に暴力的な閉域」である、という。すなわち「柄谷［の所論］に反して、私はむしろ『教える‐学ぶ』関係にこそ、最も恐るべき『排除』の『暴力』を感じる」と。そして永井は、この排除の暴力の創始者を「キリスト」に見いだす。「彼だけが、新たな、高次の共同性を現実に創出することに成功した」と。柄谷のいう「取り替えられない単独性」としての「他者」という概念は、永井から見れば、「モダン」であり「教育学的」である。永井は、この「他者」を尊重することに「近代に固有の暴力性を、すなわちいわば教育学的暴力を感じる」。「高次の共同性」すなわち「高階の等質空間」において「他者」は、排除されえず、差別されえず、「ひたすら「憐れ」まれ、「同情」され」続けるからである（永井 1991: 117, 118, 120, 122-3）。

奇妙なことにも、永井は、何の根拠も示さずに、柄谷のいう「超越的領域」を「共同体」と見なし、柄谷のいう「共同体」を超える「他者」をたんなる「憐れみ」「同情」の対象と見なしている。しかし、「超越的領域」は、パウロのいう「キリストのからだ」（soma Christou/corpus Christi）、すなわち本来の「エクレーシア」である。そこで生きることは、通俗の「共同体」の権力、すなわち共通の規則に臣従することではなく、それらを棚上げし、あくまで「単独性」として、すなわちかけがえのない「独り」として生きることである。その独りである「他者」を生みだす「愛」は、永井がいう「憐れみ」「同情」ではない。

†単独性を超える世界魂？

柄谷のいう「単独性」は、感受しあい気遣いあう「キリストのからだ」を要する。柄谷は、『探究Ⅱ』で「単独性」を例示するために、イエスの譬え、すなわち、羊飼いが、ふつうに帰ってきた「九十九匹の羊よりも一匹の迷える羊」を気遣うことをあげている。そして「キリスト教は、集合（一般性）に入らないような個体性、つまり単独性をはじめてみいだした」という（柄谷 1989: 14-5）。この気遣いは、フーコーが「生 - 権力」（bio-puvoir）の原型として示唆した「司牧権力」（pouvoir pastoral）の例示のように見えるが、それとは区別される。「一匹の迷える羊」は、親にとっての我が子のように、ただかけがえがなく、ここにいないことが耐えられないから、唯一的に気遣われるが、「生 - 権力」における人間（国民）は、経済的な生産性・有用性を高める合理的手段として、個別的に配慮されるからである。柄谷のいう「一匹の迷える羊」への気遣いは、感受性と一体の気遣いであり、統治論的合理性にもとづく配慮ではない。

こうした単独性に対し、永井は唯一無二の「魂」を宣揚している。それは「最も重要な意味において隣人を持たない」ことを「本質」とする「私」そのものである（永井 1991: 230）。「隣人を持たない」とは、他人が「私」を「憐れ」んだり「同情」したりできないということ、つまり「私」が他人には語りえず認識されえない真の他者であるということである。永井のいう「魂」は、他人から見るなら、「根本的に異質なもうひとつの世界の原点」であり、「客観的世界把握の内には決して登場しえない存在論的事実」である（永井 1991: 232-3, 242）。永井も引いているが、ヴィトゲンシュタインは、『草稿 一九一四～一六』において、「私が私の魂（Meine Seele）と呼ぶ、ただ一つの世界魂（Weltseele）が存在する。そして、私は、私が他者の魂と呼ぶものも、もっぱらそれ［＝この世界魂の独異な現れ］として把握する」と述べている（TB: 1915. 5. 3）。

ドイツ語で「ベルトゼーレ」と訳される「アニマ・ムンディ」（Anima mundi）という言葉がある（Helmig 2020 参照）。それは、プラトンにさかのぼる概念で、世界に広がるアニマ（生命の脈動）を意味し、一人ひとりはその独異な現れであるが、アニマとしてつながっている、という考え方である（スコラ学はこの世界魂を否定的に扱った）。右に示したように、ヴィトゲンシュタインの言葉を勝手に補いながら読むなら、彼のいう世界魂は、アニマ・ムンディと重ねられる。ヴィトゲンシュタインは『哲学的探究』において「私の人に対する態度とは、魂に対する態度である。私は、人が魂をもっているという考え方をもっていない」と述べているが（PU: 495）、これも、魂は個人の所有物ではなく世界魂の現れである、と解釈できるだろう。

ここで、柄谷の単独性と永井の世界魂の異同を思想史的に確認することはできないが、かけがえのないという意味では、それほど違わないように見える。もっとも、自分だけで自分はひとりであると語ることは、それがどんなに細密で精確な議論であっても、結局、自己言及にとどまり、煮つまるだけだろう。それもひとりを語る一つの選択肢だろうが、もう一つのひとりを語る選択肢は、かけがえのなさを、柄谷のいう単独性のように、他者に媒介された超越性とのつながりのなかで語ることである。ここで私が論じたい〈独り〉

も、自己言及の〈ひとり〉ではなく、本源的に他者とつながろうとする心が、かけがえがないという意味の〈独り〉である。このような〈独り〉の考え方は、基本的にハイデガーの存在論に沿っている。

† 〈独り〉のかけがえのなさ

ハイデガーは、人を「死に向かう存在」（Sein zum Tode）と形容しているが、「死を想え」（memento mori メメント・モリ）という古い警句があるように、たしかに死を想いながら生きることは大切だろう。死を想うことは、想う人を独りにする。死がまさに自分の死だからであり、死に向かって生きる生も、したがって自分に固有な可能性だからである。「死は、現存在する人に、単独なまま（einzelnes）現存在することを要求する」。自分はいつか一人で死ぬだろうという予見のもとで「現存在は、その現存在自身へと単独化される（vereinzelt）」。この単独化を押しとどめようとしても、「配慮的な気遣いも顧慮的な気遣いも、役に立たない」。しかし、「そうであることは、現存在のこの二つの様態が「死によって」本来的な自分の存在から切り離される、ということを意味しない」。「現存在が本来的に自分自身であることは、まさに現存在が配慮的に気遣いながら何かのもとに在り、顧慮的に気遣いながらだれかとともに在るものとして、何よりも自分をそのもっとも固有的な存在可能なことへ投企することである」（SZ: 263 傍点は引用者）。つまり、死による単独化によって、気遣いのなかにある自分の固有性がはっきりしてくる、と。

この単独の固有性は、「良心の呼び声」（Gewissensruf）によって、かけがえのなさを帯びてくる。この「良心の呼び声」は、才能や地位や財産といった自分を守るものが役に立たない情況に人が置かれるときに、よく聞こえてくる。その「良心の呼び声は、現存在のもっとも固有的な存在可能なことへ、現存在に呼びかけ、しかももっとも固有的な負い目を抱きながら存在することへ、現存在を呼び覚ます」からである（SZ:

269）。すなわち、人が、「良心の呼び声」によって、だれか特定の他者に出会い、対峙し、彼（女）をおのずから顧慮的に気遣うことが、その単独の固有性を、かけがえのない独りに変えていく。ハイデガーは、このような考え方は「神学的釈義」とは無関係である、と述べているが、それは、この考え方がキリスト教的であることを否定するものではない。事実、キリスト教思想にしばしば見いだされるのは、絶対他者のイエスの「呼びかけ」に応えるなかで人が体現する独異的で固有的である生きざまである。端的な例は、パウロがイエスの呼びかけに応えて、イエスの迫害者からその擁護者に変わったことだろう。

中世のキリスト教思想は、早くから人が〈独り〉であることに注目してきた。たとえば、トマスは、「理性的自然を有するすべての個体（individuum）は、ペルソナと呼ばれる」と述べている（TA, ST: I, q. 29, a. 3, ad 2）。つまり、ペルソナは独異的であると。その在りようは、ソリロキウムに象徴されるように、人が「神」に「独異性」（singularitas）として対峙するなかで明確になる。そして「神」を愛し人を愛する「活動は、独異な人において（in singularibus）営まれる」（TA, ST: I, q. 29, a. 1, c）。人が「神」と独異な個体として対峙するために必要なものは、広い意味では信仰であるが、狭い意味では霊性である。人は、霊性によって、神の呼びかけを受け容れられるようになるからである。霊性と信仰による「神」とのつながりが強ければ強いほど、人は、自分をかけがえがない〈独り〉だと感じる。スピノザも、「神」を語り、人の独異性を語っているが、スピノザは、一見すると、霊性を主要なものとして語っていないように見えるが、あとで確認するように、スピノザは、神に向かうという霊性のベクトルを、心の知性（知解）に見いだしている。

本章は、人のかけがえのなさを暗示する〈独り〉という概念を踏まえつつ、スピノザの知性概念のもつ教育学的含意を示す。私は、まず、中世キリスト教思想の霊性を、アウグスティヌス、フーゴー、トマスにふれつつ確かめ、次にそうした霊性論からずれるものとして、スピノザの「神」の知解論を語ってみたい（第2節）。次にスピノザの議論のもつ教育学的含意として、その「神」の知解という思考が、未来を「物語る」なかで自己への執着を越えて自分で在る思考を喚起する、と述べるとともに、その思考は「交感」と「創始」で特徴づけられる、と述べる（第3節）。最後に、自分の心が交感する「存在」に根ざす独りであると知解することが、あの自己の相対化に不可欠である、と念をおす（第4節）*。

* 霊性は、たとえば、ドイツの近代教育思想（カント、カンペ、ザルツマン、ヘルバルトなど）において「ゼーレ」（Seele「魂」と訳されてきた）と呼ばれたものにもふくまれている。近代教育思想の「心」概念の淵源の一つは、ヴォルフ（Wolff, Christian 1679-1754）の「プシュコロギア」（Psychologia/Seelenlehre）である。一七三四年の「理性的プシュコロギア」（Psychologia rationalis）で、ヴォルフは「プシュコロギアとは、人間のアニマによってなされうることについての知である」と規定し、アニマの本質は「世界を表象する力」（vis repraesentiva Universi）であり、その「知性的はたらき」は「霊性」（spiritus/Geist）である、と述べている（WGW, II, 6, PR: §58, §72-3, §662-3）。

2　霊性と知解

†霊性――アウグスティヌス

まず確認しておくなら、ここでとりあげる霊性は「プシュケー」とは無関係である。それは、ギリシア哲学の概念で、肉体にありながら肉体から独立した超自然的な実体である。プラトンが『パイドン』において、永遠不滅であり、肉体から解放されることで、その本来性すなわち清浄性を回復する、と説いているようなそれである（66d-67d）。このプシュケーは、日本語で「霊魂」「御霊」と訳されるだろうが、ここでいう霊性は、ラテン教父たちの語るそれであり、起源は、パウロのいう「プネウマ」（神の息吹／神の類似）である。

アウグスティヌスは、『三位一体論』で、この霊性を語っている。「心は、物体ではなく霊性である」（AA, DT: 9. 2. 2）。「私たちの霊性は、すべての人を生かすものであり、アニマと呼ばれている」（spiritus noster quo vivit omnis homo, anima vocatur）（AA, S. 267: 4.）。いいかえれば「アニマは霊性的被造物」である（AA, DT: 6. 6. 8）。すなわち、心と霊性とアニマは重なりあうが、およそアニマのベクトルが、心のなかにある霊性である。霊性は「造物主とともに在るとき、よりよくなる」が（AA, DT: 6. 8. 9）、ふだんは眠っている。人が神は「真理である」と知解することで、霊性は神とともに在るようになる（AA, DT: 8. 2. 3）。

ただし、人は「真理とは何か」と尋ねてはならないと、アウグスティヌスはいう。フーコーが注目したことで知られる「パレーシア」（Parrhesia 真理を敢えて語ること）、プラトン由来のそれは、退けられている。真理は、命題や物体ではなく、光のようなもので、意味や形をもたないからである。人が「真理とは何か」と尋ねた瞬間、たちまち「物体的・模像的な霧（caligines imaginum corporalium）や妄想の雲（nubila phantasmatum）があなたをさえぎり、あなたを照らしたあの清らかな光を掻き乱す」（AA, DT: 8. 2. 3）。真理と知解する方法は、「神のはたらき」（ops dei）は「慈愛」（caritas）であると、心で感じることである（AA, DT: 14. 16. 22）。

「神」の慈愛を心で感じると、人の愛も変容する。すなわち、人の愛は「時限的なものから永遠的なものへ、見えるものから知性的なものへ、身体的なものから霊性的なものへ」変わる（AA, DT: 14. 17. 23）。その愛のなかで、人は自分の心に神を映しだす。「私たちは今、謎に包まれたまま、［心の］鏡によって［神を］見ているが、そのときには、顔と顔を合わせるように見るだろう」。すなわち「私たちは、覆いなしに、主の栄光を［心の］鏡に映しだし（speculantes）、主の霊性（Domini spiritu）によって……主の像（eamdem imaginem）に変えられていく」（AA, DT: 14. 23）。それが「神」の知解、すなわち人が「心の光そのもの（ipsa luce mentis）に描き出されながら、より完全なものとして生きること」である（AA, LA: 1. 7. 17）。

†霊性に与り判断する――フーゴーのアニマ

アウグスティヌスに見られる霊性論は、フーゴーにも見いだされる。フーゴーは『ディダスカリコン』において、アニマは通俗性に塗れた「鏡」であるが、「存在」を知ることで浄化される、と述べている。「アニマは、象る力（imaginationem）ないし意味づける力（sensum）をもち、それによって感覚されたものを把握する。なるほど、アニマは、物体と接触することで地上に堕ちる。すなわち、さまざまな感覚の受容［というそのはたらき］によって、ものの見えない形に向かい、ふれたものの形を、その象る力によって自分のなかに取り込むが、そのとき、ものの質料に浸潤され、そのたびに自分の純一性から隔てられる」。しかしアニマは、「さまざまなものから純粋な知解へと高まり、自分を一つにまとめるとき、実体（substantiae）を知性的に認識し、それに与り、より至福なもの（beatior）となる」と（Hugo, D: L. 2, c. 3 [753D]）。

至福状態にあるアニマは、言葉では語りえない（Hugo, D: L. 5, c. 8 [796D]）。至福状態のアニマは、言葉を浸潤するこの世界の意味・価値を超越しているからである。しかし、アニマが至福にいたる過程は、言葉で語りうる。それは、アニマに「神」が映しだされることである。人は「影を通じて、本体にいたる。像を学ぶと、真理を見いだす」（per umbram venitur ad corpus: figuram disce et invenies veritatem）。「神」は、心に映しだされるその像を通じて暗示される。すなわち、人は「［イエスが生誕し、人びとに慈愛を説き、受難し、昇天したという］歴史（historia）において神のはたらきに親しみ、驚き、［建物の基礎のように、見えないがもっとも大切なものが暗示される］寓意（allegoria）において［三位一体、受肉、復活のような］神の秘蹟に親しみ、それを信じ、［そうするなかで現れてくる］倫理（moralitate）において神の完全性に親しみ、それに習う」と

(Hugo, D: L. 6, c. 3 [801C, 801D])。すなわち、アニマは「神が為したこと［＝創出した自然のすべて］」を観想することで、人が為すべきことを認識する。自然のすべては、神を語っている」(Hugo, D: L. 6, c. 5 [805C])。

このアニマが至福にいたる過程において、アニマは「判断する」(judicare)。この判断は、「霊性の人」つまりイエスに見いだされる霊性に与りつつ行われる。「……私たちは、私たちの意味づけ(sensum)を神である著者に優先してはならない。文字には従うべきであるが、［つねに］文字に従うべきなのではない。真理のすべてにかんする判断が文字に依拠しているとは信じられないから。文字の人ではなく、霊性の人が、すべてを判断する(non litteratus, sed spiritualis omnia diiudicat)」(Hugo, D: L. 6, c. 3 [804D, 805A])。この判断は「黙想」(meditatio)と形容される。「教え学ぶ(doctrina)の始まりは、読解(lectio)にあるが、その完成態は、黙想にある」。この黙想が、「アニマをこの世的な言動の喧騒から切り離し、この世にありながら、アニマに永遠の安らぎの歓び(aeternae quietis dulcedinem)をもたらす」(Hugo, D: L. 3, c. 10 [772C])。その「永遠の安らぎ」は「見えない知恵」(invisibilis sapientia)とも呼ばれる。「神は、その見えない知恵を指し示そうとして、その範(exemplum)［つまり「神の像」］を、理性的被造物の心のなかに映しだす」(Hugo, D: Appendix C)。

†慈愛に向かうプラクシスに浮かびあがる――トマスの霊性

トマスにおいても、人の認識が「神」に向かうのは、人のアニマが霊性を有しているからである。霊性は「人としてのキリスト」の本質であり、「このキリストからすべての人に派生する」(TA, ST: 3a, q. 34, a. 1, ad 1)。人の霊性は、これこれと述定できる物体・意味ではなく、「神」に向かう試練の満ちた生のプラクシスに体現される。それは、そうした生のプラクシスを欠く、ただの「観想」(contemplatio)には見いだせない。霊性は、プラクシスのふりかえりのなかでのみ語られうる。どこにも「霊性」という言葉は出てこないが、「人が［神の］像に向かい（ad imaginem）つ生き、完全性に向かう努力を示す」ことが（TA, ST: I, q. 35, a. 2, ad 3）、霊性的プラクシスである。言ってみれば、トマスの著述活動全体が霊性的プラクシスである。

その完全性に向かう努力に不可欠なものが、アニマである。第1章でもふれたが、トマスにとってアニマは、人を「生存」（vita）させる能力であり、三つに分けられている。すなわち「みずから／おのずから動かす」（modo movet seipsum）と形容される「生成する」（vegetabilis）能力、身体器官（organa）に依りつつ事物を「感覚する」（sensibilis）能力、身体を越えて普遍的なものを「理解する」（rationalis）能力である（TA, ST: I, q. 78, a. 1）。「知性」（intellectus）は、理解能力の一部であり（TA, ST: I, q. 79, a. 2）、すべての存在者を知るという「神」の普遍的力の人間版である。「私たちのアニマ［の知性というはたらき］は、身体的なものから離れるとともに、物体から離れた知解されるもの（intelligibilia abstracta）を受容する力を増やす」。「神は、至福の人のアニマのうちに、そのような仕方で［＝知解されるものという様態で］存在する」（TA, ST: I, q.12, a.11）。

アニマのうちに現れるその知解されるもの、つまり「人の自然」は、第4章で述べたように、「［神の］似姿［＝類似］の力」（virtus exemplaris）と呼ばれ、その力は「賢慮」（prudencia）と形容されている。それは「すべて地上的なものを軽蔑し、アニマのすべての認識をただ神に向かわせる」ことである（TA, ST: II-1, q.61, a.5, co.）。この「似姿の力」は、「神の息吹」であり、一人ひとりに贈られたいのちであり、霊性である。それはまたイエスの像としての「神の像」のなかにも見いだされる。似姿ないし霊性は、世俗的なものの忌避、「神」へのベクトルに傾き、「神の像」は、おもに他者への無条件の愛に傾いている。

†「神」は心で知解される――スピノザの知性

スピノザも、アウグスティヌス、フーゴー、トマスと同じように、「神」を感じ知ろうとしているが、彼らと違い、その方途をほとんど「霊性」と形容していない。彼は、おもにそれを心のはたらきである「認識」（congnitio）、とりわけ「知解する」（intelligere/intellegere）——「覚知」（perceptio）・「直観」（intuitio）とも呼ばれる（E: 2, P44, D/C.2; 2, P40, S2）——に見いだしている*。「知性」（intellectus）は、その名詞形であり、『神学・政治論』に見られるように、「理性」と同義で用いられる場合もある。スピノザは、人の心は、当人の独異な性状を前提にしつつも、それから独立し、「神」を知解することができる、と考えている。「独異なものをよりよく知解すれば、神をよりよく知解することになる」（E: 5, P24）。この遡及的思考は、「神」はその「成果」（effectus）［= 被造物］から知解されるという、トマスの思考と同じである（TA, ST: I, q.1, a.7, ad 1）。

人の認識は、知解すなわち「絶対的認識」となることで、「欲望や執着などの思いから区別される認識」となり、「神の属性と神的な受容を把握」できるようになる（E: 1, P31, D; 1, P30）。人の知解は「神の主要な属性についての適切な観念から、人・物の本質についての適切な思考に進む」。この知解を進展させることが「心が為しうる最高のコナトゥス」である（E: 2, P40. S2; 5, P25. S）。最終的に到達される知解は、「人・物が神の内にふくまれ、神の自然（divina natura）の必然性から生じる」という知解である（E: 5, P29. D/S）。この知解も、「神の自然」を「神の力」と重ねれば、トマスのそれとおよそ同じである（TA, ST: I, q.3, a.1）。

この「神の自然」は、まず「神がそれ自体に因る」（causa sui 定訳は「自己原因」）ことである（E: 1, D1; 1, P16, S2）。それ自体に因ることは、自存する（自分で存在する）こと、ただただ「存在」することであり、「存在」することを絶対的に肯定することである（工藤 2015［1972］: 476）。持続／永遠という区別を用いれば、永遠である。持続（duratio）は生成し消滅することであり、永遠（aeternitas）はそれに対立する状態、すなわち始まり（原因・事前）も終わり（結果・事後）もない状態である。「神」においては「事前（prius）ということも、事後（posterius）ということもありえない」。「被造物は持続を享受するが、神は決して持続を享受しない」。しかも、この「持続」は、存在にひとしい（CM: 2. 1）。「神」は、ずっと存在のままである。こうした「神の自然」＝永遠という考え方も、およそトマスの考え方と重ねられる（TA, ST: I, q. 11, a. 4.）。

「神の自然」はまた、「神」が「絶対的に無限」であることである。スピノザは「神について、私は絶対的に無限な存在者（ens absolute infinitum）と知解する」と述べている（E: 1, D6）。この意味をめぐる議論はさまざまであるが（たとえば、工藤 2015［1972］参照）、さしあたり、モーセのいう父なる「神」と見なし（TTP: C2, N14）、人から隔絶された無限定に存在する存在者と考えるなら、その「神の息吹」がすべての被造物を支える実体である、と見なすことができる。すなわち「無限に広がる諸属性から構成される実体（substantia）」であり、「ものの一つひとつは、この永遠に無限である本質を表現する」と（E: 1, D6）。この「永遠」は、一つのもの（一人の人）が永続することではなく、一つひとつのもの（一人ひとり）が消滅しても、本質が永続するということである。アウグスティヌスたちに傾けていえば、本質は、人のなかの「神の類似」「内なる人」であり、それに支えられているかぎり、人は死なない、といいかえられる。

* ここで「覚知」と訳す perceptio（ペルケプティオ）は、「すべて（per）つかむ（capere）」を意味する言葉（percipere）から派生した言葉で、「採集・把握・会得」などを意味する。また、ここで「直観」と訳す intuitio（インテュイティオ）は、「眺める・見つめる」を意味する言葉（intueri）から派生した言葉で、その第一義は「鏡に映しだされる姿」である。なお、パスカル（Pascal, Blaise 1623-62）は、スピノザが『エティカ』を書いていたころの（完成は一六七五年あたりか）一六七〇年に出版された『パンセ』において、理性（raison）の営みを「分析」と呼び、「心情」（cœur）の営みを「直観」（intuitio）と呼んでいる。そして「真理は、たんに理性だけでなく、心情によっても、認識される。私たちがもっとも根本的な原理を知るのは、後者によってである。それと無縁の理性が、その原理に向かっても、無駄である」と述べている（Pascal 1976/1973: §282）。

†「神の自然」に通じる「人の自然」——スピノザの交感

こうした「神の自然」の知解を可能にしているものは、人に内属する「人の自然」である。人の認識は、自分に内属する「人の自然」に従えば、「神の自然」におのずから向かう。「人の自然」は、「神」が「神の類似」として、人に贈ったものだからである。それは、贈り主である「神の自然」に類似している（＝類似である）。むろん、有限・持続である人は、無限・永遠である「神の自然」そのものを知りえないが、「もっとも「神」に接近しうる、［神を］原因とする人の自然（natura humana）のみから［神を］知解する（intelligi）」ことができる（E: 4, P35, C1）。知解されるかぎりの「神の自然」の「神」は、外在する（transire）「神」——おそらくトマスのいう全能である「神」——ではなく、内在する（immanere）「神」である（E: 1, P18）。この「神」は、さしあたり、「独異」である「人の心を構成する観念」（ideae humanam mentem constituentis）（E: 2, P11）と重なるもの、と理解しておこう。トマスに引きつけていえば、それは「神の類似」である、と。

スピノザは、まず「感情模倣」という言葉で、人びとの「人の自然」の分有（共有）を語っている。「人は、自分の自然に衝き動かされるかぎり……他の人の自然とつねにかならず同軌する（conveniunt）」（E: 4, P35, C1）。人は、それぞれ異なる存在者であるが、だれもが「人の自然」を「分有している」（commune）からであり、「感情模倣」（affectus imitatio）によって（E: 3, P27, S）、他者を受容できるからである。この感情模倣は「……私たちとだれかが似ていることによって、また私たちが感情を喚起されないだれか［つまり見知らぬだれか］が感情を喚起されていると私たちが象ることによって、［そのだれかと］似たような感情が喚起される」ことである（E: 3, P27）。たとえ見知らぬ人でも、その人が重篤な病いに苦しんでいると心で象れば、人は、その人の苦しみを感じることができる（ただしスピノザは「その人を憎んでいれば、その苦しみという感情は喚起されない」という（E: 3, P27, D））。

逆に、人の感情は、他者と交感せず、自己言及を繰りかえしていれば、崩壊してしまう。「もし私たちが、感動や感情を外からの観念から分離し、他の観念と結びつけるなら、外［＝他者］に対する愛憎も破壊され、外の受容から生じるアニムス［＝生動性］の揺動（animi fluctuatio）もそうなるだろう」（E: 5, P2）。なるほど、他人は諍いの元だが、二人の人は「同じものを求めるから［対立し］相手が不快の原因になるのではない」。「二人が互いに［人の自然に従う／従わないと］背反するから、そうなる」。「二人ともに［人の自然に従い］同じものを愛するなら、それぞれの愛は強められる」（E: 4, P34, S）。たとえば、ある人を愛する人が二人いても、その二人の愛が所有欲に塗れたそれではなく、無条件に愛することであるかぎり、それぞれは歓びをともに享受することになる（小泉 2019: 332 参照）*。逆に、そうした歓びを無視し、「［人生は苦しみといった］受苦（passio）の感情に囚われているかぎり、自分の自然に違背し、互いに対立する」（E: 4, P35, D）。

他者を受容し他者とともに在ることは、生き生きとした活動的感情を生みだす。その感情は「神の自然」に通じている。ドゥルーズによれば、「キリストは、分かちあう徴しを媒介とせずに」、彼の「神の存在そのものにおいて」神を知っているが、「私たちは、キリストと違い、神の存在そのものにおいて神を知っていない」。私たちが直接的に経験する「活動的な歓び」（joies actives）、すなわち「活動的感情」（affections actives［=affectus actione］）は、「人の自然」の現れであり、かつそれは「神の自然」に通じている。活動的感情として現れる「人の自然」は、「私たちが自分自身で第三の認識［＝「神」の知解］に達するための諸条件を、まさに構成している」。すなわち、生き生きとした活動的感情は、私たちが「神」の「直接的な像」（vision directe）、つまり「神の類似」を想起するための、主要な条件である（GD, SPE: 280）。

ようするに、「神の自然」の知解が可能であるのは、基本的に人の活動的感情が「神の自然」に通じているからである。人が生き生きと生きる姿が、無数のいのちを生みだすという「神」の創造に由来しているからである。その意味で、生き生きとした活動的感情は、私たちの内にあると同時に「直接的かつ永遠的に神の内にある」（GD, SPE: 287）。そして、この活動的感情を知解するとき、「神への愛」が生まれる。「自分の［歓びの］感情を明白で明確に知解する者は、神を愛する。人は、自分の［歓びの］感情をより多く知解するようになるにつれて、より多く神を愛するようになる」（E: 5, P15）。「神」もまた、「神の自身への愛」（Dei amor, quo Deus se ipsum amat）の部分として、人を愛する（E: 5, P36）。およそ人は、生き生きとした独異な（singularis）いのちとして、内なる「神」とともに存在する。「隣人を愛し生き生きしているかぎり、人はそれぞれ神のうちに在り、その一人ひとりのうちに神が在る」（TTP: C14, N8）。

* 小泉は、『ドゥルーズの霊性』において、トマスが「世俗的共同体とは別の自然の一致に支えられた絆を構想できること」を示唆しているといい、スピノザもまた「そのような人間の絆（vinculum）を構想していると言うことができよう」と述べている（小泉 2019: 329）。

†心は「神」を知解する――スピノザの独異性

こうしたスピノザの「神」の知解を示す言葉が、よく取りあげられる「神ないし自然」（deus seu natura）である（E: 4, P4, D）。この言葉は「汎神論」を意味するといわれてきたが*、スピノザが「神ないし自然」と形容したものは、生き生きと活動する「力」（potentia）である。「神」の本質は「活動的本質」（essentia actuosa）であり（E: 2, P3. S）、人の本質は、生き生きと知性・意志をはたらかせて「神」とともに「存在」することである（CM: 2, 6-9）。「神」と人は、本質的に類同的な力である。この力の概念は、アリストテレスのいうデュナミス／エネルゲイアの関係のデュナミスと重ねようと思えば、重ねられるだろうが、工藤喜作が論じているように、むしろ中世ユダヤ教思想に由来しているのだろう（工藤 2015: 296-7）。

ともあれ、人の本質（自然）が「神」の本質（自然）と類同的であっても、人による「神」の知解は、「～として」（qua）という知解にとどまる。すなわち、そのまま把握されるのではなく、アウグスティヌスも述べているように（AA, DT: 15. 9. 15）、アレゴリア（寓喩）としてのみ、知解される。また、トマスが「神自体の本質を［心の眼で］見ることはできるが、把握することはできない」と述べているように（TA, ST: I, q. 86 a. 2 ad 1）。すなわち、ものが「神」の「延長」として知解され、心が「神」の認識として知解され、自然がものの延長と「心」の認識の分有性として、そして「神」として知解されるように。

このような「神」の知解は、一人ひとりにおけるコナトゥスの独異な現れである（コナトゥスについては次章で再論する）。「それぞれのもの［たとえば、人］は、できるかぎり、自分の存在を保全しようと努める（conatur）」（E: 3, P6 傍点は引用者）。このそれぞれに独異である人は、およそ「個体」（individuum）と同義である。「独異なもの（Res enim singulares）は、様態であり、それは、神の属性を一つの仕方で表現する。いいかえれば、それは、神が存在し活動する力を固有的かつ既定的な様態で表現する（quae Dei potentiam qua Deus est et agit, certo et determinato modo exprimunt）」（E: 3, P6, D）。すなわち、「神」の知解のもとでは、人は、それぞれに独異な存在者であり、それぞれにかけがえのないかたちで「神の力」を体現している。

ここで、トマスの人の知解にふれておこう。トマスは、人の知解は「身体的質料（materiam corporalem）によって限定されていないという意味で」「無限な個体へ及ぶ」（ad infinita individua se extendit）といい（TA, ST: I, q. 86 a. 2 ad 4）、「個体性」（individuum）の知解は大切であるという（TA, ST: I, q. 87 a. 1 co）。個体性は、概念の知が本来的に「普遍的な知」（cognitio universalis）であるために、その普遍化される以前の状態として遡及的にのみ、知解される。感覚が知覚化される以前の状態として遡及的にのみ、象られるように。思うに、スピノザは、トマスのいうこの普遍的な知を「第二種の認識」に位置づけ、個体の知解を「第三種の認識」と形容し、

「独異なものの知」（rerum singularium cognito）と表現しているのではないだろうか（E: 5, P36, S）。

ともあれ、自分は独異であると知解する人は、すべての人が独異であると知解するはずである。そして、この独異性の知解のなかでは、利己／利他という区別が消える。自分も他者も同じように独異だから。また、有為／無為という区別も消える。能力が優れていようが、劣っていようが、一人ひとりは独異な〈自然〉の現れだから。したがって、独異性は、利己／利他の区別を前提にした自己犠牲にも、有為／無為の区別を前提にした有用性にも向かわない。独異性は、ただ他者とともに在ることに向かう。ようするに、スピノザのいう知解は、霊性をほとんど語らないまま、内在する「神」に遡及的に向かい**、そのなかですべての人に独異性を見いだす。おそらくそうした知解する心が、スピノザのいう「心の眼」だろう。

* ちなみに、一八八二年に若きデューイは、ワーズワースの汎神論に心酔しつつ、スピノザの『エティカ』を読み、「スピノザの汎神論」という論文を書いている（Rockefeller 1991: 70-1）。そこでデューイは、スピノザが「万物の総和」としての「抽象普遍」（Abstract Universal）の神だけでなく「絶対完全」（Absolute Perfect）の神を語ることで、「すべてのものが神的であるなら、それらはなぜそうではないもの［＝邪悪］として現れるのか」という難問に直面することになったとし、「ここにスピノザの失敗がある」と断じている。そして「絶対完全」の神によって「事物を神へと高めるかわりに、神を事物に降ろすこと」によって「抽象普遍」の神の汎神論、すなわち「汎コスモス論」（Pancosmism）を語るべきである、と論じている（CW, ew.1, PS: 18）。この試みは、晩年に展開されるデューイの「形而上学」に通じている。

** トマスは、たとえば『神学大全』において「私たちは、可感的なもの（sensibilia）から、神についての、その存在についての認識に導かれうる。……私たちは、神について、その被造物に住み着くもの（habitudo）を考える。つまり、神が万物の因（causa 源泉）であることを」と述べている（TA, ST: I, q.12, a.12）。なお、スピノザの知解論を集めた著作として、*Speculum Spinozanum, 1677-1977* がある（Hessing 1977）。

†音楽に体現される生動的な力——ヘルダーの音楽論

アウグスティヌス、フーゴー、トマスのアニマの霊性論と、スピノザの心の知解論は、「神」と人の分有性ないし通底性において、共通している。むろん、霊性論と知解論の差異をあげつらえば、きりがない。しかし、アウグスティヌスたちのアニマは、霊性に助けられて、「神」に向かい「神」を知解し、スピノザの心は、心のみによって「神ないし自然」を知解する。アウグスティヌスたちのメタノイアも、スピノザの認識論も、「神」を知解するという営みとしてみれば、あまり変わらない。しいていえば、スピノザに特徴的な論点は、人びととの交感も、人の独異性も、その「神／人の自然」、つまり歓びに向かう力動としてのコナトゥスに支えられていることである（似た考え方はアウグスティヌスやトマスにも、見いだされるが）。

ここで、第3章でもふれたヘルダーについて、ふれておこう。ヘルダーが、スピノザの「自然」に生きとした「存在」を見いだし、敷衍しているからである。ヘルダーはまず、スピノザのいう「神」が人の「存在」として現れている、という。一八〇〇年の『神——スピノザをめぐる対話』において、ヘルダーは、生き生きと生きている人の「存在」が、もはや「神の啓示」である、と述べている。「神は、生体において（organisch）、つまり［生き生きと］活動する力をつうじて、自分を啓示する」と（SWS, 16, G: 451）。すなわち、人が生き生きと「存在」しているとき、「神」は、だれにでも顕現していると。もっとも純粋に生きと「存在」した人は、イエスである。「あのおのずから存在する者は、言葉の最高かつ唯一の意味で力であり、すべての力の根源であり、生きるものの生きる力である」（SWS 16, G: 452-3）。

ヘルダーは次に、この生動的な力が音楽を生みだすという。一七六九年の『美的なものへ向かう批判の森』で論じられているように、音楽は、人の「内なるいのち」（inneres Wesen）、「生き生きとした力」（energische Kraft）であり、「魂の奥底に達するもの、すなわち新しい感情の世界」（Das Tiefdringende auf die Seele: Die Welt eines neuen Gfühls）である（FHW 2, KW: 406）。たしかに、ある種の音楽は、人びとの感情を鼓舞し、通念を越える「感情の世界」を生みだす。一八〇〇年の『カリゴーネ』によれば、その世界は、「大いなる自然」のもとで異質なものが相互に響きあい、「調和的に躍動している」。それは「一つの独異な音がすべての音を調和的に受容している」（genießend in einem Ton harmonisch alle Töne）状態である（FHW, 8, K : 2. 4. 15）。旋律・和音のように、一つひとつの音は、独異なまま、他の音とつながり、一つの全体を成している。

ヘルダーが『カリゴーネ』の最後で述べているように、こうした音楽の調和を生みだすのは、人の「専心敬虔」（Andacht）である。それは、人びとが「見えるもの」を超えて響きあい、つながる状態である。「専心敬虔とは、人や人びとの集まりを、言動を超えて高める営みであり、人が人としての感情だけに――つまり響き（Töne）だけになっている状態である」（FHW, 8, K : 2. 4. 14）。この専心敬虔のもとで、「音楽は霊性である。内なる大いなる力、その活動に結びついている」（FHW, 8, K : 2. 4. 15）。言葉は、相互の歓待・合意・同盟などを生みだすが、もっとも重要なことは、その言葉が互いに響きあう感情に支えられていることであり、その感情状態が専心敬虔である（ヘルダーの音楽論については三村の研究［2006］を参照）。

次節では、こうした、ヘルダーが音楽に見いだした生動的な力、すなわちスピノザのコナトゥスが、現代社会においてもちうる含意を語ってみよう。とりあげるのは、生の〈物語〉である。スピノザのコナトゥスは、あの救済の〈物語〉の言説的支配を抜けだす力をもっているだけでなく、現代教育論が前提にしている生の〈物語〉、すなわち「努力」がもたらす「成功・発達」という生の〈物語〉をよりよく変える力ももっている。成功・発達の生の〈物語〉は、なるほど人を煽り駆り立てているが、その〈物語〉は、コナトゥスとともに、人と人が交感的につながり、一人ひとりの独異性を保全するそれに変わりうるだろう。

3 交感し創始する（知性）

†無為の生と魂の救済

優れた能力・才能は、人を歓喜させ、鼓舞する。高い受験学力、優れた運動能力、また障害をおぎなう画才、演奏技能、競技能力などは、人びとの耳目を集め、肯定的に評価される。こうしたメリトクラシー（meritocracy）と不可分なものが、自己実現の〈物語〉である。自分なりの自己実現の〈物語〉が描かれるなかでこそ、メリトクラシーは活用される。〈あるべき私〉のないところでは、だれも能力・才能を求めないし、努力もしないからである。自己実現の〈物語〉は、〈いまある私〉から〈あるべき私〉へという自己具現化の道筋である。近代教育思想は、それを「陶冶可能性」「教育可能性」「学習可能性」といった言葉で支えてきた。どのような自己実現の〈物語〉によってどのような能力・才能が求められ、努力が行われるのか、それは、一人ひとりの生の性状によってそれぞれ異なり、また変異し変転する。たとえば、他者の圧倒的な素質に落胆して、自分の進路を大きく変えることは、ままあることだろう。

さかのぼれば、カントは一七六〇年に次のように述べている。「人はだれでも、この世界における自分の使命を果たすべく自分の計画を立てる。技能を習得しようとし、名誉と安楽を得ようとし、幸せな結婚生活を続けようとし、享楽の持続や事業の継続をはかる。これらは灯籠の影絵となる。人は巧みにそうした絵を描き、妄想のなかで生き生きと動かし続ける」。しかし、「本当の運命は、私たちをまったく異なる道に進ませる。私たちが実際に与る運命が、私たちの期待に重なることは、ほとんどない。私たちは、前に進むたびに、自分の期待が裏切られていくことを思い知らされる」。にもかかわらず「死が突如として」訪れるまで、私たちの「妄想は留まることなく続き、新しい計画の見取り図が描かれる」（KW 2, F: 41/289-90）。

しかし、一般的な優れた能力・才能に向かわない努力、通念における無益・無駄に向かう生の〈物語〉も語られてきた。すなわち、無為（otia）の生の〈物語〉も。その一つは、キリスト教思想において「魂の救済」と呼ばれてきた〈物語〉だろう。たとえば、スピノザから大きな影響を受けたというゲーテ（Goethe, Johann Wolfgang von 1749-1832）にふれるなら（工藤 2015［1972］: 475-89）、彼は、壮大な自己形成詩である『ファウスト』（1808/33）で、天使に「［神に向かい］たえず向上し努力する者、彼こそ救済される。そしてこの者には、天上の気高い愛がそなわる」と言わせている（GWHA, F: II 11936-8; Abrams 1971/1993: 279）。ゲーテにとって、誤謬と苦悩は、人が成熟し救済されるうえで欠かせない。それが、「神」に向かう努力（コナトゥス？）を生みだすからである。すべての人の内面には、アニマの霊性が宿り住み、人は、その顕現・発現をめざし努力するように作られている。「私の心に神が住み」、その心の「外にあるものが［私の心を］動かすことはない」（GWHA, F: I, 1566-9; Abrams 1971/1993: 278）。この「魂の救済」は、無為の営みである。

「魂の救済」に向かう生の〈物語〉は、あの救済の〈物語〉の一部であることで、無為でありながら重要な営みとなるが、同時に所与の道程となる。なるほど、この救済の〈物語〉が前提にされる契機は、実利志向に象徴される現世の意味・価値に対する、どこからか湧いてくる嫌悪感である。その嫌悪感は、この現世を超えた領野に踏み出そうとする創始の基礎であり、その創始の言動は、自己を越える何かに先導されている。しかし、その背景が、救済の〈物語〉のような、およそ歴史・現代・展望（過去・現在・未来）からなる歴史言説として設定されるとき、その〈物語〉は、所与のテロスに向かう道程となってしまう。

†交感のつながり――無‐限定

まず確認すれば、生の〈物語〉の構成は、人の基本的な営みといえるだろう。鷲田清一は、『現象学の視線』において、「経験の動性は、世界の現れの枠をなしているさまざまな解釈系のあいだに、一義的に確定した意味の連関をうち立てようとする」という。すなわち、さまざまな経験、活動を「ひとつの統一的意味空間のなかに封じこめ、解読可能なひとつのストーリーによってそれらを編もうとする」と。私たちの日常生活は、「あるひとつの〈物語〉に浸食されてはじめて形を手に入れ」、それを通じて「現在するものを変形することによって不在のものを創出するという、仮構的な性格をどこまでも免れえない」と（鷲田 1997: 60, 61）。ようするに、「仮構」にすぎないが、人は生の〈物語〉を創らないではいられない、と。

スピノザに依りつつも勝手なことをいえば、この生の〈物語〉にとって重要なことは、それが必要悪かどうかではなく、それが生動的・力動的かどうかである。すなわち、それがコナトゥスを体現しているかどうかである。コナトゥスは、他者とともに在る活動的な歓びに向かう力であり、「感情模倣」のような自・他の交感のつながりをともなう。それは、第3章でふれたドゥルーズ／グァタリのいう「感受」である。子どもが道端に捨てられた子犬や子猫を拾ってくることに象徴されるように、幼い子どもの心身は、言葉がつくりだす意味・価値よりもはるかに大きく深く、他者（他の生きもの）に開かれている。自己の境界が緩やかだからこそ、幼い子どもは、他者・他の生きものと通じやすい。この交感は、ルソーが『エミール』で論じた「自然人」（l'homme naturel）の「自然」ではない。「幼い子ども」（infant 非‐言述）のような自然人は、好奇心に導かれあれこれ活動し、とくに深く意図したり思惑することもないが、この自然人は、「社会人」（l'homme social）、すなわち通俗的な意味・価値に染まる人間を相対化するための構成概念だろう。

ここでいう交感は、「自然人」のような手段的に構成された概念ではなく、存在論的に遡及的に象られた概念である。先に引いた鷲田が述べているように、交感は、個人と個人のあいだに生じる「交話」（いわゆるコミュニケーション）に先行する、そして個人が分出するまえの、個人がまだ埋没している、いわば感受性の広がりであり、いいかえれば、現象学でいわれる「間主観性」（Intersubjektivität 他者との原初的なかかわり）である。この広がりにおいては、「一定のふるまいの〈かたち〉が……たがいに乗り移り、受胎しあう。しかも次々と生起するこれらの〈系〉の混同すら、たえまなくおこる」（鷲田 1997: 153）。この間主観性、すなわち交感のつながりは、自己を主座とする個人主体が出来してくる不可視の場所であり、個人主体の出来ののちに遡及的に象られる形なき像である。こうした交感のつながりと個人主体の関係は、「存在」と存在者の関係であり、インファンティアと言語活動の関係と同じである（序章参照）。

　このような交感は、一八世紀末に登場したロマン主義思想にも、とりわけエイブラムスが「自然の超自然性」（natural supernaturalism）と形容した自然論にも見いだされる（Abrams 1971/1993）。たとえば、主要なロマン主義思想家であるヘルダーリン（Hölderlin, Johann C. F. 1770-1843）のいう「存在」（Seyn）すなわち「自然」（Natur）も、交感のつながりとして読むことができる。一七九九年にヘルダーリンは、小説『ヒュペーリオン』への「序言」のなかで「歓ばしい一体性（seerige Einigkeit）、……すなわち存在は、私たちから失われている」と述べている（HSW, 3, VVHF: 236; Abrams 1971/1993: 270）。この「存在」は「自然」であり「神的なもの」である。自然が、人間の所業にかかわりなく、変わらず結びあい美しいからである（HSW 3, H: 155/292）。人はなによりもまず「存在」するべきである。「何になるかは重要ではない。存在すること、生きること、それで十分である」。人は、この世界の「いのちの広がり」（Sphäre des Lebens）のなかにとどまり続けるべきである。そこでは「すべてに通底する愛が、自然を一つにまとめている」。その「すべてを結びつける絆」から、人は離れられない。「その絆は、この時代の弛んだ絆のようにたやすく切れたりしない」。その絆を支えているのは「私たちを一つに結ぶ霊性（Geist）、一人ひとりに固有であり万人に通底する神の霊性（Gottesgeist）」である（HSW 3, H: 148/278-9）。思うに、このようなヘルダーリンの主張の背景にあったのは、フランス革命以降、時代を覆っていた個人主体の傲慢なまでの沸き立ち、「自由」への欲望だったのだろう。

†カイロスの創始――交感のなかの独異性

生の〈物語〉に立ちかえっていえば、それは、カイロスの時間をふくんでいる。すなわち「継起」「背景」「時点」で特徴づけられるクロノスの時間（等質的・直線的・時計的な時間）のなかで語られても、かならず「時熟」「決断」「迫られ」で特徴づけられるカイロスの時間（固有的・出来的・経験的な時間）をふくんでいる（「カイロスの時間」については、ティリッヒの「カイロスとロゴス」も参照［MW/HW, 1, KL］）。「時熟」は、流行や通念とは無縁であるという意味で「永遠なもの」を体現しようとする人が生きているその「時間」である。それは、何年何月何日、何時から何時までといった継起する時間ではなく、人が「永遠なもの」を体現しようと努力している独異な時間である。その独異な時間は、〈～をしなければ〉という「迫られる時」（instantia）に始まり、「迫られる時」の終わりとともに終わる。ちなみに、キェルケゴールは「永遠なものが定立されないかぎり、迫られる時は存在しない」と述べている（KSV, 6, BA: 178/564）。

こうした独異なカイロスの時間にふくまれる思考の一つは、悔やみである。それは、〈するべきことがわかっているのにできない〉、〈したくなかったことをしてしまった〉という事後的な負の認識である。この悔やみは、悲哀を歓びに転化する、いわば「逆理の力動」を発動させるだろう。先にふれたヘルダーリンは、「……苦悩を知らない歓びは眠りであり、死がなければ生もない。……苦悩だけが歓びから歓びへと人を導くのであり、ほかに連れはいない」と述べている。そもそも、人は「生き生きとした調べ」（lebendige

Töne）だからであり、「健やかな音色（Wohllaut）である自然」と協和している。「愛しあう二人に諍いがあるように、世界［＝人と自然］には不協和（Dissonabz）がある。しかし和解は、諍いがあるからあり、分かれていたものすべては、ふたたびめぐりあう」と（HSW 3, H: 150/282-3, 160/300）。むろん、キェルケゴールのいう「不安」も「絶望」も、この逆理の力動に裏打ちされている（KSV, 6, BA: 179/565）。

独異なカイロスの時間にふくまれる思考のもう一つは、開かれである。それは、〈自分にとってかけがえのない人の到来を待つ〉こと、〈自分に助けを求める人の声に聴き従う〉ことである。かけがえがないのは、自己ではなく、自分にとっての大切な他者である。その「あなた」の出来を待つことは、自分の心を外に開くことである。その「あなた」がだれなのか、どんな容貌をしているのか、どんな過去をもっているのか、何も知らないにもかかわらず。かけがえのない人は、事前に決定されていない。助けを求める声に応えるのは、自己を超える心である。この心、すなわち交感のつながりのなかでのみ、他者はかけがえのない人となり、自分は独異の人、すなわち独りの人となる。もしもそこに、〈一つのいのちは、会うべきもう一つのいのちと会える〉という信念が形成されても、神秘主義などと非難されるべきではない。

こうした悔やみと開かれは、表裏一体である。自分の思いどおりになる人材や資材だけで活動すれば、過ちも誤りも生じにくいから、悔やみも生じにくい。しかし、すべてが思いどおりのところでは、何も創始されない。未知なるものを受容しそれと呼応することは、悔やみの悲哀を開かれた歓びの独異な創始に変えるだろう。ふたたびヘルダーリンを引用すれば、その創始は、主人公の青年ヒュペーリオンが、ディオティーマという女性に出会い、心を強く鼓舞されて生じさせる創始、すなわち「すべてがその根底から変わり」「新しい世界が人間性の根源から現れる」（HSW 3, H: 90/164）ような創始でもあるだろう。また、死別の挨拶のように、他者への想いを抱きつつ、他者と新たな一歩を踏み出そうとする静かな創始でもあるだろう。

†交感し創始する／分有され独異である

カイロスの創始は、自他の呼応を生みだす交感のつながりのなかでのみ、独異に生成する。計算し思惑する自己は、その作業を行うために、ためらう。すなわち、損か得か、成功するか失敗するか、高評価されるか低評価されるか、と比較考量するための時間を必要とする。「よく考えてから、お返事いたします」と。そのためらいの時間が、呼応を妨げる。呼応は、ためらいを知らない。応答する心が自己を無視し看過するからである。応答する心は、交感のつながりを大前提にしている。言語活動のなかでというよりも、「私」と「あなた」の呼応の関係のなかで、「私」は主体でありうる。自律している個人としてではなく、「あなた」を下から支える従者として、主体でありうる。

スピノザに立ち返っておこう。こうした交感のつながりは、スピノザのいう「人の自然」の分有性と重ねられる。スピノザは、フミリタスを「恐れを知ること」と知解し、それを「後悔」と抱き合わせて、それらはともに人に「利益をもたらし」、人を「理性に従わせ」、「自由と至福な生をもたらす」もの、と知解している（E: 4, P54, S）。スピノザはまた、フマニタスを「人びとが受け容れることを行い、人びとが受け容れないことを行わない、と欲することである」と知解している（E: 3, D43）。つまり、スピノザは、フミリタス、フマニタスという営みを知性的に肯定することで、自分が「神」だけでなく他者とともに在ることを知解している。その知解のなかにあるかぎり、心は、他者の呼び声への応答をためらうことがないだろう。独異である知性的な人は、何のためらいもなく、ただ眼前の「あなた」の呼びかけに応答し「あなた」に献身するだろう。それは、人が交感のつながりのなかで創始することである。

前節で述べたように、スピノザのいう「知性的愛」は、人が独異に「神」とともに在ることである。それは、あのコナトゥスに主導され、逆理の力動を示しつつ、他者と交感するなかで、悔やみと開かれに彩られ

るカイロスの時間をおのずからただ独り創始することである。「自然」が無限に広がるなかで、知性に依りつつ、ただ独り「神」に向かい続けるように。スピノザは、いわゆる「愛」は、知性とともに、「不変的で永遠的な者［＝神］への愛となり、……私たちが確かに保有しうる者［＝キリスト］への愛となる」といい、「この愛は、通俗の愛に潜むさまざまな欠点［執着や嫉妬］に汚されることなく……しだいに大きくなり、心の多くを占めるようになる」と述べている（E: 5, P20. S）。ようするに「神への愛に駆り立てられる人は、キリストを**霊性**（Spiritum）によってよく知り、キリストもそのうちに在る」と（TTP: C14, N10）。スピノザは、霊性を否定しているのではなく、そのはたらきを「知解する」と呼んでいるだけである。

4　知解と自然

†生の〈物語〉と敢然な生

人は、生の〈物語〉なしでは生きられないらしい。いわゆる「（社会的）逸脱」ですら、生の〈物語〉とともに生きる自己を前提としている。たとえば、非行に走る少年たちは、わざとだらけた格好をしてみせ、わざと規則をやぶってみせ、意図的に悪態をつく。そうしたノーマルな言動からの逸脱も、一目でそれとわかるその言動・形姿に示されるように、逸脱者はこうあるべきという既存の生の〈物語〉を前提としている。人は、ある生の〈物語〉を保持できず、棄却するとき、たちまち他の生の〈物語〉を作り、その主人公となる。人の努力の質は、自分が保持している生の〈物語〉の質に規定される。

しかし、よりよい生の〈物語〉を作ることは、通念としての「人生の理想」を探しまわることではなく、生きることに不条理を感じつつもシニシズム、ニヒリズムの諦念に陥らないことである。たとえば、マイク・ポートノイ（Mike Portnoy）は、「季節の移りかわり」（*A Change of Seasons*）という歌のなかで、「本を読んでも、テレビを観ても、嘘ばかり……こんな世界で夢を追う人生をおくれば、足を踏みはずし、二度と立ちなおれない。……夢は、私を溺れさせるだけだった。悲哀に、どうしてなんだ、という疑念に」と歌っている（Dream Theater 1995: *A Change of Seasons*）。人は、世界が不条理に満ちているから「努力」や「未来」を諦めるのではなく、往々にして、不条理に脅え怯むからそうするのではないだろうか。

諦念せず、呼び声に応答し活動することを支えているのは、「夢は実現する！」といった、人を無責任に煽り立て競争に駆り立てる言葉ではなく、ティリッヒのいう「存在する勇気」（courage to be）である（MW/HW, 5, CB）。それは、ラテン語にすれば conatus essendi（「存在する努力」）となるだろう。この存在する勇気、いいかえれば、敢然な生は、スピノザのいう「被造物はその存在を［神から］享受している（frui）」という知解に基礎づけられている（CM: 2. 1）。それは、現在の自分が未来の自分を決定するという考え方ではなく、自分の意図・思惑を越えて自分の未来が、その都度その都度、決定されるという考え方である。この考え方を失うと、人は不条理に脅え怯む。この考え方を抱くうえで必要なものは、「神の自然」および「人の自然」の知解である。

†自然を知解する――ペルセプト

確認しておこう。スピノザ／ドゥルーズのいうペルセプトは、「神の自然」および「人の自然」を知解することであり、その知解のなかで自分の独異性、すなわち自分が〈独り〉在ることを知ることである。「私」の独異性は、「自然」という「神」・人の通底性のなかに現れる。たしかに「神の自然」と「人の自然」の落差は大きい。有限である人は、「神」の定めた必然性が偶然としか思えないような、見通せない因果の関係を生きている（第2章参照）。にもかかわらず、「人の自然」は、生き生きと生きる力としての〈自然〉である。それは、いのちを創造する「神の自然」すなわち〈自然〉から遡及的に知解される。その〈自然〉、つまり人のコナトゥスは、一人ひとりの身体の独異性によって、独異に現れる。

「私」の独異性は、また「人の自然」という自・他の通底性のなかに現れる。トマスが、独異性は「分有性」（communicatio）を前提にする、と述べたように（TA, ST: I, q. 29 a. 4)）。自・他の通底性は、いいかえれば、「私」の生のベクトルと「あなた」の生のベクトルの共鳴共振である。知解は、対象化・客体化する（概念する）という認識様態ではなく、他者のプラクシスに浮かびあがる他者のベクトルに自分のベクトルが引き寄せられ、揺り動かされることの象りである。スピノザは、少なくとも『エティカ』においてこの営みを「象る」と形容していないが、「人の自然」が観念であるかぎり、それは象られたものである。しかし、少なくとも「人の自然」そのものは、自・他のベクトルの通底性ないし共鳴共振であり、独異性そのものは、人が他ならない「私」で在ること、他ならない「あなた」で在ることである。

ともあれ、この通底性ないし共鳴共振の知解がなければ、「いのちのはかなさ」や「いのちの大切さ」という感情は生じない。自分に対する自分の言動が問われるのも、自分が自分を超える「人の自然」に与って生きているからである。この与りの知解がなければ、人は、自分の生存に阻碍を加えうるし、自分の身体をモノのように処遇しうる。そして、すべてのいのち（vita）の「存在」を歓ぶ心は、すべてのいのちが「人の自然」として通底しあい、自分を超えるそれに与っているという、「自然」の知解を必要としている。

スピノザの「神ないし自然」という知解、すなわちペルセプトが、「神」に与るように「自然」に与りつつ生きることであるとすれば、それは、現代社会においてたえず退けられるだろう。その知解が、個人主体をつかさどる自己によってたえず退けられるからであり、その自己が近現代社会の構造に根づいているからである。法システムによって個々人の「平等」が定められ、経済システムによって個々人の「自由」が鼓舞される社会を背景としているからである。しかし、ますます自己が自明化する社会でこそ、「自然」を知解する心、すなわち交感のつながりのなかですべてのいのちを独異性と知解する心は、求められていくだろう。

第6章
先導性を象る
——逆理の力動と呼応の関係

Imaginatio of Leading Absentia : Forces of Paradox and Relations of Correspondence

本章では、**逆理の力動**と**呼応の関係**をつらぬく**〈よりよく〉のベクトル**について、一つの仮説が示される。まず、アウグスティヌスの議論を踏まえれば、〈よりよく〉のベクトルは、呼応の関係のなかの**先導性**である。アウグスティヌスにおいて、そのベクトルは、**共鳴共振**をともなう**非在の現前**であるが、それは「**神の類似**」が自己更新しながら「**神の像**」に向かうこととして、語られている。そして、スピノザの**コナトゥス**は、歓びないし**生動**に向かう**力動**であり、ハイデガーの「**原存在**」に重ねられ、呼応の関係のなかの先導性に重ねられる。「**心の鏡**」は、この先導性というベクトルが現れる心の状態であり、「神の類似」に重ねられる。「神の類似」は、このベクトルの始点であり、「神の像」はこのベクトルの終点である。この〈よりよく〉のベクトルは、とりわけ他者の「**痛ましさ**」をおのずから受けとめ、その解消をはかる、呼応の関係をともなう**プラクシス**（実際の無心の支援活動）のなかで、現れる。

1　逆理の力動

†逆理の力動

ここで、スピノザ／ドゥルーズのいう認識の三態、すなわちアフェクト、コンセプト、ペルセプトに即しつつ、スピノザの認識論をふりかえっておこう。まず、アフェクトは、身体が自分の外にある事物を受容し何らかの感情を象ることである。次に、コンセプトは、ものの秩序すなわち「物の自然」を概念することである。そしてペルセプトは、人の本質すなわち「人の自然」を知解すること、人を支え助けている「神の自然」を知解することである。こうした受容する、概念する、知解するにおいて、心は、自分の願望するものをただ求めるという自家撞着状態を脱し、自分が超越者に支えられつつ、他者と〈ともに在る〉ことを知解するようになる。スピノザのこうした認識論は、中世キリスト教思想と、およそ連続的である。

注目したいことは、スピノザの認識論が、第5章でふれたように、しばしば逆理の力動（force of paradox）をふくんでいることである。活動が受動を前提にし、また歓びが悲哀を前提にするように。むろん、スピノザ自身は「逆理の力動」という言葉を用いていないが、スピノザの議論においては、肯定されるものと否定されるものが力動によって媒介されている、といってよいだろう。この逆理の力動は、むろんすべての人に見いだされるとはいえないだろうが、「神の像」を「神の類似」「内なる人」に導かれ象ろうとする人に、ないし〈よりよく〉のベクトルに与り生の〈物語〉を更新し創始する人に、見いだされるだろう。

こうした逆理の力動は、たとえば、パスカルの議論にも見いだされる。パスカルは、『パンセ』のなかで「人は……まさに偉大である。なぜなら、自分が惨めであると知っているから」と述べている（Pascal 1976/1973: §415）。「惨め」という観念は、その状態から脱し、その状態を超克しようとする力動と不可分である。その超克の力動は、自分の現実を受け容れる力でありかつその現実を乗り越えようとする力である。否定性としての現実と肯定性としての象りは、力動的につながっている。その否定かつ肯定する心の力動は、ルターのいう「[信じる人は]罪人であり義人である」(simul justus et peccator) というつながり (WA 56, RE: 343)、原罪の認識すなわち義化の活動という、否定性と肯定性が媒介される論理をふくんでいる。こうした逆理の力動は、中世・近世のキリスト教思想にすくなからず見いだされるだろう。「人は、倒れた場所を支えに立ちあがる」(ubi cecidit, ibi incumbere ut surgat) と言われるように (AA, DVR: 42. 79)。

この逆理の力動という概念によって、しばしばいわれる「人間の両義性」という概念を放棄することが可能になる。悪いこともすれば善いこともするといった「人間の両義性」は、「人間ってそんなもの」と諦念したり達観したりするときに使われるが、この言葉は、「人間」という意味の傘の下に暴力も善行も一緒に収めてしまうという粗雑な考え方である。逆理の力動という概念のもとでは、人間は、どうしようもなく不幸で矛盾的な存在でなく、確かな方向性をもって敢然と生きる存在である*。

* 同じことは、「暴力の両義性」についてもいえるだろう。たとえば、幸せに親と暮らしているある子どもをその親から奪い殺そうとする暴力に対し発動される、その親がその子どもを救い出すためにふるう暴力を、同じ「暴力」という言葉でくくり、「暴力の両義性」と呼ぶことである。それは、気遣うという思考の欠如した愚劣な力と、気遣うという思考の発露としての荒ぶる力を区別しないという粗雑な考え方である。

✝逆理の力動とコナトゥス

逆理の力動は、歓びのコナトゥスのもつ強度、といえるだろう。スピノザにとって、コナトゥスは「神の自然」に通じる「人の自然」の本質だからであり、それは、理性をともなうことで、歓びに向かう。それは、いわば、すべての人をつらぬく肯定的生動性であり、人が無視しようと妨害しようと、失われない強靱な力である。このコナトゥスは、アウグスティヌス、フーゴー、トマスにおいて「アニマ」の一部として語られていたが、ニーチェにおいては「力への意志」(Der Wille zur Macht) という名称で、「神」抜きで語られ、ハイデガーにおいては「原存在」(Seyn) という名称で、「神」とともに語られている。

原存在について少し敷衍しよう。まず確認すれば、ハイデガーが一九四九年の『ブレーメン講演』の最後で引用しているヘルダーリンの言葉は、逆理の力動である。ヘルダーリンは「パトモス」という詩の冒頭で「危機のあるところ、救いとなるものもまた育つ」と述べている。ハイデガーによれば、それは「危機が、その本質からして、救いをもたらすからである」。「危機」は、経済危機のような社会秩序の危機ではなく、さまざまな活動を根底から支えている「原存在」(Seyn) ――「神的なもの」(der Göttlichen) が贈った「人の本質」だろう――が、すべてが手段化 (有用化) される大勢のなかで忘却されることである。その「原存在」が想起されるという出来事は、「おのずから無媒介に生起する」。どんなに覆い隠されようとも、「原存在の真理は、きらりと煌めく」(GA 79, BFV: 72-6)。逆理の力動は、この「原存在」の煌めきである。

逆理の力動を駆動するものがコナトゥスのような生動的な力、〈よりよく〉のベクトルであるとすれば、それは、自・他の呼応の関係においてこそ見いだされるだろう。わずかであれ、誤りとわかっても、呼びかけに対する応答は、〈よりよく〉(melior メリオール) のベクトルをふくんでいるからである。端的にいえば、水平の呼応の関係が、つねにより肯定的なものに向かう垂直の思考をふくんでいるからである。「神の像」「神の観念」といった超越性は、人とだれかの呼応の関係のなかで〈よりよく〉のベクトル――アニマ、コナトゥス、力への意志、原存在――がともなう同伴者といえるのではないだろうか。文字 (字義 sensus literalis) という殻の下に比喩 (譬喩 sensus parabolicus) としてふくまれているものを取りだすならば、ようするに、聖書の言葉のなかに比喩的に語られた自然な蓋然性を取りだそうとするならば。

本章では、このような逆理の力動と呼応の関係をつらぬく〈よりよく〉のベクトルについての仮説が示される。以下、まず、呼応の関係を少し敷衍し、アウグスティヌスの議論を引きながら、呼応の関係のなかに生じるベクトルを例示する（第2節）。次に、スピノザの認識三態論に立ちかえり、その認識＝思考の本態が、歓びに向かう思考力である、と論じた後で、ふたたびアウグスティヌスに依りつつ、「心の鏡」に映しだされる「神の像」が、人と「神」の呼応の関係のなかで、〈よりよく〉のベクトルが向かう形なき現れである、と論じる（第3節）。最後に、この〈よりよく〉のベクトルは、とりわけ他者の「痛ましさ」をおのずから受けとめ、その解消をもはかるプラクシスのなかで現れる、と述べる（第4節）。

2　呼応の関係と象り

†呼応の関係の特徴

まず、呼応の関係という営みの特徴について、まとめておこう。それは第一に、一人ひとりに独異な共存在様態である。すなわち「私」が「あなた」（道具もふくめて）とともに在ることである。いいかえれば、人は、何よりもまず、呼びかけられ受け容れる「私」（すなわち述語である「私」）であり、そのうえで、「あなた」に応え向かう「私」（すなわち主語である「私」）であることである。その呼応の関係は、「かけ声」のような意図・思惑まみれの喧しさではなく、聞こうと思わなくとも聴こえてくる静けさを生みだす。その静けさは、無数のいのちが自然に生みだす音色が響き交わすなかに広がるそれにひとしい。

第二に、呼応する二者は、ともに方向づけられた力である。いのちある存在者は、つねにすでに生き生きと生きようとする力である。したがって、呼応の関係は、フーコーの言葉を使えば、「諸力の関係」（le rapport de forces）である。慈愛も、友愛も、嫌悪も、離反も、すべて呼応の関係の様態である。呼応の関係においては、ある力は、他の力によって、近づいたり隔たったり、反発したり誘因したり、重なったりずれたりしつつ、生き生きとともに在る。したがって、何らかの理由で、ある一つの力がともに在る他の力を失うことは、自分の生命が維持されていても、自分の生き生きする力、すなわち生動性を失うことにひとしい。

第三に、他者を受容し感情を強くかき立て、生動性に向かう心があるかぎり、すなわち人がふつうの人であるかぎり、ともに在る他者を意図的に殺める暴力は、極限のヒュブリス、すなわち独異な力を贈られそれに与るという存在者の立場の否定であり、自分を結果的に殺めることである。それは、しかるべき規範に反するだけでなく、そうした秩序の前提である存在論的事実に反する。呼応の関係を無視し、自分の力だけで生きられると思い込むことは、生の歓びを喪うことである。それは、悪しき暴力の遂行だけでなく、秩序正しいとされる行動についても、いえるだろう。合法的・合理的な行動であっても、それが呼応の関係を無視しているなら、その行動は、人から生動性を奪い、人を無限の憎悪・悲哀に向かわせるだろう。

第四に、呼応の関係は、人生の始まりに見いだされる。それは、生まれたばかりの一命の現前に対し、呼びかけたいという思いがこみあげてくることに示される。それは、ハイデガーが「名づける」（nennen）と形容したことである。この「名づける」は、「受け容れる」と同時に「現し出す」を意味する。すなわち、親が、生まれたばかりの子どもに名をつけ、その名でその子どもを呼ぶとき、その名は、その子どもの実在に染みこみ、その子は、固有名をもつ一命として現れ出る。それが、ハイデガーのいう「現前するもの」（Anwesende）である。中世スコラ学の言葉でいえば、それは「現前」（praesentia）である。それは、物理的に実在することではなく、呼応の関係のなかで一つのいのちが心に現出することである。

最後に、呼応の関係は、スコラ学でいう「シネルゲイア」（synergeia/synergism 神・人の共動）に見いだされる。シネルゲイアは、人の救いは「神」の恵みが可能にするが、人はその「神」の恵みに与りつつもおのずから救いに向かうことである。すなわち、人の意志の自由は、「神」の意志のなかの自由である。したがって、「神」の意志は、人の意志の原因ではなく、人の意志は、「神」の意志の結果ではない。「神」の意志と人の意志のあいだには、因果の関係はなく、呼応の関係がある。人が「神」の呼びかけに応えるのは、すでに人が「神」の意志のうちにあるからであるが、どのようにその呼びかけに応えるのかは、人が決めることである。本書の議論にもっともかかわることは、このシネルゲイアとしての呼応の関係の考え方である。

†カントの模範の定立

悔い改め、すなわち「神」に与る人の救いは、「神」の恵みを重視するアウグスティヌス派（カルヴァン、ルター）と、人の応責を重視するペラギウス派（エラスムス、アルミニウス、ウェスレー）で、考え方が異なっているが、シネルゲイアは、一応、この分断を架橋する概念である（論者としては、メランヒトンが有名である）。このシネルゲイアを念頭におきつつ（＝細かい議論はせずに）、「神の像」の考え方の違いを模範論的と呼応論的に分けてみよう。模範論者はカントであり、呼応論者はアウグスティヌスである。

さて、カントは、一七九三年の『たんなる理性の枠内の宗教』で、中世キリスト教思想に従うかのように、人は、イエスを、みずから「模範として打ち立てる」ことで（KW 8, RGV: 717/85）、「道徳的」に「自律」する、と述べている。すなわち、かつてもっとも気高く生きた人が「模範」として「表象」され、人がその人のようになりたいとみずから思い、みずからその人のようになろうと努力することが「道徳的自律」である、と(「みずから」は、意図し思惑する自己を前提にするが、「おのずから」は、そうした自己を前提にしない)。

ただし、カントのいうイエスは、キリスト教の救済の〈物語〉から切り離されている。カントにとって、キリスト教は「恩寵の宗教」ではなく「道徳的(moralische)宗教」である。恩寵は、信仰の見返りに人を「よりよい人にする」が、イエスは、人がみずから「よりよい人であろう」とする力を喚起するだけである(KW 8, RGV: 703/69)。カントにとって人がみずから〈よりよく〉生きようとすることは、大前提である。その「固有本来の素質」(ursprüngliche Anlage)を活用するかぎり、人は、自分の力の及ばないことを補い援ける、人為を超える「助力」を望むことを許される。しかし、人が知るべきことは、人為を超えるものがどのように助けてくれるのかではなく、この「助力」にふさわしく〈よりよく〉生きることである。

カントは、たしかにキリスト教の救済の〈物語〉、すなわちイエスの〈生誕—受難—昇天—再臨〉というキリストの恩寵論、そのキリストによる人類の救済というキリストの贖罪論から抜け出そうとしている。道徳性の基礎を「神」への信仰に見いだすのではなく、「神」への信仰の機能を道徳性の構成のために援用している。すなわち、カントがここで語っている人間は、「神」とともに在る人ではなく、「神」を過剰に遠ざける人間である。いいかえれば、カントの道徳的自律論は、救済の〈物語〉に付帯していた霊性ないし啓示のはたらきを排除し、古いキリスト教思想にふくまれていた「神」と人の呼応の関係を棚上げし、「神」からの応答としての「言」(ロゴス)を「理性」に還元しているように見える。すなわち、過剰にペラギウス派に傾いている、救済の〈物語〉なきキリスト教を文脈としているように見える。

確かめておくなら、カントにおいては、人の理性はイエスを模範とするが、理性がそうするのは、理性が「人間(Menschen)の理念」という神的なものをはじめからふくんでいるからである。「この理念がすでに、そうしたものとして、私たちの理性のなかにすでに潜在しているからである」。そして「私たちの理性に潜在する人間の理念は、実践的に妥当である、と信じること（Glaube）のみが、［私たちが］道徳的であるうえで、重要」である（KW, RGV: 715-6, 861）。すなわち、カントにおいては、人には理性があり、それが「人間の理念」をふくんでいることは、人が問いただすべきことではなく、ただ信じるべきことである。

†アウグスティヌスの呼応の関係

カントの「人間の理念」は、アウグスティヌスの「内なる人」（homo interior）にあたると、考えてみよう。アウグスティヌスは、「手紙一四七」で「内なる人は、私たちのなかの……彼［＝イエス］の像（imago eius）であり、日々新しくなり……光のうちに住んでいる」と述べている（AA, DvDl: 17. 44）。この「内なる人」は、「神の像」とも呼ばれ、「真理」と形容されている。それは、はじめから人に贈られている。それは、生身のイエスに受肉された「神の類似」（similitudio Dei）と同質であるが、イエスのそれに比べて未完成である。人は、自分のなかのこの真理にみずから・おのずから向かうことで、その存在を知る。したがって「私が［だれかに］真理を語り、その人がそれを知るときでさえ、教えるのは私ではない」。その人は、私の語った真理を契機とし、「自分の真理から教えられる」のだから（AA, M: 12. 40）。その真理を人として十全に体現している人が、イエスである。そのイエスは、すでに昇天し、今は天上にある。そのイエスだけが師である。「すべての師（magister）のなかに師はただひとり。天上にいる師だけである」（AA, M: 14. 46）。

人が自分のなかの「内なる人」＝「神の類似」に向かうことは、自分の心に天上のイエスを象ることをともなう。天上のイエスは、一人ひとりが、「神への愛」「人への愛」を実際に行うことで、心のなかで象られる。人は、同伴者としての「内なる人」や天上のイエスに呼びかけるなかで、自分が向かうところが天上のイエスのように生きることである、と知るようになる。それは「内なる前進」（profectus interioris）と呼ばれる

(AA, DVR: 41. 77)。それをはかる「尺度」(modus)は、あの真理、「内なる人」である(AA, DVR: 43. 81)。「私たちの言葉が、この肉となった言葉を範としながら、それに倣うものとなるとき、私たちは、正しく生きることができる」。このイエスを範としつつ生きることが十全になること、すなわち「[私たちの内なる神の]類似が完全態になるのは、将来のいつかである」。その来たるべき日に、人は「主の栄光を鏡に映しながら」、いいかえれば「心の鏡」で天上のイエスを見ながら、そのイエスと「同じ[神の]像に変えられていく」(AA, DT: 15. 11. 20)。ようするに、人が内へと向かうとともに、「神の類似」が外へと現れていく。その現れは、心そのものを心に召還することであり、際限のないふりかえりないし呼応のなかで生じる。

こうした「内なる前進」を阻むものは世に満ちているが、それを最終的に助けるものは、「他者のなかの他者自身[=他者の内なる人]であるものを愛する」こと、つまり「隣人への愛」(dilectio proximi)である(AA, DVR: 46. 89)。その愛こそ師の呼びかけである。『告白』に記されているように、師への呼びかけ、師からの応答のなかで、アウグスティヌスは前進する。すなわち「長い間、主を尋ね求め歩く」。アウグスティヌスは、師を「知っていたし、忘れたことがなかった」。天上のイエスが、自分のなかの「内なる人」と通底していたからである。その意味で、アウグスティヌスは「あなたは、私の記憶のなかに存在し続けている。私があなたを想起し、あなたに与るとき、私は記憶のなかにあなたを見いだす」という(AA, C: 24. 35)。

†象り――「心の鏡」と「内なる人」

カントの道徳的自律論は、このような「内なる前進」と一体の呼応の関係を語っていない。アウグスティヌスの師は、カントにおいては、はじめから「理念」として語られている。カントの理性は、アウグスティヌスの「内なる人」と違い、呼応せずただ命令するように見える。「定言命法」(kategorische Imperativ 絶対命令)

といわれているように。カントの「理念」が、傍観者の語る像であるとすれば、アウグスティヌスの「内なる人」は、当人において徐々に象られる像である。その「内なる人」は、明確に「師」に重なるまで、辛抱強く人に応答し続ける。すなわち、うながし、いざない、待ち続ける。その「教える」は、受動を強いる能動ではなく想起を待つ喚起であり、人の「学ぶ」は、受動ではなく想起である。

アウグスティヌスの「内なる人」「神の類似」が、はっきり真理として想起されることは、人のなかに「清い心」（mundo corde）（AA, DvDl: 5. 13; 11. 26）、すなわち「心の鏡」が現れることである。すなわち「心の鏡」は「内なる人」「神の類似」と重ねられる。この「心の鏡」は、人の心が「より生動的な生（vivaciore vita）において霊性的（spiritales）になる」ときに現れる（AA, DvDl: 17. 44）。すなわち、実際に人が生き生きと天上のイエスに向かいつつ他者を無心に実際に愛するときに現れる。いいかえれば、「神の像」は、自然におのずから象られるものであり、意図的にみずから形づくるものではない。「神は、本来的に不可視であり、神が望んだときに、神が望んだように［人に］見られる」（AA, DvDl: 15. 137）。

アウグスティヌスにおいて、人と内なるイエスの呼応の関係を支えているのは、「信仰」（fides）であるが、それは、通俗の「信じる」ではなく、「神の像」に到達する前の、おのずからの「想い」（cogitare）かつ「承認」（assensio）である（AA, DPS: 2. 5［963］）。通俗の「信じる」は、欺かれる可能性を憂い、つねにそれを退けようとするが、おのずからの想い・承認は、欺かれる可能性を知らない。通俗の「信じる」は、権威的託宣がもたらすが、おのずからの想い・承認は、つねにすでにある。おのずからの想い・承認は、あの人は信頼できるか／できないか、人の気持ちは変わるか／変わらないか、といった問い質しとはまるで無縁である。信仰は、あれこれと思惑し他者を疑う前の、無垢・無心の心の営みである。「神の観念から出発できないが、できるだけ早くそれに到達しようとする」営み（GD, SPE: 277）は、この信仰を前提としている。

ようするに、カントのように、「神の像」をはじめから「理念」として設定し、その命令に従うことを人に求めるということは、アウグスティヌスのいう「神の像」へ向かいつつたどられる「内なる前進」を看過することになる。アウグスティヌスは、まさにこの「内なる前進」というプラクシスを重視している。それは、「内なる人」と無窮の呼応を重ねることであり、だれかを愛し援けようと実際に活動するなかで、自分のめざすテロスとしての天上のイエスが象られることである。この象りとともに現れるのが、心そのものとしての「心の鏡」である。「内なる前進」は、それに寄り添う象りによってのみ認識され、知覚できる像から知覚できない像を立ちあがらせる。いいかえれば、象りは、知覚できない形相的な像へ遡行することで、知覚できる形象的な像の前提を浮かびあがらせる。こうした象りの場である「心の鏡」は、人に始めから贈られている。そのはたらきが、アウグスティヌス、トマス、フーゴーが「霊性」（神へ向かうベクトル）と呼んだアニマの力であり、スピノザが「知性」と呼んだものである。「心の鏡」は、最終的に天上の師と重なっていく。「心の鏡」が「内なる人」ないし「神の類似」をふくむからである。

　しかしながら、アウグスティヌスのいう内在するイエスと人の呼応の関係は、かならずしも「神」すなわち天上のイエスを前提にしなくても成り立つのではないだろうか。その呼応の関係が、能力の多寡や信用の有無、手続き的に正当化されている／いないといったこととは無関係に、人の呼びかけに内在するイエスが応えることだからである。その無条件の呼応の関係は、マリオン（Marion, Jean-Luc）が一九九七年の『贈られて』において論じているように、だれかが親になり、だれかが子になるという呼応の関係と同じだからである（JLM, ED : 415）。もしもこのようにとらえなおせるのなら、「神」は、イエスと人の呼応の関係が向かう先を語るために考え出された「非在」ないし「超越性」の名称、と考えることができる。しかし、それすらも、対象、すなわち向かうべき所与の形象・意味（シニフィエ）となりうる危うさをともなっている。あまり先走りせずに、次節では、「神の像」とコナトゥスについて、一つの解釈を示してみよう。

3　先導性とコナトゥス

†認識三態論の象り

呼応の関係をつらぬく〈よりよく〉のベクトルは、およそ、何らかの像の象りとして現れる。何か〈よりよい〉ことをしようとするとき、人が（英語で「ヴィジョン」「アイデア」と呼ばれる）像を思い描くように。その思い描かれた、素描された像は、すべてではないが、およそ何らかの言説のなかに位置づけられている。真摯なキリスト者の場合、キリスト教という言説のなかで、「神」を信じ、「隣人への愛」を心がけながら、何か〈よりよい〉ことを象るだろう。その心に現れる像、すなわち「内なる人」ないし「神の類似」は、自分自身から自分自身へと内的に前進しながら、自分自身を超えて「神の像」へ向かう。

ふりかえってみれば、アリストテレスのファンタシア以来、「象り」はとらえがたいと見なされてきた（第1章参照）。なるほど、現代でも「想像」（imagination）は、構想、着想、妄想、幻想などを意味している。しかし、それが悪しきものになるのは、自己中心的な意図・思惑が想像力に取り憑くからではないだろうか。多くの因果関係を思い浮かべながらも、ものごとを自己中心的な意図・思惑で方向づけ利用しようとし、そうした能動性を「自由」――ないし「権利」――と見なすからではないだろうか。少なくとも、意図し思惑する自己に取り憑かれ、しかも「自由なもの」と意味づけられた想像力は、ヒュブリスないしスペルビア（傲慢）と化し、すべてを恣意的に操ろうとするだろうし、そうできないことに対し苛立つだろう。

なるほど、想像は、知覚・表象・分析といった、事象をはっきりさせようとする意識活動から区別されるもやもやしたものであるが、対象化（客体化・要素化）を超える思考、もっともらしい現実の軛を越える思考でもある。想像は、理念・理想のような、物体・形象として実在しないという意味の「非在」（absentia）に向かう思考でもあれば、敬虔なキリスト者のプラクシス（無心の支援活動）のような、この世界の意味・価値を超える「存在」という意味の「超越性」（transcendentalis）に向かう思考でもある。思うに、こうした形なきものに向かう想像は、現代社会・現代教育のように、機能的に分化した社会構造が特定の明晰な意識活動を人に構造的に課しているなかでこそ、心を解放し創始を行う契機として、宣揚されるべきだろう。

ともあれ、スピノザの認識三態論に立ちかえっていえば、スピノザは、アリストテレス以来やっかいもの扱いされてきた象りを思考の基礎にすえている（と思う）。すなわち、心が身体の受容したものを知ることは、それを受動的／活動的な感情として象ることであり、心が何かを概念することは、理性的／非理性的な観念を象ることである。心が心そのものを知解することも、「人の自然」「神の自然」を象る——観想する——こといいかえられる。その「自然」が「絶対的に無限である」という意味で、形なき非在・超越性であっても。スピノザが、ある書簡のなかで「象る力（imaginatio）は、知性が認識する［＝知解する］ことのほとんどについて、すぐに何らかの像を作りだす」（Ep. 17）、と述べているように。「自然」と同じように、「神の像」も、形なき非在・超越性であるが、それでも像である。確かめよう。

†先導性ないし非在の現前

人が日々、ささやかにであれ、新たに創始している、すなわち自己創出している、とすれば、その契機は、自分のふりかえり、すなわち心がたえず過去の自分を象ることにあるだろう。その自分は、否定されたり棄却されたりする自分であり、今の自分が悔やんだり呆れたりする自分である。この過去の自分の象りは、終わることなく続く。人が、〈よりよい〉自分、自分を〈よりよく〉先導するものがある、と思っているかぎり、この不毛とも徒労とも思えるふりかえりは、続けられる。思想史において、「神の類似」「神の像」に言及した思想家たちは、まさに自分を先導しているものがある、と強く思っていたはずである。彼らが「アニマ」「知性」「霊性」などの向神のはたらきを語り続けた理由は、それ以外にないだろう。その先導性は、キリスト教言説を文脈とするとき、「神の類似」のはたらき、それが向かう「神の像」と象られる。

先に述べたように、「神の像」が象られるところは、「心の鏡」（「心の眼」）である。それは、人の心の形相であり、「神の類似」である。この「心の鏡」は、霊性的に「神の像」を象ろうとし続ける*。いくらか精確にいえば、心の霊性的はたらきは、堕落とともに喪われた心そのものを、残存している心そのものの痕跡（「徴し」signum）に依りながら再生させようとし続ける。その不断の試みは、完全態の「神の類似」である「神の像」を求め続けることである。なるほど、「神の像」は、しばしば原像がある模写、すなわち「神人」としてのイエス・キリストの模写、と考えられてきたが、アウグスティヌスにさかのぼり、とらえなおすなら、「神の像」は、人にもイエスにも受肉された「神の言葉」（Verbum Dei）、すなわち心の内奥からの声が十全に象られたもの、さかのぼりえない元基にひとしいものの十全な現れである。この「神の像」は、いいかえれば、自分を引き寄せ、揺り動かす声、端的にいえば、先導性という非在の現前（praesentia in absentia）である。そして、この先導性というベクトルの始点が、「神の類似」と語られてきたものである。

この先導性についてもう少し敷衍しよう。人のなかにある「神の類似」は、イエスのそれと違い、元基の痕跡であり、アウグスティヌスが論じているように、この痕跡である「神の類似」を知ることは、内から響いてくる声を受容することである。いいかえれば、記され意味づけられた言葉ではなく、心に聴こえてくる声に集中することである。「神の類似」が発する「神の言葉」は、「たとえ身体の口が沈黙していても、心に溢れ出してくる」からである。その声は、人びとを「調和」(harmonia)としての旋律、すなわち音と音の響きあい、つながりあうものに誘う「音楽」に似ている。「……歌の旋律は、なるほど聴覚という身体の感官によってとらえられるが、それは、身体的ではない［神の］類似によって思考する人、沈黙静寂(silentio)のなかで思考する人において、現前する」(AA, DT: 15. 11. 20)**。「神の言葉」を聴くことは、自分が内奥の声に共鳴共振することである。未来の自分を先取りし、現在の自分を先導する声に、自分が引きつけられ連なることである(したがってそれは、カントのいう「知性の直観」(intuitus intellectualis)、すなわち自分の統一性を形として自分に見せることではない)。その状態は、しかしまだ「神の像」ではない。「神の像」は、先導性の向かう終点が象られたもの、つまり観念である。その観念から遡及的に「神の類似」と象られる心の内奥も、まだ「神の類似」ではない。「神の類似」は、先導性の始点が象られたもの、つまり観念である。こうした観念の象りとともに、先導性というベクトルは、霊性、すなわち「神」に向かうベクトルとして象られる。

念のために確認するなら、「神の像」は、実在のイエスの模像(形姿の模写)、神性の受肉である超越性を精確に具象化したものではない。そもそも、その具象化は不可能である。実在のイエスの形姿が伝えられていないからではなく、描かれるべきイエスの本質は、聖書が伝えるイエスの言動に心が共鳴共振し、ベクトルの始点が目覚め、その終点が現れること、つまりパスカルのいう「心で感じられる」ものだから。いいかえれば、受肉によって、「神」がイエスにおいて見えるものになったとしても、それは、「神の像」が可視的になることではない。「神の像」は、自分の内奥の「神の類似」の完全態であり、心のなかで象られるだけである。そして、その完成度は、他ならない「神の類似」自身が教えてくれる。したがって、「神の像」の象りにおいては、「この像は本物のイエスに似ているか」という問いは生じない。この問いは、イデア／模写という対立図式を構成するプラトン的像概念のもとで生じるからである（序章参照）。「神」は「神の像」として のみ現れる。模範としてのキリストの定立・宣揚も、プラトン的像概念のもとで語られることである。「神の像」の現前は、模範としての「神の像」を言葉で教えられ、それを理解することではない。カントから道徳的自律論をいくら丁寧に教えられても、それだけでは、「神の像」は象られない。

キリスト教思想を棚上げしていえば、「神の像」と「神の類似」は、先導性の終点と始点についての比喩表現である。「神の像」は、「神の」と意味づけられているかぎり、キリスト教思想のもとで象られた観念である。「神の観念は、神的なもの（divinitatis）が映しだされた像（imagine）である」（TTP: C12, N1）。「神の類似」も、「神の像」を出来させる契機としてキリスト教思想のもとで象られた観念である。そして先導性は、たとえば「神の像」と「神の類似」という観念から遡及的に思考される、それらの前提である。この前提としての先導性は、キリスト教思想を文脈としない形なき像である。この像は、「隠れたる神」（deus absconditus）という有名な言辞、すなわち表象拒否・表徴重視のユダヤ・キリスト教的思想によって、さらに隠されてきた。人は、先導性をただ感受し感情として象るにとどまることができず、それを「神の類似」「神の像」といった観念で象らずにはいられないらしい。しかし、そうすることは、「神」の形象化・固定化、思考の硬直化・規範化に通じている。あの〈救済の物語〉とともに。ようするに、重要なことは、先導性の始点・終点の観念的な象りの仕方（言表）ではなく、先導性という感情的な象りの出来（現前）である。

＊ さしあたり、キリスト教思想でいわれる「範」（exemplar）と「像」（imago）の関係を、次のように理解しておこう。創造主である父が範であり、その子であるイエスが像であり、像は、本物の模造ではなく、受肉した同じものである。人ももともと像であったが、劣化（堕落）してしまい、もはや「像」と呼べない。ただし、その心のなかに範ないし像の痕跡が見いだされる、と。範・像にかんする詳細な議論は、たとえば、田島（1996）のエックハルト論を

参照。ただし、田島の言葉使いは、Abbildを「写像」と訳しているように、プラトニズムに傾いているように見える。abは「から・由来」であり、Abbildは「[神に]由来する像」である。ここで注目したいことは、この像という観念の前提である。

** 先にふれたマリオンは、二〇〇一年の『越えたところ』で、概念を越える営みとしての「直観」を重視し、ニュッサのグレゴリオスを引いて「[父なる]神は把握できない(incompréhensible)が、覚知できない(imperceptible)のではない、[神を把握する]適切な概念はないが、[神を知解するように]贈られた直観がある」と述べている(JLM, DS: 201)。この主張は、アウグスティヌスの「手紙一四七」を思い出させる。アウグスティヌスはそこで、先人のアンブロシウスを引いて「[父なる]神がいないと思われるとき、[霊性に与る心に]神は見える。神が現前しているとき[身体の眼に]神は見えない」と述べ、「神はいたるところに全体として存在している」、霊性に与り「このことを[知覚し意識する]心を超えて知解する(intellegit)人は、たとえ神などいないと思われるときでも、神を見る」と述べている(AA, DvDl: 12. 29 傍点は引用者)。こうした直観、知解も、やはり先導する非在の現前を前提にしているのではないだろうか。

†内在と表現

ここでようやく、ドゥルーズのいう「内在」について、一つの解釈を示すことができる。まず確認すれば、スピノザのいう「神」は、人に「内在するもの」(immanens, immanentis 原義は「住み着くもの」)である(E: 1, P18)。『スピノザと表現の問題』で、ドゥルーズは、スピノザのこの「内在」に、ドゥンス・スコトゥス(Johannes Duns Scotus 1266-1308)のいう「内在」を重ね、「表現すなわち内在」(d'expression : l'immanence)と形容している。ドゥルーズの思想を支えているのは、この「表現」(いわゆる「表現」ではなく「現前」である)と不可分の「神」の内在であり、それは「存在の一義性（univocité de l'être）を純粋な肯定性にする」拠点である（GD, SPE: 309）。ドゥルーズは『差異と反復』でも「存在は一義的である」（L'Etre est univoque）と述べている（GD, DR: 43）。この「存在の一義性」は、字義どおり訳せば、「存在の一声性」である。これは、すべての存在者は「神の言葉・息吹」に与り、その痕跡、すなわち「神の類似」を自分のうちに宿すことを意味している。

このように解釈するかぎり、「神」の「表現すなわち内在」は、内在する「神の類似」が、みずから現前するという意味で自分を表現することである。それは、外に現れることではなく、心のなかで現れること、すなわち非在のまま心で象られることである。ラテン語では似ているが、「内在する」（immanere）は、「流出する」（emanare）の対極に位置している。ドゥルーズ／スピノザの「神」は、被造物の外に流出し自分を表出するのではなく、存在者のなかにとどまりながら自分を表現する。いいかえれば、「神」の表現とは、あくまで心のなかで、「存在の一義性」である「神の類似」が自分を「神の像」へ高めることである。

しかし、「神」の内在・表現は、キリスト教思想に固有な事象ではなく、私たちの多くが経験する事象である。ドゥルーズは、「内在」と題された一九九五年の最期の論考において、「内在するもの」を主体／客体の区別を越えて人に見いだされるもの、と見なしている。それは「大いなる一つのいのち」（UNE VIE）であり、たとえば、死に瀕し「痛ましく」感じられる人、すなわち「だれもが憐れみを寄せる、ある意味で至福な状態ともいえる〈独りの人〉（Homo tantum）」に現前する（GD, DRH: 360-1）。その「一つのいのち」の現前は、見えないものが象られることである。その見えないものは、だれもが痛ましさを感じる「迫られる時」（l'instant）に象られる。その痛ましさは、死に瀕した人が快復し始めると、しだいに感じられなくなる。しかし、その迫られる時を想起する人は、その一つのいのちに再び臨む。すなわち、一つのいのちは、想起されるとともに再臨する。「私」は、死に瀕している他者に呼びかけている、と知っている。一つのいのちは、人の独異性を支える実体であり、他者へのプラクシスを方向づける先導性である。

ようするに、ドゥルーズの内在論は、キリスト教思想を前提にしなければ、理解不能であるが、その中身は、キリスト教思想を前提にしなくても、理解可能である。ドゥルーズが例示しているように、その内在論の基礎である「内在するもの」すなわち「神の類似」は、実際のプラクシスのなかで痛ましさを感じることに示されるような、人の心に内在する先導性と見なすことができるからである。時点として（in puncto）の瞬間は過ぎ去るが、だれかに痛ましさを感じ、そのだれかに支援を試みたその「迫られる時」は、私たちの記憶に刻まれ、その「迫られる時」を先導したものが、ふりかえりのなかで想起され、私たちに臨在する。その先導性が、スピノザにおいては「人の自然」と語られたが、それが、心が自分の映しだしてきたさまざまなものの背後に自己遡及的に見いだす心そのものであるとすれば、その心そのものを語る言説は、必然的に一つに限定されるのではなく、可能的に多様に創案されるだろう。

†実存の実体——ハイデガーの原存在

このような翻案を試みる理由は、ドゥルーズの内在論が、現代社会を生きる人にとって無関係で時代遅れの思考ではないからである。というのも、先に述べたように、「神の類似」が、人が〈よりよく〉生きるようとするときの〈よりよく〉と重ねられるからである。小さくであれ、大いにであれ、およそ人は〈よりよく〉生きようとしている。たしかに、何がよりよい状態、より大切なことか、一義的には決められないし、それは、各人のふりかえりのなかで、その過去の可能性としてのみ語られる状態だろう。そして、その過去の可能性は、ふりかえる自分の情況しだいで変わってくるだろう。しかし、そうした情況依存的な〈よりよく〉は、何の実体（支えるもの）もともなわないのだろうか。たとえば、森鴎外が自分が担い続けたさまざまな役割の「背後」にあると感じたという「真の生」のようなものを（森 1992: 11）。

この問いに直結している問いは、何が実存を実存たらしめるのか、という実存哲学の問いである。これまで何度か言及してきたサルトルは、「内在性」「内なる人」、「人格性」「道徳性」などの自己に依拠して〈よりよく〉生きることを否定し、実存として〈よりよく〉生きることを説いている。しかし、サルトルは、その実存を実存たらしめるものを語っていない。そのサルトルについて詳細な研究を行った竹内芳郎は、一九七二年の『サルトル研究序説』において「『実存』とは……己れを脱して素直に現実に『出会い』得る純に透明な心をもつことだ。個性だの人格の統一性だのを人間の根源的なものとして固執する近代の虚構を信じていたのでは、断じて実存に触れることはできない」と述べている（竹内 1972: 307-8）。この実存を実存たらしめる「透明な心」は、人を人たらしめる実体（＝礎）ではないだろうか。

先にふれたように、ハイデガーの場合、実存を実存たらしめる実体は「存在」である。わかりやすい例を挙げれば、それは「家郷」（Heimischen）であり、「大地」（Erde）であり、「自然」（Natura）である。なんであれ、それは、知覚し認識し表象する自己の思考を超えた広がりである。その広がりは、多くの人びと・事物の全体を像として把握するときに生じる広がりではなく、まさに自分が生きていると感じられる全体としての広がりである。それは、知覚されるものの背後の感覚される広がりであり、認識されるものの背後に広がる認識できない広がりであり、形象化（表象化）されるものの背後に広がる形象化（表象化）できない広がりである。この広がりは、だれにとってもふつうにあるが、一人ひとりの人にとってかけがえがない。すなわち、その広がりは、普遍的かつ独異的である。大雑把にいえば、そうした実体＝「存在」の広がりに人が内属しているという事実を知ることが、ハイデガーの存在論的思考である。

こうした存在論的「存在」の身近な例は、気遣いである。「現存在は、いつでも私そのものである。

……しかし、現存在は「他者への、事物への」気遣いである。その気遣いにおいて、たんに人間の存在だけでなく、存在するものの存在が、脱自的に開示される。……現存在は、存在一般への本質的な関係にもとづいて、自分自身である」（GA 40, EM: 31）。すなわち、気遣いが気遣いであるためには、それが「存在」に向かう営みでなければならない。それは、ハイデガーが、エックハルトの「大いなる本質をもたない者が何をしようとも、何も出来しない」という言葉を引きながら語る「存在の本質」（Wesen des Seins）である。「人間の大いなる本質が必要とされるのは、人間が存在の本質に帰属するためであり、この存在の本質を真理にとどめ護るためである」（GA 79, BFV: 70）。すなわち、〈よりよく〉生きようとする人が考えるべきことは、人間の本質であるが、その思考は、「存在の本質」に向かう思考でなければ、つまらないものになる、と。この「存在の本質」は、先にふれた「原存在」であるが、それも、私たちを先導するベクトルである。

†コナトゥスと先導性

コナトゥスに立ちかえろう。コナトゥスは、スピノザの概念のなかでもっともよく知られた概念である。それは、しばしば「自己維持の努力」「自己保存の努力」と形容されるが、そうした形容は誤解を招く。コナトゥスは、自己の意図的行為ではなく、人の「存在」を可能にする力である。端的にいえば、「独り存在する」という不可避のベクトルである。「すべてのものは、それ自体において存在するかぎり、それ自身の存在に努める（conatur）」（E: 3, P6 傍点は引用者）。「もの」すなわち人は、「神および神の属性」を「一定の仕方で表現する……様態」である（E: 3. P6, D）。したがって「努力する」ものは、「私の自己」ではなく「神および神の属性」である（E: 4, P3）。つまり、コナトゥスは、自己利益の拡大、自己生存の保全に向かう自己の努力などではなく、「神」へ向かう一人ひとりの歓びに彩られた生動的な力である。

こうしたコナトゥスに彩られた人の「存在」(esse) においては、「実在」(existentia) と「本質」(essentia) が一体化しうる。「実在」を有限な時間のなかに在ることと考え、「本質」を無限の時間のなかに在ることと考えれば、「実在」と「本質」は矛盾したままである。しかし、「実在」が他者と通底することであり、「本質」がすべてと通底することであると考えるなら、「実在」は「本質」の部分的現れである。そうした人の「存在」は、人の心において、逆らいがたい「衝迫」(appetitus) として現れる (E: 3, P11, S)。スピノザにとって衝迫は、意志にひとしいが、それは、あくまで「私の心が真なるものを肯定し、偽なるものを否定する能力であり、[恣意のような] 物を欲しがったり嫌ったりする欲望ではない」(E: 2, P48, E)。この衝迫が向かう「真なるもの」は、繰りかえすが、「神および神の属性」つまり「神の自然」である。したがって、コナトゥスに彩られた人の「存在」は、「神の自然」に向かう人の生き生きとした生、生動として現れる。

ちなみに、この生動は、スピノザが『神学・政治論』でいう、聖書に登場する預言者たちが体現していた「心情的確かさ」(moralis certitudo) である。それは「明確で活発な象り」(distinca, & vivida imaginatione) と「徴し」(signum) とともに、「義と善に向かおうとする心のアニムス (animus 生動的な力)」である。「明確で活発な象り」とは「ものごとを生き生きと思い象ること」である。この象りにおいて、善、すなわち「隣人への愛」という「神の言葉」が預言者に現れ出る。霊性に満ちた預言者に届けられる「神の言葉」は、理性とともに生きる「私たち [＝哲学者や一般人]」に届けられる神の言葉とまったく一致する」(TTP: 15, N7)。つまり、「義」すなわち「神の言葉」に聴き従うこと、いいかえれば、先導性というベクトルを懐胎するプラクシスにおいては、神学が語る預言者の霊性も、哲学が語る理性も、同じである。

ようするに、コナトゥスは、超越性への希求をともなう先導性である。その超越性は、「神の自然」「人の自然」と語られた生動 (〈自然〉) である。この「自然」の生動、また先導性の力動を「神ないし自然」と述定する必要は、私たちの多くにはないだろう。私たちの多くは、「神」を知らずに〈よりよく〉生きようとするからであり、ただふりかえりとともにそうしているからである。たとえば、人はしばしば、大人になってから、何かのきっかけで、子どものころに象っただれかの記憶――憎らしく思い続けたその同級生の像――を書き換えようとする。その人は「私」をひどく嫌っていたのではなく、どうしようもなく「私」につらくあたったのかもしれない、と。そうした硬直してしまった記憶の書き換えは、意図しなくても、およそ〈よりよく〉に向かっている。すなわち、先導性のもとで行われている、と考えられる。

4　痛ましさと先導性

✝痛ましさと喜ばしさ

近世日本における仏教思想で語られてきた「無」も、非在の現前の比喩表現といえるだろう。坂口は、『あっかんべェ一休』というマンガにおいて、一休を「無を生きる者」として描いている（坂口 1993）。すなわち、自己という欲望のかたまりから逃れ、天地万物とつながりつつ生きる者、すべての「偶像の仏」を棄却する者として。その一休論にふれて、永井は「無を見てしまった者は、かつてない孤独を生きてゆかねばならない。業の糸を断ち切ってしまえば、自分を支えるものは何もない。生きる力の源泉そのものが涸れてしまうかもしれない」といい、むしろ、無を生きる者は、「生きる力の源泉」をその身に潜ませるかぎり、「ルサンチマン」を体現するほかないのではないか、と暗示している。「このマンガを読むと、そもそも善の持つ力の源泉は憎悪（ルサンチマン）にあるように思われる」と（永井 2004: 205, 208）。永井の読み方とは違い、私は、この憎悪と「無」の関係に、冒頭で述べた逆理の力動を見いだす。すなわち、憎悪を憎悪のままにとどめず、そこに「無」に向かう先導性、〈よりよく〉のベクトルを見いだす。

この逆理の力動は、自己という欲望のかたまりから逃れることではなく、心のなかに超越性に向かうベクトルを見いだすことにひとしい。この逆理の力動の先に象られる「神の像」は、果てしなく続く喪失・死滅・破壊への慨嘆のなかで、ようやくの思いで象られた超越性（超越者）である。「批判」「批評」と称し、その「神の像」を論難し、「妄想にすぎない」と愚弄する人もいるだろうが、いかなる人も、この象りそのものを難じることを許されていない。というのも、そこで超越性と象られる非在の先導性の終点は、およそ人が〈よりよく〉生きるうえで不可欠な同伴者だからである。私たちが試みるべきことは、そうした同伴者を象る思考（たとえば、キリスト教思想やハイデガーの存在論）と、それを棚上げして展開される機能的・実利的・権力的な思考を、ともに踏まえて生きることである。どんなに野に咲く薔薇が美しく、機能や実利や権力からかけ離れていても、その前でただ恍惚としているだけでは、生きていけないのだから。

超越性を醸成する呼応の関係が生じる契機は、端的にいえば、クレティエンのいう「痛ましさ」である（第1章参照）。私の苦しみと同じように、呼応の関係のなかでは、他者の痛ましさが、剝き出しで私に襲いかかる。掻き抱く、心で泣く、耐え忍ぶ、といった痛ましさと一体である「迫られる時」（カイロスの時間）は、自己をはるかに超える、心の豊穣な広がりを暗示している。この痛ましさは、人を喜ばしさに向かう闘いに誘い続ける。理不尽・無慈悲としか思えない暴力のなかで、なお呼び声を聴きとり、その暴力と闘い続けることが、呼応の関係がもたらすプラクシスである。普段の社会的現実に引き寄せていえば、何のために新商品を開発するのか、株価の変動を分析するのか、学習評価論を宣揚するのか、そうした機能的・実利的な問題解決の思考も、人がすでにつねに何らかの痛ましさに襲われていると象るなら、〈よりよく〉なるだろう。痛ましさに襲われる「心の鏡」は、ただ消費され論難し嬌笑し憎悪し忘却する生を退けるだろう。

この痛ましさは、スピノザのいうコナトゥス、ハイデガーのいう「(原)存在」など、ひとりの人の実在を超えるいのち(序章参照)ないし〈自然〉を文脈とした概念である。ゴミ箱に捨てられ震えて鳴いている子猫に痛ましさを感じることは、その子猫に一つのいのちという喜ばしさを見ることである。そのいのちは、その子猫を見ている私たちのなかに見いだされるいのちと同じと考えられる(むろん考えない物質主義者もいる)。一つの試みとして、海洋学の知見を使い、そのいのちの母胎(マトリクス)はおよそ四六億年前にできた「原始海洋」であり、そこに最初の生命体が生まれたのは四〇億年くらい前である、と考えることもできる。むろん、有史以来の無数の生命体のなかにいのちという実体を見いだすことは、通俗的な神秘主義であるが、生命体の生命にいのちを見いだし重ね書きすることは、存在論である。存在論のなかでこそ、私たちは、人が他者の痛ましさを感じ、それを喜ばしさに変えたいと希求することを記述することができる。

†先導性のベクトル

他者の痛ましさ・喜ばしさと不可分である呼応の関係は、私たちそれぞれが独異に象る理念・理想の存立条件である。第一に、呼応の関係のなかにおいて、先導性のベクトルが喚起されるからであり、このベクトルは、ささやかな創意工夫をふくむ豊かな想像(象り)力にひとしいからである。第二に、理念・理想は、この想像力が象るものと考えられるからである。ようするに、価値相対化の絶対化が生みだすニヒリズムやシニシズムから自由な主体は、呼応の関係のなかで、想像力とともに理念・理想を生成する。そうした自由な主体が、社会的な制度・規約を〈よりよく作りかえる〉諸活動を遂行するだろう。

確認するなら、先導性のベクトルは、個人主体が負うべき、いわゆる「責任」を越えて、人を突き動かす。ヴォルテールふうにいえば、私たちは、自分のしたことだけでなく、自分のしなかったことにも、責任を感じてしまう。「私のしたことではありません」と、犠牲者の声なき声を無視することは、何の理由もなく許されない。それらの不作為は、個人の責任としては追及されないが、ひとりの人の生きざまとしては理屈抜きに責められる。この責めは、その理由を道義的・宗教的に分節し敷衍すればするほど、薄らいでしまうが、逆理の力動があるかぎり、人びとがこうした責めを意味・価値によって希釈したり無視したりする方向に社会が傾いていると感じるからこそ、それに抗う存在論的思考が生成するだろう。

ようするに、問われるべきことは、現代社会の有用性志向それ自体、規則随順性それ自体ではなく、有用性・規則随順性を正しく活用できる先導性のベクトルの看過である。現実を越える先導性ないし超越性を忘失したまま傲然と稼働する社会システムは、その基礎である人の「存在」を磨り潰し、欲望の垂れ流しを招いているように見える。先導性のベクトルは、人が、呼応の関係のもとで、今・ここに定め置かれて、暴力を呼び寄せる社会的現実に立ち向かうことである。もしも人がそうした立ち向かう存在者ではなく、ただ欲望のままで恣意放縦であるなら、人は、ハイデガーのいう「不安」も、キェルケゴールのいう「絶望」も感じないだろう。ただ自分の目的を立てる自由を望むばかりである。そうした人は、自分の現実の外に実在する力が自分に呼びかける声から無縁であり、歓びを生みだす悲哀を知らず、失敗に傷つかず、手順を追い求め、自己に執着し、〈よりうまくやる〉ことをめざし、自分は「自由な主体」と思い込むだろう。

そうであるなら、教育学の仕事の一つは、〈よりよく〉のベクトルないし先導性を語る思想によって、この有用性志向・規則随順志向の社会システムを再構成する試みを繰りかえし企図し遂行することだろう。教育学が自己創出の支援を語る言説であるかぎり。最後に、現代の社会的現実がグローバル化しつつあるという事実を受け容れ、それを〈よりよく〉作りなおすために、あの人間性、すなわち過去の遺物化しているそれを、存在論的に読みかえてみよう。

終章

遡及的に思考する
——独りともに在る

Retroactive Thinking : Co-being in Solitude

終章では、**先導性**と**共存在**の敷衍を試みる。めざすところは、**超越者**の**脱形象化**であり、**自己**の**脱中心化**である。まず、超越者が棄却され、それらに支えられていた**人間性**概念が遺制化するという現実にふれる。次に、その現実に抗するために、**遡及的思考**という記述概念を用い、人間性概念を**交感・感受性**、**呼応の関係**に再着床させ、その**プラクシス**を支えるものを「**神の言葉**」から〈**よりよく**〉**のベクトル**、つまり**先導性**へずらす。先導性は、人が何らかの超越者を模範として宣揚し信奉することなく、一人ひとりがそれぞれ独異なプラクシスのなかで〈**よりよく**〉在ろうとすることである。「**心の鏡**」は、この先導性をふくむ**心そのもの**としてとらえなおされる。そのベクトルは、多くの人におよそ内在するが、特定の他者の呼びかけへの応答としてのみ現れる。つまり、人の**独異性**は、呼応の関係という共存在のなかに生成する。その意味で、人は**独りともに在る**。

「人びとがあなたを賞賛し承認するとしても、それはけっして最善のことではない」（エックハルト「説教5b」EDW 1: Pr. 5b: 90/36）

1　存在論的思考へ

†「心の鏡」と存在論

思考創生（メタノイア）についてふりかえろう。まず、人のなかの〈よりよく〉のベクトルは、スピノザのいうコナトゥスと重ねて理解することができる。この〈よりよく〉のベクトルないしコナトゥスは、認識の三態、すなわち〈感じる〉こと（受容・感情）、〈考える〉こと（概念・観念）、そして〈独り〉を知解することをつらぬく力動であり、それが向かう先、すなわち超越性は、「神／人の自然」（ナートゥーラ）と形容されている。その「自然」の本態は、スピノザの場合、歓び（レティティア）ないし生動的な力（アニムス）であるが、アウグスティヌスやトマスの場合、「アニマ」であり、その現れないしプラクシスとしての「存在」（エッセ）であり、つまるところ「慈愛」（カリタス）ないし「隣人への愛」（アガペー）である。

「心の鏡」についてふりかえるなら、序章で述べたように、無垢は、インファンティアであり、知覚・意味以前の状態である。それは、言葉ぬきで交感し感受している状態であり、心そのもののはたらきである。アウグスティヌスたちは、この心そのものを「心の鏡」（「心の眼」）と形容し、そこに〈よりよく〉のベクトル（痕跡としての「神の類似」）と、そのベクトルの向かう超越性（完全態の「神の類似」）を見いだしている。私の理解するかぎり、このベクトルは非在の現前、共鳴共振であり、その完全態として象られるものが「神の像」であり、「神」は「神の像」としてのみ現れる、ということができる。それは、「神」が、プラクシスを先導するものから遡及的にのみ認識可能＝象り可能であるものであることを意味している。それは、インファンティアが、知覚・意味から遡及的にのみ思考可能であることと類似している。

こうした認識・心をめぐる諸概念の解釈は、思想の実証的研究としてではなく、理念・理想、自由・創始が蔑ろにされる現代の風潮への抵抗活動として行われている。その風潮は、いいかえれば、超越性を忌避することである。「神」の慈愛であれ、人の「存在」であれ、大切にされるべき超越性が生き生きとした「歓び」とともに求められなくなれば、言葉になかなかできない違和感も嫌悪感も消えてなくなるだろう。かわりに、ただ刺激と嬌笑に溢れ、嫉妬と慢心を潜ませ、有用性と手続きばかりが論じられる世界が、広がっていくだろう。超越性に向かう希求としてのデジールが、欲望としてのデジールに還元されるだろう。しかし、そうした社会においても、モンテーニュとともに、「深い歓びには、愉快よりも深淵がある。極度の、充分な満足には、陽気ではなく、静寂がある」といえるはずである（MM, E. L. 2, C. 20[498]/4, 138）。

この超越性に向かう〈よりよく〉のベクトルを語る言説は、ここでは「存在論」と呼ばれる。第一章で述べたように、ハイデガーの存在論をすこしだけ翻案するなら、交感、共鳴共振、呼応の関係を基礎におく存在論を提案することができる。その存在論は、通念的（有用性志向・規則随順志向の）思考の下方にあり、それを支えている。つまり、存在論と通念的思考は、対立的ではなく重層的な関係にある。通念的思考は、子ども（人）が、日常的な意味・価値を前提にしつつ、有用・有能、規約・制度を求めるとき、自然と形成されるが、存在論は、語りがたい超越性と共存在についての思考であるため、およそ覆い隠されてしまう。しかし、超越性と共存在が重要であるかぎり、どんなに無視されようとも、存在論的な思考は消え去らないだろうが、遡及論的に考えれば、超越性は、およそすでに象られたものである。それは、硬直化の可能性、そして制度化・規範化の可能性をふくんでいる。それが象られる前のベクトルに立ちかえるなら、そして存在論的広がりに内属しながらいえば、超越性に向かうベクトルは、たんに「先導性」と形容される。

†先導性と共存在

ここで、存在論の基礎概念を、超越性と共存在から、先導性と共存在にずらしてみよう。あらためて規定するなら、先導性は、通念としての意味・価値、自己・世界、規約・制度を超えて人が〈よりよく〉在ろうとするベクトルである。それは、「超越」ともいえるが、超越性という終点が設定されていない、非在の現前である。その契機は、人がだれかに心を動かされ、そのだれかを、利益・利便、有用・有能とは無関係に「かけがえがない」(代替不可能)と感じることである。いいかえれば、先導性は、ある人がかけがえのない他者とともに在るなかで、その人に対するプラクシスが先導されることである。人は、この先導性とともに自分の内奥にふれ、欲望する自己と交渉し、逡巡し、ささやかにであれ、思い切ってであれ、決断する。あとで敷衍するが、人を人間的にするものは、こうした先導性と自己の隔たりである。

共存在は、呼応(呼びかけに応える)の関係というかたちで、人が他者とともに在ること、いいかえれば、自・他を起点とする交感、感受性の広がりのなかで、互いが地続きになることである。それは、人と人・生きもの・自然全体の「相関活動」(デューイ)ないし「相互浸透」(ルーマン)を可能にする存在論的感覚である。鳶野の言葉を引かせてもらえば、このつながりは「……いのちの呼びかけに対し、その傍らにあるいのちとして……私たちのいのちが、裸身のまま応えているありさま」である(鳶野 2017: 96)。その呼びかけに応えることは、「存在」を日常の現存在から引き離し、圧倒的強度に満ちた「存在」に変えることをふくんでいる。モンテーニュの言葉を引くなら、「死を意に介さず、死に逝くなかでも、自分の生の歩み(le train de la vie）を自由に続けること」をふくんでいる（MM, E: L. 2, C. 21[503]/4, 147-8）。

こうした先導された共存在のプラクシスから紡ぎだされる生の〈物語〉は、予期しない出来事とともに書き換えられていく。日々のプラクシスは、〈よりよく〉のベクトルに促されるが、そのプラクシスが実際に〈よりよい〉かどうかは、事後的にのみわかるからである。そうした生の〈物語〉の帰着点は、当人によってすべてが終わった後で語られるだろう。それが事後のテロスである。「人の生は、その終わりから見ることで、はじめて統一体として把握可能になる」（Luhmann 2000/2016: 52）。事前に定めた夢に浸っている人は、「私とは何か」と問い、自分の言動をその夢に回収しようとするだろうが、不断に生成し〈よりよく〉生きようとする人は、「私とは何か」と問わず、自分の言動をたえず新たに創始するだろう。

以下、教育に引きつけて、こうした先導性と共存在の含意を語ってみよう。まず、超越者・超越性が棄却され、それらに支えられていた人間性概念が遺制化するという現実にふれる。次に、その現実に抗うために、遡及的に思考し、人間性概念を交感、感受性の広がり、呼応の関係に再着床させ、そのプラクシスを先導するものを「神の言葉」から区別し、たんに先導性として語りなおす（第2節）。最後に、この先導性を前章で述べた「心の鏡」に重ね、そのベクトルは、およそ普遍的に人に内在するが、特定の他者の呼びかけへの応答としてのみ外に現れる、つまり人の独異性は呼応の関係のなかで出来する、と論じる（第3節）。

2　交感・感受性に立ちかえる

†排除される超越性

〈よりよく〉生きようとする自由・創始は、特定の理想像を予め設定されることで、しばしば妨げられる。その事前の理想像が、つまるところ、自分や組織、そして国家の利益に人を向かわせ、交感、感受性、呼応の関係を排除するからである。そうした事前の理想像の設定は、明治期から現代にいたる日本の教育政策において、当然のごとく繰りかえされてきた。たとえば「理想像を教育の指針にする」ことや「目指す人間像を道徳の内容項目の中に盛り込む」ことが、説かれてきた。世情や情勢に依りつつも、「期待される人間像」（一九六三年 中央教育審議会）のような理想像をかかげることが、教育政策の当為のように語られてきた。二〇一七年に告示された学習指導要領についていえば、本田の研究が的確な記述概念とともに析出しているように、そこで「教育の目的」として定められている「資質・能力」も、所与の理想像を構成する要素として、子どもたちに強要されている、ということができる（詳しくは本田 2020 参照）。

こうした、近現代の日本の教育政策における事前の理想像設定は、さかのぼれば、キリスト教の超越者の排除から始まった。明治期に移入された教育概念は、およそヨーロッパの教育思想に由来するそれであるが、完全に脱キリスト教化されたそれである。たとえば、敬虔なキリスト者であった内村鑑三（1861-1930）は、一九〇七（明治四〇）年に著した「日本国の大問題」という評論において、次のように述べている。「ヘルバルトが神と書きしところを……削り、……天皇陛下の名を加え……、ペスタロッチを欺き、ヘルバルトを欺いた」ことに示されるように、「明治政府の施した教育はみなことごとく虚偽の教育であります」と（内村 2005, 24: 189-90）。内村が言及するヘルバルト（Herbart, Johann Friedricht 1776-1841）、ペスタロッチ

（Pestalozzi, Johann Heinrich 1746-1827）が語った教育概念、たとえば「陶冶」（Bildung）、「人格」（Persönlichkeit）、「発達」（Entwicklung）などは、基本的にキリスト教思想を文脈としていた（田中 2019）。

しかし、現代日本の教育の根本問題の一つは、教育が、理想像としての超越者を排除するだけでなく、自己——つまるところ、社会の通念——を超える超越性も忌避していることだろう。超越性は、いわゆる「宗教」「趣味」に還元され、「非科学的」「非実利的」と意味づけられ、囲い込まれている。また「批判こそ学問だ」と叫ぶ人によって、この超越性は、他者を「批判」する自由を奪う暴力と論難されているが、その論難においては、「批判」という名の誹謗中傷によって、当人の自己顕示欲がただ満たされている。彼（女）らが向かうのは、自己（所属組織・所属国家をふくむ）の利益だけを求める自己中心の自明化であり、さまざまな社会問題（利益相克、格差・差別など）を法令や行政によって規則随順的に解決することである。

キリスト教思想であれ、存在論であれ、超越性、先導性を語ろうとする思考は、こうした自己中心性、規則随順性の社会的趨勢を加速している人にとっては、無意味である。それは、猪突猛進ないし機械的に処理しているときに「ふりかえれ」といわれるようなもので、「何の役にも立たない妄言」に思えるだろう。しかし、その趨勢に巻き込まれ、生きづらいと感じている人にとって、超越性、先導性を語る思考は、「なぜ生きづらいのか、どう考えればよいのか」を考え続けるうえで、助けになるだろう。この思考において語られるだろうことは、少なくとも三つある。すなわち、自分の弱さを謙虚に認めつつも不断に〈よりよく〉在ろうとするという敢然（daringness）、自己を超えて他者の声に聴従し他者と〈ともに在る〉という真摯（fidelity）、そして能力の多寡にかかわりなく一つのいのちを慈しむ肯定（positivity）である。

†人間性という理念の遺制化

ともあれ、確認しよう。超越者・超越性が排除されることで、もともと見えないものである〈よりよく〉のベクトルは無視されていく。かわりに、慇懃無礼に自己正当化し、よりうまく賢く立ちまわり、「自分だけは損をしない」という生き方が自明化する。「人間性」も、あとで確認するように、もともと超越性を前提にした観念である。この人間性の遺制化は、社会の機能的分化の高進を背景としながら、一九六〇年代・七〇年代のフランス思想、たとえば、サルトルやフーコーの思想によって加速していった。一九六八年にルフェーブルは、フーコーの『言葉と物』に記された「消え去る人間」という言葉を受けとめ、「古い人間性（humanisme）は、遠ざかり、消え去る。それに対する郷愁は薄れ、私たちが人生をつらぬき広がるその形象をふたたび見るために、それを想起することは、もはやほとんどない」と述べている（Lefebvre, DV: 98）。

こうした人間性理念の遺制化は、さかのぼれば、ハイデガーが一九四七年の『「ヒューマニズム」について』のなかで慨嘆していること、すなわち「フマニタス」（humanitas）という古来の概念がもっともらしい「ヒューマニズム」（humanism）に覆い隠され、見失われたことでもある（GA 9, Hum）。そのヒューマニズムは、ルフェーブルが「吐き気をもよおす紛いもの」と形容したそれである（Lefebvre, DV: 98）。それは、たとえば、制度化・規範化された「慈善」「募金」「ボランティア」をしていれば、「人間的である」と承認され安心できるという風潮が、本来的な意味で人が人を無心に気遣うという営み、すなわち無条件に他者を支援しようとする不可避的な想い、しかしなかなかできないという苦しみを覆い隠してしまうことである。

確認しておくなら、「フマニタス」というラテン語は、紀元前一世紀には、「親切」「教養」という意味ですでに使われていた。この言葉に「人間的なもの」という意味を最初に与えたのは、キケロだろうか。キケロは、『友情について』のなかで「一度も会ったことのない人に、何らかの愛情を抱くこと」を「フマニタス」と形容している（Cicero 2006/2004: 8, 48）。ともあれ、のちのフランス語の「ユマニテ」（humanité）、ドイツ語の「フマニテート」（Humanität）は、この「フマニタス」の訳語である。たとえば、「フマニテート」は、一八世紀後半にカント、ゲーテ、シラー、ヘルダーなどによって、「神の言葉（声）」に応答する「人の自然」（natura humana）という意味で使われた。カントの「人間性（Menschheit）［＝人の自然］それ自体が、尊厳である」という言葉も、この神と人の呼応の関係を前提にしている（KW, MS: 600）。

もっとも、その「人の自然」（「神の類似」）は、不変・所与の十全なものではなく、その痕跡のようなものであり、人自身の試行錯誤とともに歴史的に賦活され展開されるべきものであった。「人の自然」すなわち「人間性」（humanitas）は、歴史とともに「完全性」に到達する、と考えられ、その過程が「発達」「発展」（development）と形容されるようになった。たとえば、アウエルバッハがヴィーコ（Vico, Giambattista 1668-1744）を引きながら論じているように（Auerbach, LPLSM: 9-12）。この人間性の歴史的形成論は、〈芽〉の隠喩にもとづくメタノイア論にいくらか通じている。ともあれ、ここでは、これまでにも言及してきたヘルダーのいう「人間性」論の要点だけ、確認しておこう。

†ヘルダーの人間性

ヘルダーは、一七九三〜九年の『人間性促進のための手紙』において「人間性」（Humanität）の形成方法を詳論している（SWS 17/18, BBH）。ヘルダーのいう「人間性」は、「人類」（Menschheit）の本質であり、「理性」（Vernunft）と「正当性」（Billigkeit）の結合したものである。その理性は「自然を支配する魂」の力であるが（SWS 13, IPGM: 143）、つきつめれば、聴きとられた「神の言葉」である。ドイツ語の Vernunft が動詞の vernehmen（聴く・受けとる）に派生するように。「理性とは、聴きとられたもの［＝神の言葉］以外の何ものでもない」（SWS 13, IPGM: 145）。しかし、その呼び声は、かすかにしか聴こえない。したがって、理性の具現化は、あれこれの試行錯誤をともなう。「正当性とは［いわゆる「公正」ではなく、その試行錯誤を支え導く］実践的合理性にほかならない」（SWS 14, IPGM: 246）。この実践合理性としての正当性に支えられつつ、あれこれ迷いながらも、理性の具現化に不断に向かい続けることが「人間性」である。

この人間性を端的に示す人の様態が、「神」へ向かい他者とつながろうとする「信仰」（Religion）である。ヘルダーは、一七八四年の『人類の歴史の哲学に向かう理念』で次のように述べている。

「あなた［＝神］によって育つもの、それが人間である。人間は、そうとは知らず、ただ事物の原因を探し、その連関を定め、大いなるあなた（*Dich*）を見つけようとする。大いなるあなたは、すべてをつなぐ大いなる絆であり、いのちの本質（Wesen der Wesen）である！　人間は、あなたのうちにあるものを知らない。地上のいかなる力の本質も知らない。そう、だから、人間があなたを形づくろうと試みるなら、それは必然的に偶像となる。そのあなたは本来の姿を失ったままである（du bist Gestaltlos）、［その本来の姿が］すべてを形づくった初源の原因であるにもかかわらず。しかし、おぼろげでも［私たち人間に］贈られているあなたのかすかな灯りは、やはり光である。人間があなたのために建立したいかなる祭壇も、あなたの実在を暗示するだけでなく、あなたを知り信じる人間的な力を引きだす比類なき碑である。つまり、信仰（Religion）は……もっとも気高い人間性の反映であり、人間的な魂（menschlichen Seele）のもっとも美しい開花である」（SWS 13, IPGM: 162–63）。

ヘルダーのいう人間性の礎は、彼のいう「理性」――「神の類似」「内なる人」「霊性」――の呼びかけに人が応えることである。彼のいう信仰は、教義によって人びとが束ねられる界域としての「宗教」ではない。「信仰が教義から区別されるとき、信仰は、つねにそのままであろうとする。信仰は、教義であろうとしない。教義は分断し敵対させる。信仰は結びつける。すべての人のなかで、それがただ一つだからである」（HFW, 9. 1, RLG: 727）。信仰は、イエスの慈愛に体現される霊性が人のなかで励起し活動している状態である。この状態は、キリスト教の教義を剥がせば、ただたんに、人が痛ましさに呼びかけられ、その声に無心に応えることである。いいかえれば、呼応の関係のなかで他者に応えつつ独り生きることである。

少なくない人が、こうした呼応する人間性をキリスト教が描くたんなる絵空事と否定してしまうだろうが、それは厄介な事態を蔓延させる。他者不信の広がりである。人が他者と親しくなったり睦みあったりできるのは、相手を「呼応する人」として無意識のうちに信じているからである。あれこれ対立し争っても、「人として」つきあえるのは、他者が本来的に〈よりよく〉生きようとしているからである。さもなければ、私たちは、たえず他人の心意を疑い、裏切りへの対処法を事前に用意しなければならない。この他者への信の喪失がもたらす帰結は、コミュニケーションの希薄化である。すなわち、他人に近づきすぎないように隔たりつつ、敵意や反感をもたれないように微妙な距離を維持しつつ、すれ違いながら他人とかかわることである。それは、不信が不信を増幅するというその連鎖に巻き込まれて淋しく怯えて生きることである。

†交感・感受性のなかの先導性

人間性という概念を立てなおす道筋を、次のように考えてみよう。第一に、人間性を、キリストを模範とする生き方ではなく、存在論的に日々〈よりよく〉生きようとするベクトル、すなわち先導性に関与・言及し続けることと見なすことである。「人間の本質の規定は、けっしてその回答ではなく、本質的に問いである」(GA 40, EM: 149)。第二に、この先導性を、「神の言葉」ではなく、存在論的事実のなかに現れる出来と見なすことである。「人間への問いは、つねに存在はどうなっているかという問いに本質的に連関しなければならない」(GA 40, EM: 149)。端的にいえば、「存在」に支えられた先導性に背反するさまざまな事態のなかで、迷いながらも、みずから決断することは、まさに人間的である、と考えてみたい。

この提案の中心に位置している先導性は、神学とともに彫塑されたキリスト教的な「良心の声」から区別される。キリスト教思想における「良心の声」は、かならずしも「神の声(言葉)」ではないが、およそそれに重ねられてきた。たとえば、西田幾多郎のいう「良心の声」は「神の声」である。西田は、一九三一年の「永遠の今の自己限定」において、「肉の底に聞こえる霊の声が良心の声である。……良心の声は神の声である」と述べている(西田 全集6:230)。近代ヨーロッパ文学では、この「神の声」としての「良心の声」に聴き従うことで、利己的で傲慢な者が悔い改め、いわゆる「隣人への愛」に目覚めることは、繰りかえし語られたが、私が提案する先導性は、あくまで存在論的概念、それも呼応的なそれである。

この存在論的な先導性は、第一に、当事者の一回性の決断をあと押しする内在契機である。先に示したカイロスの時間、すなわち〈～をしなければ〉という「迫られる時」(instantia)に始まり、「迫られる時」の終わりとともに終わる時間をもたらす内在契機である(第5章第3節参照)。確認しておくなら、ごくふつうに行われる意志決定は、それによって何が生じるかが因果論的に予測されているが、それが予測できないとき、決断となる。決断は、帰結が予測された意志決定と違い、帰結が予測できないからこそ、すなわち迷っているからこそ、行われる。それは、日々のプラクシスの一面であり特異である。決断は、反復されるが、同一ではない。人はふだん、何らかの小さな決断をしながら生きているし、その決断はおよそ、ささやかな無謀をともなっているからである。つまり、多くの好機(チャンス)は、そのままリスクでもある。そうした一回性の決断の反復のなかで、他者を支え援ける決断をうながす内在契機が、先導性である。

この存在論的な先導性は、第二に、キリスト教的な教導概念――たとえば、カントのいう「模範」や「人間の理念」――にはなりえない。それが、「私」と「あなた」が共鳴共振しているという事実を前提にしているからである。その事実は、何らかの言説――キリスト教思想であれ、カント道徳論であれ――に着床している概念ではなく、プラクシスののちに私たち一人ひとりが〈よりよく〉とは何か、とふりかえり問いかけるときに、たとえば「親愛」「親密」「友愛」と語られる。共鳴共振のなかに立ち現れる先導性は、たとえば「神の像」と呼ばれてきた像、また「主体性」と呼ばれてきた像をともなうが、その像は、形象化された「神」にも、中心化された自己にも回収されない。先導性は、いのちあるものとの交感・感受性の広がりのなかで立ち上がり、やがて消え去る力ないし光である。象られた像が、出現し消失するように。それは、新たな意味づけを創始するが、ただちにその意味づけから離脱する。すなわち、存在論的な先導性は、プリミティブな交感・感受性の広がりに内属している意味で生動であり、決断をうながすという意味で力動である。

3　独りともに在る

†独りともに在る

この先導性の根ざす交感・感受性は、「存在」、ともに在ることの基底である。私たちは、自分を軽侮し排除し加害するかもしれない他者とともに生きている。理不尽で不条理な襲撃や侵略は、唐突に起こりうる。他者との親密・友愛と思える関係のなかでも、背信や凶行は生じうる。そうしたなかで、何らかの制度・規範、すなわち自・他を同化する制度・規範にすがることなく、ともに在ることを可能にするものは、私たちが、他者との交感・感受性のつながりに立ち返りながら、実際に他者とともに在り続けることである。このともに在るプラクシスに、人を集団や組織へと糾合させるもっともらしいかけ声はない。ともに在る「私」が聴き従う声は、ただ結ばれたいと希む、他者の、いわばうぶ声のような、独りの声である。その声が「私」を独異、独りにする。「私」を独りにする独りの「あなた」の声に呼応しつつともに在ること、この政治的野合も経済的協働も微温的慰撫もない、共存在の様態を「独りともに在る」と形容しよう。

独りともに在る人の応答は、原始キリスト教の「隣人への愛」に重なる。教義・形而上学なき時代の原始キリスト教の思考、たとえば、パウロのそれは、交感・感受性の広がりのなかにとどまっている。その思考は「隣人」の生き生きした「存在」こそが超越者への途、慈愛の起点であると断言する思考であり、本質・形相・規範の背後に生動・力動を見いだす思考である。そこで語られる「隣人への愛」は、人がはかないもの、死に逝くものに向ける憐れみでも、人を憐れむために人が虐げられたままであることを暗に欲望する人の施しでも、憐れむ自分を誇り傲るという欲望のもとに行われる奉仕でも、さらにいのちははかないから大切にし、虐げられた人は可哀想だから大切にする、という先回りの論理に染まる愛でもない。「隣人への愛」は、意図・思惑する自己に先立つ、無条件で無心の気遣いである。その「隣人」は、「私」の前に、見ず知らずの人として、いつのまにか「私」が気遣っている相手として、唐突に出来する。すなわち、「隣人への愛」は、隣人だから愛することではなく、愛するから隣人であることを意味する。

この「隣人への愛」は、隣人への呼びかけ、隣人からの応答という、呼応のプラクシスを生みだす。それは、おのずからの心の動き、すなわち受容・感情からひるがえって、「私」を主語とするみずからの活動的はたらきかけが行われる、ということである。心の（ないしアニマの）受動状態、いいかえれば、世事や表象に溢れている心の状態ではなく、鏡面のような心が、人が活動的にはたらきかける転機である。この転機に見いだされるのが、敢然性としての逆理の力動である。こうした、おのずからの受容・感情に支えられたみずからの活動的はたらきかけに、スピノザは、コナトゥスを見いだし、その背後に「神の自然」を見いだした。ちなみに、エックハルトは、そのはたらきかけに「魂の一なる力」（ein kraft in der sele）を見いだし、その背後に「神の根底（＝本質 gotes grunt）」を見いだした（上田 1973: 34 参照）。

独りともに在るなかで、心で先導性を感じ、それに従おうと努力することは、教会の典礼参加に象徴されるキリスト教の教義からも、真摯なキリスト教的な信仰からもずれている。むろん、カントのいう「原像」への信からも。その努力（コナトゥス）は、「神の像」を棚上げし、だれかをおのずから支え援けるプラクシスに専心することである。キリスト教思想が、キリスト化されたイエスの像を前提にしてきたとすれば、存在論は、たんなる人としてのイエスの「人の自然」に立ちかえり、それを「神の自然」に通底するものからずらすことを提案する。その「神」なき「人の自然」は、多くの人に分有されている、と措定しつつ。

†遡及的思考——先導性と交感・感受性

呼応の関係は、交感・感受性の広がりを前提にしているが、その広がりも、実際の呼応の関係から、遡及的に思考されるだけである。その広がりは、知覚されないのだから。知覚が知覚される前の感覚を前提にするように、観念が概念される前の事物を前提にするように。知解される「神の自然」が「人の自然」を前提にするように。そもそも像は、生動・力動を前提にしている。スポーツの写真が、生の躍動を前提にして（滲ませて）いるように。像は、象られる前の生動・力動を前提にしているが、その生動・力動は、像から遡及的に語られる（名づけられる）だけである。生動・力動は、その表象からさかのぼり語られる。

語られる前の生動・力動（いのちの力）は、豊かな表情（「顔」［visage］）のように、新たに生成し続ける。こわばった顔のように固着したりしない。いいかえれば、生動・力動は一つの名辞で特定されない。それは、さまざまに象られ続ける。いわゆる「想像力」が何かを新たに生みだし続けるのではなく、生動・力動が新たに生まれ続け、それが何らかの「迫られる時」に象られる。たとえば「助けなければ！」と思う時に。「迫られる時」は、たちどまって考える瞬間などではなく、心に刻みつけるように強迫される現下である。「想像力」が既存の意味・価値から離脱し創造する「能力」（ability）だとすれば、象りは、既存の意味・価値などまるで無視する生動・力動が、心という場所に現前することである。

交感・感受性の広がりが、人と人（生きもの）をつなぐ生動的な水平の広がりであるとすれば、先導性は、この水平の広がりに力動的な垂直な強度を与える。ただし先導性は、命じる声ではなく、決断を後押しする感覚である。それは、他者に痛ましさを感じること、すなわち異他と交感し、知らないうちに自己を凌駕し、時ならぬ時にだれかを痛ましく感じることと、一体である。この痛ましさという認識は、痛ましさから歓びへという逆理の力動をはらみ、その力動は、〈よりよく〉のベクトルに先導されている。この先導性の現れは、「勇気」（animositas）、「敬虔」（pietas）、「誠実」（honestas）、「慈愛」（caritas）といった言葉で語られうるが、重要なのは、そうした言葉の意味ではなく、逆理の力動であり、歓びへの反転である。

存在論的思考においては、「心の鏡」（「神の類似」「霊性」など）は、この先導性を取り戻した心、ととらえなおされる（通常の心を熱された磁石に喩えれば、先導性は、その磁石の磁力に似ているだろうか。磁石の磁気（電子のベクトル）は、熱されると多様な方向を向き、磁力を失うが、冷めると一定の方向を向き、磁力を取り戻すからである）。「心の鏡」は、自分を映しだしあれこれ吟味する自己反省の手段ではなく、かけがえのない他者への「私」のプラクシスが先導されることである、と。その先導性は、現実のさまざまな暴力に対する嫌悪・違和を契機ないし転機としつつ、人を〈よりよく〉生きるためのプラクシスにいざなう。先導性は、キリスト教思想において「神の類似」「内なる人」「神の像」「良心の声」と語られてきたが、さまざまな芸術作品に描写されたイエスの模像でもなければ、神学的に彫塑され観念として表象されたイエスの本質でもない。先導性は、さらにプラトンのイデア、アリストテレスのオルガノンとも違い、自・他の共鳴共振という強度の交感のなかで開かれ、そうしたなかで人が生きているかぎり、暴力は不可能である、と告げる。

†暴力・自己・孤立について

暴力は、激昂するいのちの力の表徴であり、おのずからの先導性の消失、いいかえれば、「心の鏡」の消失である。それは、およそ、他者の声を聴こうとしないというみずからの意志、すなわち「自己」の選択である。暴力の行使者は「我を忘れている」「理性を失っている」といわれるが、それは、おのずからの状態ではなく、意図的に選択された強度の状態である。ひとりの人間に対してであれ、一つの組織に対してであれ、一つの民族に対してであれ、暴力は、その関係性の総体を破壊することであり、フミリタス（他者を下支えすること）の棄却であり、自分の真理化・正当化である。自己中心、自国中心、自民族中心が暴力を生みだすのは、それらが自分を真理化・正当化するという意味で、暴力と同質だからである。こうした暴力は、人が先導性、共鳴共振を生みだす交感・感受性の広がりのなかに生きているかぎり、不可能である。

その意味で、先導性は、レヴィナスが一九七一年の『全体性と無限』で述べている、「あなたは殺さないだろう」と希求する「〈他者〉」（Autrui）と重ねられるだろう（Lévinas 1971: 217）。他者の独異性の表徴である「顔」（表情）が心に浮かびあがるとき、人はその顔にうながされる。その痛ましさに即応し、それを歓びに変えなければと思う。その顔は、「[神の像の]顕現（manifestation）に還元できないような、おのずからの現前（presenter）」であり、「どのような像（image）にも媒介されていない」。それは「他者の悲惨と飢餓において現前する」。その顔が現前させる「〈希求〉（Desir）においては、〈他者〉の〈気高さ〉と〈下支え〉（la Hauteur et l'Humilité d'Autrui）に向かう運動が共存している」（Lévinas 1971: 218）。〈他者〉は、プラクシスの交感・感受性のなかで人に突きつけられる〈希求〉である。これは先導性と重ねられるだろう。もしも形而上学が、超越性はプラクシスに先行する所与（a-priori）である、と考えるとすれば、存在論は、先導性はプラクシスがともなう交感・感受性という基底（elementum）から出来する、と考えるといえる。

なるほど、先導性は、実際のプラクシスのなかで、たえず揺るがされ、しばしば消え去る。言葉が、権力・疑念・闘争を招き寄せるからであり、人は、そもそも間違えるからである。たとえば、相手を「自分を陥れる悪辣な人」「自己顕示欲の塊」と意味づけたりもするからである。そうした他者の形象は、変遷し推移し回帰し、それとともに二人は、接触し分離し、共働し反発する。しかし、そうしたプラクシスが断絶されず連鎖するのは、交感・感受性の広がりが二人をつなぐからであり、消失してもまた出来する先導性が二人の心に潜在するからである。ふだんのコミュニケーションの性状は、おたがいの相性（ハビトゥスの合致）に左右されるが、それでも、そこに先導性を立ち上げる交感・感受性がなければ、コミュニケーションは、たちまち慇懃無礼なものになる。すなわち「私」と「あなた」は孤立し、本来的に独りともに在ることが、覆い隠されてしまう。そして、そうしたコミュニケーションにうんざりした人は、サルトルの『嘔吐』に登場する独学者のように「魂のコミュニオン」に微睡んでしまうかもしれない（第3章第3節参照）。

†独りと呼応の関係

ようするに、思考創生論、「心の鏡」論から引き出される、〈よりよく〉生きようとすることは、イエスのような超越者を模範として宣揚し、その言動を模倣しようとすることではなく、交感・感受性のなかで実際に他者を支え援けるプラクシスが連鎖的に継続されることである。たとえ、互いに眼をそらしあいながらでも、また失敗を繰りかえしながらでも、そして規約・制度を侵犯してでも、自分と同じように〈よりよく〉生きようとする他者のベクトルに共鳴共振し、その人を支援することである。そのプラクシスが失われるとき、「受苦」「情動」といった言葉は、理不尽な暴力に抗い、見通しの立たない未来を担うという敢然な力を失うだろうし、「慈愛」「敬虔」といった言葉は、無心に他者を気遣い、おのずから他者を信じるという真摯な力を失うだろうし、「自己」「主体」といった言葉は、社会的に評価される能力の多寡にかかわりなく、おのずから自・他の「存在」を歓ぶという肯定の力を失うだろう。

　私は、「神の像」に与りえない人が〈よりよく〉生きようとするために必要なこととして、自分の思考を交感・感受性の広がりに根ざす呼応の関係に遡及することを提案してきた。この呼応の関係のなかにこそ、先導性が立ち現れるからである。人は、人・生きものを感じ、それらとつながるなかで、自分を〈よりよく〉先導するものを感じるからである。そのつながりは、他者の死によっても断ち切られない。むろん、生者との対話のほうが生々しいが、死者との対話も、ふと思いだされるその人の言葉使い、何気ないその表情、仕草、抑揚、形姿などの機微によって、交感的になる。ときに、圧倒的な強度で心にふれる。世界がどう変わろうとも、その像はかけがえがない。静寂沈黙のなかの死者との対話のほうが、意図・思惑に塗れた生者との対話よりも純粋で、先導性を問い続ける営みになりやすいだろう。

　ともあれ、先導性は、非在であるため、この「私」において、問われ続ける。そのさなかにおいて、人は、生きている人と向かいあう独りの人になることができる。「あなたに何をするべきなのか」と問い続けながら。人が為すべきことは、ときどきに・さまざまに象られる。にもかかわらず、それは、一人ひとりの

「私」に独異に現れ続ける。それを先導するものは、キリスト教思想のいう「神の類似」「神の像」に比べれば、茫漠としているが、少なくとも交感・感受性のなかで生きている人にとっては、衝迫的である。他者の呼びかけに応えようとするかぎり、人はかならず独りである。その呼び声が自分に向けられているとしか「私」には思えないからである。その意味で、私たちだれもが独りともに在る、と表現される。

＊

以上、スピノザの心の認識論をアウグスティヌスやトマスたちの思考創生（メタノイア）論につなぎ、その「心の眼」「心の鏡」を心そのものと見なすことで、独りと共存在（交感・呼応の関係）という、一見、矛盾した要素が共存していることを示そうとしてきた。この矛盾的共存は、古代・中世のキリスト教思想研究から見るなら、よく知られた事実だろうが、現代社会に即した先導性を語るために、それをできるだけキリスト教思想の枠をはずして描きなおそうとしてきた。それは、たぶん瑕疵だらけの試論だろうが、同時に、豊穣な多様性を創始する自由な思考への誘いでもある。「豊穣な多様性」も「自由な思考」も、教育学の理念としてみれば、ありきたりであるが、どちらも、ただ連呼すれば魔法のように実現するものではない。それらは、私たちの認識様態・思考様態を深いところからとらえなおすことで、はじめてめざしうるものになる。本書は、そのとらえなおしの、なんとも危うい試みである。

あとがき

本書は、ドゥルーズに触発され、また逆らい、スピノザの思想に〈鏡〉の隠喩を見いだし、それを踏まえることで、発達・能力開発から区別される、古来の自己創出様態（メタノイア＝思考創生）の言説を示そうとしている。ただし、神秘的ではなく実在的なそれを。私にとって、人が生きて育つことは、発達論や能力開発論が語るような事実であるというよりも、「蠢動・浮動」と形容するほかない何かがおのずから格闘しつつ顕現し続けることである。

本書の原型は、一九九〇年代に、中村雄二郎の「パトス論」、数学者のブライアン・ロトマンの「無の記号論」に触発されて書き始め、あえなく挫折し放置された「教育哲学――顕現する生の礎」である。もっとさかのぼれば、そのきっかけは、一九八九年の「ベルリンの壁の崩壊」が、ドレスデンの音楽家が演奏したベートーベンのオペラから始まったかのように思われたことである。それから二五年、二〇一五年の東京大学教育学部の講義「教育臨床学概論」（題目「感受の存在論」）を契機に、スピノザの認識論を組み込んで同稿を大幅に書きなおしたものが、本書である。

書誌についていえば、序章は、同名のタイトルで東京大学大学院教育学研究科基礎教育学コースの『研究室紀要』（第四五号、二〇一九年）に発表したものを原型としている。また、第2章は、同名のタイトルで『教育哲学研究』（第一一六号、二〇一七年）に発表したものを原型としている。序章は、二〇一八年の暮れに田中毎実さん（武庫川女子大学）が主催する「パトス研究会」（於・同志社大学）で報告した。研究会に参加したのは、三〇年ぶりだろうか。

少数派の人は、まわりの大多数の人が好み興じることに、まるで興味がなくても、なんとか興味があるふりをしなければならない。たとえば、子どものころのスポーツやゲーム、大人になってからの権力・地位・名誉など。そして、いつも心のどこかで「ああ、めんどくさい」とつぶやき、「社交性など要らない」と思ったりもする。人が求め楽しむものの多くは大きく社会に広がるが、この趨勢と大きく異なる趣向をもつとき、人は、違和感とともに孤独を感じる。そしてその趣向は、さまざまな哲学思想にふれるうちに、自分の思想として象られていく（こともある）。

本書の試みは、超越者（性）への道筋を、中世キリスト教思想の思考創生論とスピノザの認識論に見いだし、現代思想、とりわけスピノザに無関心だったらしいハイデガーの存在論を引きながら、いくらか現代ふうにそれらを敷衍することである。私は、その認識論の帰着点を、先導性ないし超越性――キリスト教思想における「神」ないし「自然」――と位置づけ、その前提を「呼び声」という形なき経験に差しもどし、さらに人と人が独りともに在ることと結びつけている。取りだしたかった思考法は遡及であり、示したかった可能性はそれがもたらす豊かな多様性と自由な思考である。

もっとも、私には、アウグスティヌスたちが聴いた「呼び声」は聞こえないし、カントが厳密に論じ信じた「理念」は信じられない。彼らが感じ求め象ったものは、残念ながら、私の感じ求め象るものにならない。そのため、私の議論は、見通しのないまま、点と点を結ぶ試行錯誤をあれこれ繰りかえす創始、ようするに無謀な試みとなった。

教育学が、教育・学習の方法学ではなく、人が〈よりよく〉生きようとする営みを支え援ける学知であるとすれば、それは、さまざまなかたちで語りがたいことを語る試みでしかないだろう。そうした試みは近年、ますます反時代的で無謀な試みになっているが、本書の試みも、無謀である。しかも、この試みは、こうも考えられませんか、というたんなる提案である。しかし、こんな無謀な提案でも、それによって感性を鼓舞され、思考を喚起され、教育学をやってみようと思う人がいるかもしれない。そういう若い人に、この書を贈りたい。

二〇二〇年六月一四日

田中智志

Oxford: Basil Blackwell . / 1976 ウィトゲンシュタイン（藤本隆志訳）「哲学探究」『ウィトゲンシュタイン全集』 8 大修館書店. ［**PU** と略記］

Wittgenstein, Ludwig 1979 *Tagebücher, 1914-16/Notebook, 19141-6*. 2nd edn. Oxford: Basil Blackwell.

Wolff, Christian 1962- *Gesammelte Werke*, Hrsg. Jean Ecole et al, 2 Abtilung, 30 Bds. Hildesheim, et al: Georg Olms Verlag. ［**WGW** と略記］

PR = *Psychologia Rationalis, Methodo Scientifica Pertractata*, WGW, Abt. II, Bd. 3.

Simon, Gérard 2003 *Archéologie de la vision : l'optique, le corps, la peinture*. Paris: Le Seuil.

Söder, Joachim Ronald 1998 *Kontingenz und Wissen: Die Lehre von den futura contingentia bei Johannes Duns Scotus*. Münster : Aschendorff Verlag.

Solignac, Aimé 1982 "Oculus," in *Dictionnaire de spiritualité ascétique et mystique doctrine et histoire*, ed. Marcel Viller. Paris: G. Beauchesne, t. 11, p. 591-601.

Spinoza, Benedictus de 1987［1925］ *Opera Spinza im Auftrag der Heidelberger Akademie der Wissenschaften*, hrsg. Carl Gebhardt, 4 Bde. Heidelberg : Carl Winters Verlagsbuchhandlung.

RDPP = *Renati Des Cartes Principiorum Philosophiae, Pars I. et II*, vol. 1. / 1959 スピノザ（畠中尚志訳）「デカルトの哲学原理」『デカルトの哲学原理 附形而上学的思想』岩波書店.

CM = *Cogitata Metaphysica*, vol. 1. / 1959 スピノザ（畠中尚志訳）「形而上学的思想」『デカルトの哲学原理 附形而上学的思想』岩波書店.

E = *Ethica: Ordine Geometrica Demonstrata*, vol. 2. / 1975 スピノザ（畠中尚志訳）『エチカ』上・下 岩波書店. ［最初の数字は「部」、Ap は「付録」、Ax は「公理」、C は「系」、Df は「定義」、D は「論証［証明]」、E は「説明」、P は「定理」、S は「備考」］

KV = *Korte Verhandeling van God, de Mensche, en deszelfs Welstand*, vol. 1.

TIE = *Tractatus de Intellectus Emendatione*, vol. 2. / 1968 スピノザ（畠中尚志訳）『知性改善論』岩波書店［§ はブルーダー版の節番号］.

TTP = *Tractatus theologico-politicus*, vol. 3. / 2014 スピノザ（吉田量彦訳）『神学・政治論』上・下 光文社［C は章、N はアッカーマン版の段落番号、Pr は序文］.

Ep. = *Epistola*, vol. 4.

Stallybrass, Peter and White, Allon 1986 *The Politics and Poetics of Transgression*. New York: Methuen. / 1995 スタリブラス／ホワイト（本橋哲也訳）『境界侵犯』ありな書房.

The Second Vatican Council（Pope Paul VI） 1964 *Dogmatic Constitution on the Church: Lumen Gentium*. Vatican: Libreria Editrice Vaticana.［**SVC**, **LG** と略記］

Thoreau, Henry David 2004［1847］ *Walden ; or, Life in the Woods*, ed., Jeffrey S. Cramer. New Haven, CT: Yale University Press. / 1979 ソロー（神吉三郎訳）『森の生活』岩波書店.

Watt, Ian I2001（1957） *The Rise of the Novel: Studies in Defoe, Richardson and Fielding*. Berkeley, CA: University of California Press.

Wittgenstein, Ludwig 1961 *Tractatus Logico-Philosophicus*. London: Routledge & Kegan Paul. / 1975 ウィトゲンシュタイン（奥雅博訳）「論理哲学論考」『ウィトゲンシュタイン全集』1 大修館書店. ［**T** と略記］

Wittgenstein, Ludwig 1968 *Philosophische Untersuchungen*, 3rd edn, G. E. M. Anscombe ed.

Salzmann, Christian Gotthilf 2007 "Krebsbüchlein," *Krebsbüchlein, Ameisenbüchlein, Pädagogische Schriften, Bd. I*. St. Goar: Reichl Verlag.［**K** と略記］

Sanders, Barry 1994 *A is for Ox. The Collapse of Literacy and the Rise of Violence in an Electronic Age*. New York: Pantheon Books. / 1998 サンダース（杉本卓訳）『本が死ぬところ暴力が生まれる』新曜社.

Sartre, Jean-Paul 1972［1938］*La Nausée*. Paris: Éditions Gallimard. / 1994 サルトル（白井浩司訳）『嘔吐』新版 人文書院.［**S-N** と略記］

Sartre, Jean-Paul 1976［1943］*L'être et le néant: Essai d'ontologie phénoménologique*. Paris: Gallimard. / 1956-60 サルトル（松浪信三郎訳）『存在と無――現象学的存在論の試み』Ⅰ・Ⅱ・Ⅲ（サルトル全集 第一八・一九・二〇巻）人文書院.［**S-EN** と略記］

Sartre, Jean Paul 1986［1940］L'imaginaire. Paris: Gallimard. / 1970 サルトル（平井啓之訳）『想像力の問題』（サルトル全集 第一二巻）人文書院.［**S-Ie** と略記］

Sartre, Jean-Paul 2012［1936］*L'imagination*. 7e édition, Quadridge. Paris: Presses Universitaires de France./ 1982 サルトル（平井啓之訳）「想像力」『哲学論文集』（サルトル全集 第二三巻）人文書院.［**S-In** と略記］

Sartre, Jean-Paul 2012［1965］*La transcendence de l'ego: D'une description phénoménologique*. Paris: Librarie Philosophique J. Vrin. / 1982 サルトル（竹内芳郎訳）「自我の超越」『哲学論文集』（サルトル全集 第二三巻）人文書院.［**S-TE** と略記］

Sartre, Jean-Paul 2000 *Esquisse d'une théorie des émotions*. Paris: Le Livre de Poche. / 1982 サルトル（竹内芳郎訳）「情緒論素描」『哲学論文集』（サルトル全集 第二三巻）人文書院.［**S-ETM** と略記］

Schliesser, Eric ed. 2015 *Sympathy : A History*. New York/Oxford : Oxford University Press.

Schrödinger, Erwin 1996 *Nature and the Greeks and Science and Humanism*. Cambridge: Cambridge University Press. / 2014 シュレーディンガー（水谷淳訳）『自然とギシリャ人・科学と人間性』筑摩書房.

Shapiro, Gary 2000 "This Is Not a Christ: Nietzsche, Foucault, and the Genealogy of Vision," ed., Alan D. Schrift, *Why Nietzsche Still? : Reflections on Drama, Culture, and Politics*. Berkeley/Los Angeles/London: University of California Press.

Shapiro, Gary 2003 *Archaeologies of Vision: Foucault and Nietzsche on Seeing and Saying*. Chicago: University of Chicago Press.

Shorter, Edward 1975 *The Making of Modern Family*. New York: Basic Books. / 1987 ショーター（田中俊宏ほか訳）『近代家族の形成』昭和堂

Simon, Gérard 1988 *Le regard, l'être et l'apparence dans l'optique de l'Antiquité*. Paris: Le Seuil.

（前田陽一／由木康訳）『パンセ』中央公論社.

Pasewalck, Silke 2002 *»Die fünffingrige Hand« : die Bedeutung der sinnlichen Wahrnehmung beim späten Rilke*. Berlin: Walter de Gruyter Verlag.

Postman, Neil 1982 *The Disappearence of Childhood*. New York: Dell. / 1985 ポストマン（小柴一訳）『子どもはもういない』新樹社

Postman, Neil 1995 *The End of Education*. New York: Alfred Knopf.

Plotinus 1992 *The Enneads*, trans. Stephen MacKenna. London: Penguin Classics.

Richard de Saint-Victor ---- *De gratia contemplationis ... hacenus dictum Benjamin major* (*De arca mystica*), *Migne Patrogia Latina, Documenta Catholica Omnia* [www.documentacatholicaomnia.eu], PL196, pp. 63-202. [**BM** と略記]

Riesman, David 1961 *The Lonely Crowd: A Study of the Changing American Character*. New Haven: Yale University Press. / 1964 リースマン（加藤秀俊訳）『孤独な群衆』みすず書房.

Rockefeller, Steven 1991 *John Dewey: Religious Faith and Democratic Humanism*. New York: Columbia University Press.

Rorty, Richard 1979 *Philosophy and the Mirrior of Nature*. Princeton, NJ: Princeton University Press. / 1993 ローティ（野家啓一監訳）『哲学と自然の鏡』産業図書.

Rorty, Richard 1989 *Contingency, Irony and Solidarity*. New York: Cambridge University Press. / 2000 ローティ（斉藤純一／山岡龍一／大川正彦訳）『偶然性・アイロニー・連帯』岩波書店.

Rotman, Brian 1987 *Signifying Nothing: The Semiotics of Zero*. Basingstoke, UK: Macmillan. / 1991 ロトマン（西野嘉章訳）『ゼロの記号論――無が意味するもの』岩波書店

Rotman, Brian 1995 "Thinking Dia-Grams: Mathematics, Writing and Virtual Reality," *The South Atlantic Quarterly* 94(2): 384-415.

Rousseau, JeanJacques 1959-69 *Oeuvres complètes de Jean-Jacques Rousseau*. 5 vols. Paris: Éditions Gallimard. [**OR** と略記]

C = *Les Confessions*, 1782/9, in OR, t. 1. / 1965 ルソー（桑原武夫訳）『告白』上・中・下 岩波書店.

E = *Emile ou de l'education*, 1762, in OR, t. 4. / 1974 ルソー（平岡昇訳）『エミール』上・中・下 岩波書店.

OI = *Discours sur l'origine et les fondmens de l'inégalité parmi les hommes*, 1755, OR, t. 3. / 1986 ルソー（原好男訳）「人間不平等起源論」『人間不平等起源論 / 言語起源論』白水社.

Russell, Bertrand 1946 *History of Western Philosophy*. London: George Allen and Unwin. / 1970 ラッセル（市井三郎訳）『西洋哲学史』全三巻 みすず書房.

Francisco: Harper and Row. / 1985 マーチャント（団まりなほか訳）『自然の死』工作舎

Montaigne, Michel de 2009［1595］ *Les Essais*, éd. Emmanuel Naya, Delphine Reguig-Naya et Alexandre Tarrêteed, 3 vols. Paris : Éditions Gallimard. / 1965-77 モンテーニュ（原二郎訳）『エセー』全六巻 岩波書店.［**MM, E** と略記］

Nancy, Jean-Luc 2000 *Le regard du portrait*. Paris: Éditions Galilée. / 2004 ナンシー（岡田温司／長友文史訳）『肖像の眼差し』人文書院.［**Ny-RP** と略記］

Nancy, Jean-Luc 2003 *Au Fond des images*. Paris: Éditions Galilée. / 2006 ナンシー（西山達也／大道寺玲央訳）『イメージの奥底で』以文社.［**Ny-FI** と略記］

Nancy, Jean-Luc 2005 *La déclosion*（Déconstruction du christianisme, 1）. Paris: Éditions Galilée.［**Ny-D** と略記］

Nancy, Jean-Luc 2010 *L'adoration*（Déconstruction du christianisme, 2）. Paris: Éditions Galilée.［**Ny-A** と略記］

Newman, Barbara 2005 "What Did It Mean to Say "I Saw"?: The Clash between Theory and Practice in Medieval Visionary Culture," *Speculum* 80 : 1-43.

Nietzsche, Friedrich 1999 *Friedrich Nietzsche sämtliche Werke: Kritische Studienausgabe*, in 15 Bdn. Berlin and New York: Walter de Gruyter. / 197987 ニーチェ（浅井真男・薗田宗人ほか訳）『ニーチェ全集』第Ⅰ期一二巻、第Ⅱ期一二巻 白水社.［**KS** と略記］

WLaS = "Ueber Wahrheit und Luge im Aussermoralischen Sinn," KSBd. 1. / 1980「道徳以外の意味における真理と虚偽について」Ⅰ・２.

AsZ = *Also sprach Zarathustra*, KS, Bd. 4. / 1982 ニーチェ（薗田宗人訳）「ツァラトゥストラはこう語った」Ⅱ・１.

JGB = *Jenseits von Gut und Böse*, KS, Bd. 5. / 1983 ニーチェ（吉村博次訳）「善悪の彼岸」Ⅱ・２.

GM = *Zur Genealogie der Moral*, KS, B d. 5. / 1983 ニーチェ（秋山英夫／浅井真男訳）「道徳の系譜」Ⅱ・３.

A = *Der Antichrist*, KS, Bd. 6. / 1987 ニーチェ（西尾幹二／生野幸吉訳）「残された著作（１８８８—９年）—アンチクリスト」Ⅱ・４.

GD = *Götzen-Dämmerung* , KS, Bd. 6. / 1987 ニーチェ（西尾幹二訳）「偶像の黄昏」Ⅱ・４.

OED 1989 *Oxford English Dictionary*, 2nd edn. Oxford: Oxford University Press.

OLD 2012 *Oxford Latin Dictionary*, I/II, ed., P. G. W. Glare, 2nd edn. Oxford: Oxford University Press.

Pascal, Blaise 1976 *Pensées*; Léon Brunschvicg ed. Paris: Garnier-Flammarion. / 1973 パスカル

Lacan, Jacques 2005 *Des noms-du-père*. Paris: Éditions de seuil.［**JL, N** と略記］

SIR = « Le symbolique, l'imaginaire et le réel », 1953.

NP = « Des noms-du-père », 1963.

LeBuffe, Michael 2018 *Spinoza on Reason*. Oxford/New York: Oxford University Press.

Lefebvre, Henri 1992 *Éléments de rythmanalyse : Introduction à la connaissance des rythmes*, Paris: Éditions Syllepses.［**ER** と略記］

Lefebvre, Henri 2008 *La Somme et le Reste*, 4e édition. Paris: Editions Economica. / 1959-61 ルフェーヴル（森本和夫／白井健三郎／中村雄二郎訳）『総和と余剰』全六巻 現代思潮社.［**SR** と略記］

Lefebvre, Henri 2017 *Le Droit à la ville*. 3e édition. Paris: Editions Economica. / 2011 ルフェーブル（森本和夫訳）『都市への権利』筑摩書房.［**DV** と略記］

Leibniz, Gottfried Wilhelm 1993 *Nouveaux essais sur l'entendement humain*. Paris: Éditions Flammarion. / 2012 ライプニッツ（米山優訳）『人間知性新論』みすず書房.

Levin, David Michael ed. 1993 *Modernity and the Hegemony of Vision*. Berkeley/Los Angeles/London: University of California Press.

Lévinas, Emmanuel 2003（1971） *Totalité et infini : essai sur l'extériorité*. Paris: Le Livre de Poche. / 2005 レヴィナス（熊野純彦訳）『全体性と無限』岩波書店.

Lévinas, Emmanuel 1978 *Autrement qu' être, ou Au-delà de l' Essence*. Dordrecht: Kluwer Academic Publisher. / 1999 レヴィナス（合田正人訳）『存在の彼方へ』講談社.

Luhmann, Niklas 2000 *Die Religion der Gesellschaft*. Frankfurt am Main: Suhrkamp Verlag. / 2016 ルーマン（土方透／森川剛光／渡會知子／畠中茉莉子訳）『社会の宗教』法政大学出版局.

Luther, Martin 1883-1929 *D. Martin Luthers Werke: Kritische Gesamtausgabe, Abteilung 1, Schriften*, 56 Bds. Weimar: Verlag Hermann Böhlaus Nachfolger.［**WA** と略記］

DpDVI = *Disputatis pro declaratione virtutis indulgentiarum*, WA, Bd. 1.

AQP = "Adnotationes Quincuplici Psalterio adscriptae," WA, Bd. 4.

DDHC = "Die Disputation : de Divinitate et humantate Christi", WA, Bd. 39II.

RE = *Divi Pauli apostoli ad Romanos Epistola, 1515/6*, WA, Bd. 56. / 2005 ルター（徳善義和訳）「ローマ書講義 上／下」『ルター著作集』第２集 第８／９巻 聖文舎.

Marion, Jean-Luc 1997 *Étant donné*. Paris: Presses Universitaires de France.［**JLM, ED** と略記］

Marion, Jean-Luc 2005 *Le visible et le révélé*. Paris: Les Éditions du Cerf.［**JLM, VR** と略記］

Marion, Jean-Luc 2010c（2001） *De surcroît*. Paris: Presses Universitaires de France.［**JLM, DS** と略記］

Merchant, Carolyn 1980 *The Death of Nature: Women, Ecology and the Scientific Revolution*. San

を悼んで」『カント全集』 2 岩波書店.

KrV = *Kritik der reinen Vernunft*, KW 3/4. / 2013 カント（石川文康訳）『純粋理性批判』上・下 筑摩書房.

KpV = *Kritik der praktischen Vernunft*, KW 7. / 2000 カント（坂部恵／伊古田理訳）「実践理性批判」『カント全集』七 岩波書店.

MS = *Die Metaphysik der Sitten*, KW 8. / 2002 カント（樽井正義・池尾恭一訳）「人倫の形而上学」『カント全集』一一 岩波書店.

RGV = *Die Religion innerhalb der Grenzen der bloßen Vernunft*, KW 8. / 2000 カント（北岡武司訳）「たんなる理性の限界内の宗教」『カント全集』一〇 岩波書店.

A = *Anthropologie in pragmatischer Hinsicht*, KW 12. / 2003 カント（渋谷治美訳）「実用的見地における人間学」『カント全集』一五 岩波書店.

Kierkegaard, Søren 2003-4［1950-70］ *Gesammelte Werke und Tagebücher*, 32 Bde. Sirnmerath: Grevenberg Verlag Dr. Ruff & Co. OHG.［**KGW** と略記］

ZSG = *Zur Selbstprüfung der Gegenwart anbefohlen*, Abt. 27-29, Bd. 19.

Kierkegaard, Søren 1962-78 *Samlede Værker*, udgivne af A. B. Drachmann, J. L. Heiberg og H. O. Lange, tekst og Noteapparat gennemset og ajourfort af Peter P. Rohde, 20 Bind. Kjøbenhavn: Gyldendal.［**KSV** と略記］

BA = *Begrebet Angest*, Bind 6. / 2010 キェルケゴール（尾崎和彦・大谷長訳）「不安の概念」（キェルケゴール著作全集 第三・下巻）創言社.

STD = *Sygdonmen til Døden*, Bind 15. / 1990 キェルケゴール（大谷長・山下秀智訳）「死に至る病」（キェルケゴール著作全集 第一二巻）創言社.

TSS = *Til Selvprøvelse, Samtiden anbefalet*, Bind 17. / 1988 キェルケゴール（大谷長訳）「自省のために、現代にすすむ」（キェルケゴール著作全集 第一四巻）創言社.

Koistinen, Olli 2018 "Spinoza on Mind," in Michael Della Rocca ed. *The Oxford Handbook of Spinoza*. New York: Oxford University Press.

Lacan, Jacques 1999a *Écrits I: Nouvelle édition, Texte intégral*. Paris: Éditions de seuil.［**JL**, **E. I** と略記］

SM = « Le stade du miroir comme formateur de la fonction du Je », 1949.

SEQ = « Du sujet enfin en question », 1966.

Lacan, Jacques 1999b *Écrits II: Nouvelle édition, Texte intégral*. Paris: Éditions de seuil.［**JL**, **E. II** と略記］

SSDD = « Subversion du sujet et dialectique du désir dans l'inconscient freudien », 1960.

MS = «La métaphore du sujet»,1960/1

Hugo de St. Victore 1862-5b *Eruditionis Didascalicae*, J. P. Migne, *Patrologia Latina*, PL176 [Documenta Catholica Omnia] [**D** と略記] / 1996 フーゴー（五百旗頭博治／荒井洋一訳）「ディダスカリコン」上智大学中世思想研究所監修『中世思想原典集成』9 平凡社. [ただし *Didascalicon de studio legendi* と呼ばれる第1～6巻まで。[] 内の数字は PL 版のページ].

Hugo de St. Victore 1862-5c *Eruditionis Didascalicae*, [= De tribus diebus], J. P. Migne, *Patrologia Latina*, PL176 : 811-838 [Documenta Catholica Omnia] [**TD** と略記]

Hugo de St. Victore 1862-5d *Soliloquium de Arrha Animae*, J. P. Migne, *Patrologia Latina*, PL176 [Documenta Catholica Omnia] [**SAA** と略記] / 1996 フーゴー（別宮幸徳訳）「魂の手付け金についての独語録」上智大学中世思想研究所監修『中世思想原典集成』9 平凡社.

Hugo de St. Victore 2008 *De sacramentis christiane fide, Corpus Victorinum, Textus historici, vol. I.* Münster: Aschendorff, Monasterii Westfalorum. [**DTC** と略記] [[] 内は PL 版のページ]

Illich, Ivan 1993 *In the Vineyard of the Text: A Commentary to Hugh's Didascalicon*. Chicago: The University of Chicago Press. / 1995 イリイチ（岡部佳世訳）『テクストのぶどう畑で』法政大学出版局. [**VT** と略記]

Illich, Ivan 2005 *The Rivers North of the Future*, ed., David Cayley. Toronto: House of Anansi Press. / 2005 イリイチ（ケイリー編）（臼井隆一郎訳）『生きる希望』藤原書店 [**RNF** と略記]

Hwang, C. Philip / Lamb, Michel E./Sigel, Irving E., eds., 1996 *Images of Childhood*. Mahwah: NJ: Lawrence Erlbaum Associates.

International Theological Commission 2014 *Sensus Fidei: In the Life of the Church*. Vatican: Libreria Editrice Vaticana [**ITC**, **SF** と略記].

International Theological Commission 2004 *Communion and Stewardship: Human Personsn Created in the Image of God*. Vatican: Libreria Editrice Vaticana. [**ITC**, **CS** と略記]

James, Susan 1997 *Passion and Action : The Emotion in Seventeenth Century Philosophy*. Oxford: Clarendon Press.

Jay, Martin 1994 *Downcast Eyes: The Denigration of Vision in Twentieth-Century French Thought*. Berkeley/Los Angeles/London: University of California Press.

Kant, Immanuel 1974 *Immanuel Kant Werkausgabe*, 12 Bdn. Frankfurt am Main: Suhrkamp Taschenbuch Verlag. [**KW** と略記] / カント 1999-2006 坂部恵・有福孝岳・牧野英二編『カント全集』全二二巻 岩波書店.

F = "Gedanken bei dem fruhzeitigen Ableben des Hochwohlgebornen Herrn, Herrn Johann Friedrich von Funk, . . ." KWA 2. / 2000 カント（加藤泰史訳）「フンク君の早世

訳）『言語起源論』講談社.

IPGM = *Ideen zur Philosophie der Geschichte der Menschheit*, SWS, Bd. 13/14.

G = *Gott. Einige Gesprache über Spinoza's System nebst Shaftesbury's Naturehymnus*. SWS, Bd. 16. / 2018 ヘルダー（吉田達訳）『神――スピノザをめぐる対話』法政大学出版局.

BBH = *Briefe zu Beförderung der Humanität*, SWS, Bd.17/18.

K = *Kallogone*, SWS, Bd. 22.

Herder, Johann Gottfried von 1985-2000 *Werke in zehn Bänden*. Hrsg. Martin Bollacher, et al. Frankfurt am Main: Deutscher Klassiker Verlag.［**FHW** と略記］

VS = *Versuch über das Sein*, 1763, FHW. 1.

KW = *Kritische Wälder: Oder Betrachtungen über die Wissenschaft und Kunst des Schönen, Viertes Wäldchen über Riedels Theorie der schönen Künste*, 1769, FHW. 2.

ZSG = *Zum Sinn des Gefühls*, 1769, FHW. 4.

K = *Kalligone*, 1800, FHW. 8.

RLG = *Von Religion, Lefrmeinungen und Gebräucen*, FHW. 9/1.

Goethe, Johann Wolfgang 1982–2008 *Goethes Werke. Hamburger Ausgabe* in 14 Bden, hrsg. v. Erich Trunz. München: C. H. Beck.［**GWHA** と略記］

F = *Faust : Der Tragödie erster und zweiter Teil*, Bd. 3.

Hobbes, Thomas 2014 *Leviathan*, ed., Noel Malcolm Oxford/New York: Oxford University Press.

Hölderlin, Friedrich 1946-1985 *Hölderlin Sämtliche Werke, Große Stuttgarter Ausgabe*, in 15 Bden, hrsg. v. Friedrich Beißner, Stuttgart: Cotta Nachfolger.［**HSW** と略記］

VVHF = "Die Vorrede zur vorletzten Hyperion-Fassung," Bd. 3.

H = Hyperion, Bd. 3. / 2010 ヘルダーリン（青木誠之訳）『ヒュペーリオン』筑摩書房.

Herman, Arthur 2014 *The Cave and the Light: Plato Versus Aristotle, and the Struggle for the Soul of Western Civilization*. New York: Random House.

Hessing, Siegried ed. 1977 *Speculum Spinozanum, 1677-1977*. New York: Routledge & Kegan Paul.

Horkheimer, Max / Adorno, Theodor W. 1988［1947］ *Dialektik der Aufklärung : Philosophische Fragmente*. Frankfurt am Main: S. Fischer Verlag. / 1990 ホルクハイマー／アドルノ（徳永恂訳）『啓蒙の弁証法』岩波書店.

Huenemann, Charlie 2014 *Spinoza's Radical Theology: The Metaphysics of the Infinite*. London/New York: Routlege.

Hugo de St. Victore 1862-5a *Miscellanea*, J. P. Migne, *Patrologia Latina*, MPL177［Documenta Catholica Omnia］［**M** と略記］

Hamburger, Jeffrey F. 2011［2000］ "Speculations on Speculation: Vision and Perception in the Theory and Practice of Mystical Devotion," in *Deutsche Mystik im abendländischen Zusammenhang*, eds. Walter Haug and Wolfram Schneider-Lastin. Berlin: Walter de Gruyter, pp. 353-408.

Heidegger, Martin 1975- *Martin Heidegger Gesamtausgabe*. Frankfurt am Main: Vittorio Klostermann. / 1985- ハイデガー（辻村公一／茅野良男／上妻精／大橋良介／門脇俊介ほか訳）『ハイデッカー全集』全一〇二巻（予定）創文社.［**GA** と略記］

ZW = "Die Zeit des Weltbilds," in *Holzwege*, GA, Bd. 5. / 1962 ハイデガー（桑木務訳）『世界像の時代』理想社.

dwM = "...dichterisch wohnet der Mensch..," in *Vorträge und Aufsätze*, Bd. 7.

WhD = *Was Heißt Denken ?*, Bd. 8.

Wm = *Wegmarken*, Bd. 9.

Hum = "Brief über den Humanismus," in *Wegmarken*, Bd. 9.

GP = Die Grundprobleme der Phänomenologie, Bd. 24.

EP = *Einleitung in die Philospphie*, Bd. 27.

GM = *Die Grundbegriffe der Metaphysik*, Bd. 29/30

EM = *Einführung in die Metaphysik*, Bd. 40.

EPDD = *Einleitung in die Philosophie: Denken und Dichten*, Bd. 50

PrL = *Phänomenolgie des religiösen Leben*, Bd.60.

BP = *Beiträge zur Philosophie*（*Vom Ereignis*）, Bd. 65.

Heidegger, Martin 2001 *Sein und Zeit*. Tübingen: Max Niemeyer Verlag.［**SZ** と略記］

Helmig, Christoph 2020 *World Soul - Anima Mundi : On the Origins and Fortunes of a Fundamental Idea*. NewYork/Berlin: Walter de Gruyter.

Henry, Michel 1963 *L'Essence de la manifestation*. Paris: Presses Universitaires de France. / 2005 アンリ（北村晋／阿部文彦訳）『現前の本質』法政大学出版局.［**EM** と略記］

Henry, Michel 2000 *Incarnation: Une Philosophie De La Chair*. Paris: Éditions du Seuil. / 2007 アンリ（中 敬夫訳）『受肉——〈肉〉の哲学』法政大学出版局.［**I** と略記］

Henry, Michel 2002 *Paroles du Christ*. Paris: Éditions du Seuil. / 2012 アンリ（武藤剛史訳）『キリストの言葉——いのちの現象学』白水社［**PC** と略記］

Herder, Johann Gottfried von 1967/8［1877-1913］ *Herders Sämmtliche Werke*. Hrsg. Bernhard Suphan, 33 Bde. Hildesheim: Olms Verlag［Berlin: Weidmann］.［**SWS** と略記］

J = *Journal meiner Reise im Jahr 1769*, SMS, Bd. 4. / 2002 ヘルダー（嶋田洋一郎訳）『旅日記』九州大学出版会.

AUS = *Abhandlung über Ursprung der Sprache*, SWS, Bd. 5. / 2017 ヘルダー（宮谷尚実

田兼義訳）「説教五（b）」『キリスト教神秘主義著作集 6 エックハルト I』教文館.

Eckhart, Johannes 1986 *Die Lateinischen Werke*, im *Die Deutschen und Lateinischen Werke*. hrsg. im Auftrag der Forschungsgemeinschaft, Stuttgart: W. Kohlhammer Verlag.［**EDL, LW** と略記］Ioh = "Expositio sancti evangelii secundum Iohannem," EDL, LW 3. / 2008 エックハルト（中山善樹訳）「ヨハネ福音書註解」『エックハルト ラテン語著作集 III』知泉書館.

Feuerbach, Ludwig 1989 *Pierre Bayle: Ein Beitrag zur Geschichte der Philosophie und Menschheit, Feuerbach Gesammelte Werke*, Bd. 4. Berlin: Akademie-Verlag.［**FGW 4** と略記］

Fichte, Johann Gottlieb 1995［1806］*Die Anweisung zum seligen Leben oder auch die Religionlehre*, in *Gesamtausgabe, Reihe I: Werke*, Bd. 9. Stuttgart-Bad Cannstatt: Fridrich Frommann Verlag. / 2000 フィヒテ（高橋亘訳・堀井泰明改訂補訳）『浄福なる生への導き』平凡社.［**FGA, W. 9** と略記］

Fletern, Frederick van 1999 "Acies mentis," in *Augustine throught the Ages: An Encyclopedia*, General ed. Allan D. Fitzgerald. Gran Rapids, MI: Wm. B. Eerdmans.

Forster, Michael N. 2018 *Herder's Philosophy*. Oxford/New York: Oxford University Press.

Foucault, Michel 1994 *Dits et écrits, 1954-1988*. 4 vols. Paris: Éditions Gallimard.［**DE** と略記］

Foucault, Michel 2018 *Histoire de la sexualité 4 : Les aveux de la chair*. Paris: Éditions Gallimard.

Frank, Arthur W. 2013 *The Wounded Storyteller: Body, Illness, and Ethics*, 2nd Edn. Chicago: University of Chicago Press. / 2002 フランク（鈴木智之訳）『傷ついた物語の語り手——身体・病い・倫理』ゆみる出版（一九九五年版の翻訳）.

Gabriel, Astrik L. 1962 *The Educational Ideas of Vincent of Beauvais*. Notre Dame, ID: University of Notre Dame Press.

Girard, René 2011［1972］*La violence et le Sscré*. Paris: Éditions Fayard. / 1982 ジラール（古田幸男訳）『暴力と聖なるもの』法政大学出版局.

Girard, René 2011［1961］*Mensonge Romantique et Verite Romanesque*. Paris: Éditions Fayard. / 1971 ジラール（古田幸男訳）『欲望の現象学——ロマンティークの虚像とロマネスクの真実』法政大学出版局.

Girard, René 2015［1999］*Je Vois Satan tomber comme l'éclair*. Paris: Librairie Générale Française. / 2008 ジラール（岩切正一郎訳）『サタンが稲妻のように落ちるのが見える』新教出版社.

Grenz, Stanley J. 2004 "Jesus as the Imago Dei: Image-of-God Christology and the Non-Linear Linearity of Theology," *Journal of the Evangelical Theological Society* 47(4): 617-28.

Hadot, Pierre 1997 *Plotin ou la simplicité du regard*. Paris: Éditions Gallimard.

1983-1995』／『狂人の二つの体制 1975-1982』河出書房新社.［**GD, DRF** と略記］

Deleuze, Gilles / Guattari, Félix 1980 Mille plateaux: Capitalisme et schizophrénie 2. Paris: Éditions de Minuit. / 1997 ドゥルーズ（宇野邦一ほか訳）『千のプラトー——資本主義と分裂症』河出書房新社.［**DG, MP** と略記］

Deleuze, Gilles / Guattari, Félix 1991 *Qu'est-ce que la philosophie ?* Paris: Éditions de Minuit. / 1997 ドゥルーズ（財津理訳）『哲学とは何か』河出書房新社.［**DG, QP** と略記］

Della Rocca, Michael ed. 2018 *The Oxford Handbook of Spinoza*. New York: Oxford University Press.

Derrida, Jacques 1967 *L'écriture et la différence*. Paris: Édition du Seuil. / 1977 デリダ（若桑毅・野村英夫・坂上脩・川久保輝興訳）『エクリチュールと差異』（上・下）法政大学出版局.

Derrida, Jacques 2001a *Foi et savoir*. Paris: Éditions Galirée. / 2016 デリダ（湯浅博雄／大西雅一郎訳）『信と知』未来社.

Derrida, Jacques 2001b *Papier machine*. Paris: Éditions Galirée. / 2001 デリダ（中山元訳）『パピエ・マシン』筑摩書房.

Descartes, René 2010 *Descartes Œuvres philosophiques*, 3 vols. Paris: Classiques Garnier.［**DOP** と略記］

M = *Meditationes de prima philosophia*, 1641, t. 2. / 2006 デカルト（山田弘明訳）『省察』筑摩書房.

PA = *Les Passions de l'âme*, 1649, t. 3. / 1974 デカルト（野田又夫訳）「情念論」『方法序説・情念論』中央公論社.

PP = *Les Principes de la philosophie*, 1644, t. 3. / 2009 デカルト（山田弘明・吉田健太郎・久保田進一・岩佐宣明訳）『哲学原理』筑摩書房.（ただし、第Ⅰ部の翻訳と註解のみ）

Dewey, John 2008 *The Collected Works of John Dewey, 1882-1953*. ed., Jo Ann Boydston. Carbondale, IL: Southern Illinois University Press［**CW** と略記 Early Works= ew / Middle Works=mw / Later Works= lw］.

PS = "The Pantheism of Spiniza"（1882, ew. 1）.

DLF 1706 *Dictionnaire de la Langue Francoise, contenant généralement tous les mots tant vieux que nouveaux, par Pierre Richelet*. Amsterdam: Jean Elzevir.［http://gallica.bnf.fr］.

Dream Theater 1995 *A Change of Seasons*. New York: Atlantic Recording Co.

Eckhart, Johannes 1986 *Die Deutschen Werke*, im *Die Deutschen und Lateinischen Werke*. hrsg. im Auftrag der Forschungsgemeinschaft, Stuttgart: W. Kohlhammer Verlag.［**EDL, DW** と略記］

Pr. 5b = Predigten, "5b: in hoc apparuit caritas," EDL, DW 1. / 1989 エックハルト（植

Chrétien, Jean-Louis 1992 *L'appel et la réponse*. Paris: Éditions. de Minuit.

Chrétien, Jean-Louis 1997 *Corps à corps: A l'écoute de l'oeuvre d'art*. Paris: Éditions du Minuit.

Chrétien, Jean-Louis 2015 *Under the Gaze if the Bible*, trns. John Marson Dunaway. New York: Fordham University Press.

Cicero, Marcus Tullius 2006 "Laelius de Amicitia," in *De Re Publica, De Legibus, Cato Maior de Senectute, Laelius de Amicitia*, ed. J. G. F. Powell. Oxford: Oxford University Press. / 2004 キケロ（中務哲郎訳）『友情について』岩波書店．［引用数字は節番号］

Condorcet, Marquis de 1970（1794） *Esquisse d'un tableau historique des progrès de l'esprit humain*. Paris: Librairie Philosophique J. Vrin. / 1967 コンドルセ（渡辺誠訳）『人間精神進歩史』一・二 岩波書店.

Collingwood, Robin George 1924 *Speculum Mentis; or The Map of Knowledge*. Oxford: Clarendon Press.

Courtine, Jean-Jacques / Haroche, Claudine 2007（1988） *Histoire du visage: exprimer et taire ses émotions, XVIe-début XIXe siècle*. Paris : Payot & Rivages.

Coveney, Peter 1967 *The Image of Childhood: The Individual and Socieyt: A Study of the Theme in English Literature*. London: Penguin Books. / 1979 カヴニー（江河徹監訳）『子どものイメージ』紀伊国屋書店.

Crary, Jonathan 1990 *Techniques of the Observer: On Vision and Modernity in the Nineteenth Century*. Cambridge, MA: The MIT Press. / 1997 クレーリー（遠藤知巳訳）『観察者の系譜――視覚空間の変容とモダニティ』十月社.

Cusanus, Nicolaus 1932- *Nicilai de Cusa Opera Omina*. Hamburg : Felix Meiner Verlag.［**NC** と略記］
VD = *De Visione Dei*, Bd. 6. / 2001 クザーヌス（八巻和彦訳）『神を観ることについて 他二篇』岩波書店.

Deleuze, Gilles 1968a *Spinoza et le Probéme de l'expression*. Paris: Éditions de Minuit. / 1991 ドゥルーズ（工藤喜作／小柴康子／小谷晴勇訳）『スピノザと表現の問題』法政大学出版局．［**GD, SPE** と略記］

Deleuze, Gilles 1968b *Différence et répétition*, Paris: Presses Universitaires de France.［**GD**, **DF** と略記］

Deleuze, Gilles 1993 *Critique et clinique*. Paris: Éditions de Minuit. / 2010 ドゥルーズ（守中高明／谷昌親訳）『批評と臨床』河出書房新社．［**GD, CC** と略記］

Deleuze, Gilles 2003［1970］ *Spinoza: Philosophie pratique*. Paris: Éditions de Minuit. / 2002 ドゥルーズ（鈴木雅大訳）『スピノザ――実践の哲学』平凡社．［**GD, SPP** と略記］

Deleuze, Gilles 2003 *Deux regimes de fous: Textes et entretiens 1975-1995*. Paris: Éditions de Minuit. / 2004a/b ドゥルーズ（宇野邦一監修／宇野邦一ほか訳）『狂人の二つの体制

Presses Universitaires de France. / 2015 ベルクソン（熊野純彦訳）『物質と記憶』岩波書店．［**HB, MM** と略記］.

Bergson, Henri 2008 *Les deux sources de la morale et de la religion*. Paris: Presses Universitaires de France. / 2003 ベルクソン（森口美美都男訳）『道徳と宗教の二源泉』中央公論社．［**HB, DSMR** と略記］.

Bernard de Clairvaux *Bernardus Claraevallensis Abbas, Migne Patrogia Latina*, *Documenta Catholica Omnia* [www.documentacatholicaomnia.eu].
SCC = *Sermones in Cantica Canticorum*, PL 183. / 2005 ベルナール（金子晴勇訳）「雅歌の説教」『キリスト教神秘主義著作集』二 教文館.

Blake, William 1977 "Song of Innocence," in *Songs of Innocence and of Experience*. Oxford: Oxford University Press.［SI と略記］

Blumenberg, Hans 1957 "Licht als Metapher der Wahrheit : Im Vorfeld der philosophischen Begriffsbildung," *Studium Generale* 10(1): 432-447. / 1979 ブルーメンベルク（生松敬三／熊田陽一郎訳）『光の形而上学』、朝日出版社.

Blumenberg, Hans 1981 *Wirklichkeiten in denen wir Leben*. Stuttgart: Philipp Reclam jun. / 2014 ブルーメンベルク（村井則夫訳）『われわれが生きている現実』法政大学出版局.

Blumenberg, Hans 1999(1959) "Kontingenz," *Die Religion in Geschichte und Gegenwart*, 3 Aufl., Hrsg., Kurt Galling, Bd. 3.［CD-ROM］Berlin : Directmedia (Tubingen: J. C. B. Mohr).

Blumenberg, Hans 2014［1981］ *Die Lesbarkeit der Welt*, 9.Auflage. Frankfurt am Main: Suhrkamp Verlag.

Boas, George 1968 "Nature," P. P. Wiener ed., *Dictionary of the History of Ideas*. New York: Charles Scribner's Sons. / 1990 ボアズ（垂水雄二訳）「自然」『西洋思想大事典』平凡社.

Bœspflug, François 2008 *Dieu et ses images : une histoire de l'éternel dans l'art*, Montrouge: Bayard Éditions.

Bradley, Ritamary 1954 "Backgrounds of the Title *Speculum* in Mediaeval Literature," *Speculum* 29 : 100-115.

Bryson, Norman 1988 "The Gaze in the Expanded Field," Hal Foster ed., *Vsion and Visuality*. Seattle, WA: Bay Press. / 2007 ブライソン「拡張された場における〈眼差し〉」フォスター（榑沼範久訳）『視覚論』平凡社.

Campe, Joachim Heinrich 2012［1779］ *Ueber Empfindsamkeit und Empfindelei in pädagogischer Hinsicht*. Potsdam: Verlag Klaus-D. Becker.

Cayley, David 1992 *Ivan Illich in Conversation*. Toronto: House of Anansi Press. / 2005 イリイチ（ケイリー編）（高島和哉訳）『生きる意味』藤原書店．［**IIC** と略記］

Chomsky, Noam 1975 *Reflections on Language*. New York: Random. House.

CD = *De Civitate Dei contra Paganos*, PL 41. / 1981 アウグスティヌス（赤木善光／泉治典／金子晴勇ほか訳）「神の国」１〜５『アウグスティヌス著作集』第 11 〜 15 巻 教文館.

DPS = *De praedestinatione Sanctorum*, PL44. / 1985 アウグスティヌス（小池三郎他訳）「聖徒の予定」『アウグスティヌス著作集』第 10 巻 教文館.

DvDl = *Devidendo deo liber, seu Epistola CXLVII* (*Epistolae* 147), PL. 33. / 2003 アウグスティヌス（菊池伸二訳）「神を見ること、あるいは手紙一四七」『アウグスティヌス著作集』第 27 巻 教文館.

DT = *De Trinitate*, PL 42. / 2004 アウグスティヌス（泉治典訳）「三位一体」『アウグスティヌス著作集』第 28 巻 教文館.

DVR = *De vera religione*, PL 34. / 1979 アウグスティヌス（茂泉昭雄訳）「真の宗教」『アウグスティヌス著作集２巻 教文館.

M = *De Magistro*, PL 32. / 1979 アウグスティヌス（茂泉昭雄訳）「教師論」『アウグスティヌス著作集２巻 教文館.

LA = *De Libero Arbitrio*, PL 32. / 1989 アウグスティヌス（泉治典・原正幸訳）「自由意志」『アウグスティヌス著作集』著作集 第３巻 教文館.

S = *Sermones*, PL 38.

SL = *Soliloquiorum*, PL 32. / 1979 アウグスティヌス（清水正照訳）「ソリロキア」『アウグスティヌス著作集』第１巻 教文館.

Bataille, Georges 2012［1976］*La Souveraineté*. Fécamp: Nouvelles Édition Lignes［Paris: Éditions Gallimard］. / 1990 バタイユ（湯浅博雄・中地義和・酒井健訳）『至高性——呪われた部分』人文書院.

Bateson, G. 1972 *Steps to an Ecology of Mind*. New York: Ballantine Books.

Baumann, Zygmunt 1989 *Modernity and the Holocaust*. Ithaca, NY: Cornell University Press.

Bayle, Pierre 1992［1686］*De la tolérance: commentaire philosophique sur ces paroles de Jésus-Christ : « Contrains-les d'entrer »*, Paris : Presses pocket. / 1979「「強いて入らしめよ」というイエス・キリストの言葉に関する哲学的註解」『ピエール・ベール著作集 第２巻 寛容論集』法政大学出版局.［**TCP** と略記］

Belting, Hans 1990 *Bild und Kult: Eine Geschichte des Bildes vor dem Zeitalter der Kunst*. München : C.H.Beck Verlag.

Benedict XVI 2008 *Encyclical Letter Spe Salvi*. Vatican: Libreria Editrice Vaticana. / 2008 教皇ベネディクト一六世『回勅 希望による救い』カトリック中央協議会.［**ELSS** と略記］

Bergson, Henri 2010［1939］*Matière et mémoire: Essai sur la relation du corp á l'esprit*, 8e édn. Paris:

質について」上智大学中世思想研究所編『中世思想原典集成』14 平凡社.

SSDA = *Sententia Super De Anima.*

SSLS = *Scriptum Super Liberos Sentntiarum.*

ST = *Summa Theologiae.* / 1960-2012 トマス・アクィナス（高田三郎・稲垣良典ほか訳）『神学大全』（全 36 巻）創文社.

Ariès, Philippe 1960 *L'enfant et la vie familiale sous l'ancien régime.* Paris : Éditions du Seuil. / 1980 アリエス（杉山光信・杉山恵美子訳）『〈子供〉の誕生』みすず書房.

Aristotelis 1922 *Ethica Nicomachea*（'Ηθικὰ Νικομάχεια［Ethica Nikomakeia］）, ed., I. Bywater. Oxford : Clarendon Press. / 1971 アリストテレス（高田三郎訳）『ニコマコス倫理学』上・下巻 岩波書店.［**A, EN** と略記］

Aristotelis 1936 *De Interpretatione*（Περὶ Ἑρμηνείας［Peri Hermeneias］）, in Categories et liber De Interpretatione, ed., L. Minio-Paluello. Oxford : Clarendon Press. / 2013 アリストテレス（中畑正志／早瀬篤訳）「命題論」『新版アリストテレス全集』1 岩波書店.［**A, H** と略記］

Aristotelis 1956 *De Anima*（Περὶ Ψυχῆς［Perì Psychês］）, ed., David Ross. Oxford : Clarendon Press. / 2014 アリストテレス（内山勝利／神崎繁／中畑正志訳）「魂について」『新版アリストテレス全集』7 岩波書店.［**A, P** と略記］

Aristotelis 1957 *Metaphysica*（μετὰ τὰ fυsικά［metà tà phusiká］）, ed., W. Jaeger. Oxford : Clarendon Press. / 1959/61 アリストテレス（出隆訳）『形而上学』上・下巻 岩波書店.［**A, M** と略記］

Aristotelis 1959 Ars Rhetorica（Τέχνη ῥητορική［Techne rhetorike］）、, W. D. Ross, ed. Oxford : Clarendon Press. / 1992 アリストテレス（戸塚七郎訳）『弁論術』岩波書店.［**A, R** と略記］

Auerbach, Erich 2015［1946］*Mimesis: Dargestellte Wirklichkeit in der abendländischen Literatur.* 11 Auflage. Tübingen: Narr Francke Attempto Verlag.

Auerbach, Erich 1958 *Literatursprache und Publikum in der lateinischen Spätantike und im Mittelalter.* Bern/München: Narr Francke Attempto Verlag.［**LPLSM** と略記］

Auerbach, Erich 2017［1967］*Gesammelte Aufsätze zur Romanischen Philologie.* 2. Auflage. Bern/München: Narr Francke Attempto Verlag.［**GARP** と略記］

PL = "Passio als Leidenschaft," GARP, pp. 161-75.

Augustinus, Aurelius ---- *Augustinus, Migne Patrogia Latina, Documenta Catholica Omnia*［www.documentacatholicaomnia.eu］［**AA** と略記］

C = *Confessionum,*, PL 32. / 2007 アウグスティヌス（宮谷宣史訳）「告白録」上・下『アウグスティヌス著作集』第５- Ⅰ／Ⅱ巻 教文館.

中村雄二郎　1982 『パトスの知――共通感覚的人間像の展開』筑摩書房.
西田幾多郎　1979 『西田幾多郎全集』全一九巻 岩波書店.
西村清和　2009 『イメージの修辞学』三元社.
［日国］ 2001 『日本国語大辞典』全一三巻 小学館.
波多野精一　1968［1904］『スピノザ研究』波多野精一全集 第 1 巻 岩波書店.
福岡安都子　2008 『国家・教会・自由――スピノザとホッブズの旧約テクスト解釈を巡る対抗』東京大学出版会.
本田由紀　2020 『教育は何を評価してきたのか』岩波書店.
三村利恵　2006 『ロゴスからポエジーへ――ヘルダーにおけるロゴスの諸相』アテネ社.
森鷗外　1992 『妄想 他三篇』岩波書店.
森田伸子　1993 『テクストの子ども――ディスクール・レシ・イマージュ』世織書房.
諸星大二郎　1993 「子供の遊び」『不安の立像』集英社.
八木誠一　2012 『〈はたらく神〉の神学』岩波書店.
山内志朗編　2018 『光の形而上学――知ることの根源を辿って』慶應義塾大学言語文化研究所.
山崎広光　2015 『共感の人間学・序説』晃洋書房.
山崎正一　1977 『幻想と悟り――主体性の哲学の破壊と再建』朝日出版社.
山崎正一／市川浩編　1968 『新・哲学入門』講談社.
前田英樹　2010 『深さ、記号』書肆山田.
リーゼンフーバー、クラウス（村井則夫監訳）2014 『近代哲学の根本問題』知泉書館.
鷲田清一　1997 『現象学の視線――分散する理性』講談社.

＊

Abrams, Meyer Howard　1953 *The Morror and the Lamp: Romantic Theory and Critical Tradition*. Oxford: Oxford University Press.

Abrams, Meyer Howard　1971 *Natural Supernaturalism: Tradition and Revolution in Romantic Literature*. New York: W. W. Norton. / 1993 アブラハム（吉村正和訳）『自然と超自然――ロマン主義理念の形成』平凡社

Agamben, Giorgio　1990 *La communita che viene*. Torino : Giulio Einaudi Editore. / 2015 アガンベン（上村忠男訳）『到来する共同体』月曜社.

Aquinas, Thomas　2006 *Thomas Aquinas, Ecclesiae Doctores, De Ecclesiae Patribus Doctoribusque, Documenta Catholica Omnia*. Cooperatorum Veritatis Societas. [www.documentacatholicaomnia.eu]. ［TA と略記］

DEE = *De Ente et Essentia*. / 1993 トマス・アクィナス（須藤和夫訳）「存在者と本

工藤喜作　2015［1972］『スピノザ哲学研究』学樹書院.
桑子敏雄　1999「解説」『アリストテレス 心とは何か』講談社.
小泉義之　2019『ドゥルーズの霊性』河出書房新社.
高坂正顕　1947『スピノザの哲学』玄林書房.
合田正人　1999「感覚と暴力」『現代思想』27(10): 144-160.
坂口　尚　1998『あっかんべェ一休』上・下 講談社.
坂口ふみ　1993「愛と理性――キリスト教の思想」『西洋思想のあゆみ――ロゴスの諸相』有斐閣.
澤田　直　2002『〈呼びかけ〉の経験――サルトルのモラル論』人文書院.
高田　宏　1999『子供誌』平凡社.
多木浩二　1982『眼の隠喩――視線の現象学』青土社.
多木浩二　1992『ヌード写真』岩波書店.
竹内芳郎　1972『サルトル哲学序説』筑摩書房.
田島照久　1996『マイスター・エックハルト研究』創文社.
田中智志　2005『人格形成概念の誕生――近代アメリカの教育概念史』東信堂.
田中智志　2017a『共存在の教育学――愛を黙示するハイデガー』東京大学出版会.
田中智志　2017b『何が教育思想と呼ばれるのか――共存在と超越性』一藝社.
田中智志　2019『教育の理念を象る――教育の知識論序説』東信堂.
田中義久　1988a「情動」見田宗介・栗原彬・田中義久編『社会学事典』弘文堂.
田中義久　1988b「感情」見田宗介・栗原彬・田中義久編『社会学事典』弘文堂.
遠山　啓　1955［1974］『かけがえのない、この自分――教育問答』太郎次郎社.
鳶野克己　2014「〈生きることの不思議〉に目覚める」小県上田教育会編『上小教育』57: 123-69.
鳶野克己　2017「「生きることのかなしみ」再考」教育哲学会編『教育哲学研究』115: 91-107.
富松保文　2003『アウグスティヌス――〈私〉のはじまり』ＮＨＫ出版.
永井　均　1991『〈魂〉に対する態度』勁草書房.
永井　均　2004『マンガは哲学する』集英社.
中川純男　2000『存在と知――アウグスティヌス研究』創文社.
中沢新一　1983「極楽論」『現代思想』11(9): 208-235.
水野千依　2014『キリストの顔――イメージ人類学序説』筑摩書房.
中畑正志　2011『魂の変容――心的基礎概念の変容』岩波書店.
中村雄二郎　1969『現代情念論――美と政治の間』勁草書房.
中村雄二郎　1981『言葉・人間・ドラマ――演劇的知を求めて』青土社.

〈引用文献〉

秋保　亘　2019 『スピノザ――力の存在論と生の哲学』法政大学出版局.
有賀鐵太郎　1981 『キリスト教思想における存在論の問題』（有賀鐵太郎著作集 4）創文社.
稲垣良典　2019 『神とは何か――哲学としてのキリスト教』講談社.
稲富栄次郎　1979［1939］「スピノザの哲学」『稲富栄次郎著作集』3 学苑社.
今田高俊　2001 『意味の文明学序説――その先の近代』東京大学出版会.
今道友信　2006 『美の存立と生成』ピナケス出版.
今道友信　2010 『中世の哲学』岩波書店.
今村仁司　1982 『暴力のオントロギー』勁草書房.
今村仁司　1985 『排除の構造――力の一般経済序説』青土社.
岩田靖夫　2001 『神なき時代の神――キルケゴールとレヴィナス』岩波書店.
上田閑照　1973 「根源的人間――エックハルトに於ける「真人」（ein warmensehe）について」『密教文化』101: 31-45.
上野　修　1999 『精神の眼は論証そのもの――デカルト、ホッブズ、スピノザ』学樹書院.
江川隆男　2019 『スピノザ『エチカ』講義――批判と創造の思考のために』法政大学出版局.
小野文生　2017 「〈非在のエチカ〉の生起する場所――水俣病の記憶誌のために」山名淳／矢野智司編『災害と厄災の記憶を伝える――教育学は何ができるのか』勁草書房.
小野文生　2018 「パテイ・マトスという経験の思想の可能性」『近代教育フォーラム』（教育思想史学会）No.27: 74-85.
門脇俊介　2004 『フッサール 心は世界にどのようにつながっているのか』日本放送出版協会.
金子晴勇　2001 『心で感じる神』教文館.
金子晴勇　2008 『ヨーロッパ人間学の歴史』知泉書館.
金子晴勇　2012 『キリスト教霊性思想史』教文館.
柄谷行人　1986 『探究Ⅰ』講談社.
柄谷行人　1989 『探究Ⅱ』講談社.
柄谷行人　2000 『倫理 21』平凡社.
河原和枝　1998 『子ども観の近代』中央公論社.
木田　元　2001 『偶然性と運命』岩波書店.
北田耕也　1992 『感情と教育――教育に希望を索めて』国土社.
北本正章　1993 『子ども観の社会史』新曜社.

著者紹介

田中 智志
（Tanaka Satoshi）

専攻：教育学（教育思想史・教育臨床学）、現職：東京大学大学院教育学研究科教授
履歴：1958年、山口県生まれ。早稲田大学大学院文学研究科博士後期課程満期退学。博士（教育学）東京大学。

著書：『ペダゴジーの誕生』（編著、多賀出版 1999）、『他者の喪失から感受へ――近代の教育装置を超えて』（勁草書房 2002）、『〈近代教育〉の社会理論』（共編著、勁草書房 2003）、『教育学がわかる事典』（日本実業出版社 2003）、『教育人間論のルーマン――人間は教育できるのか』（共編著 勁草書房 2004）、『教育の共生体へ――Body Educational の思想圏』（編著 東信堂 2004）、『臨床哲学がわかる事典』（日本実業出版社 2005）、『人格形成概念の誕生――近代アメリカ教育概念史』（東信堂 2005）、『グローバルな学びへ――協同と刷新の教育』（編著 東信堂 2007）、『キーワード 現代の教育学』（共編著、東京大学出版会 2009）、『教育思想のフーコー――教育を支える関係性』（勁草書房 2009）、『社会性概念の構築――アメリカ進歩主義教育の概念史』（東信堂 2009）、『学びを支える活動へ――存在論の深みから』（編著 東信堂 2010）、『プロジェクト活動――知と生を結ぶ学び』（共著 東京大学出版会 2012）、『教育臨床学――〈生きる〉を学ぶ』（高陵社書店 2012）、『大正新教育の思想――躍動する生命へ』（共編著 東信堂 2015）、『共存在の教育学――愛を黙示するハイデガー』（東京大学出版会 2017）、『何が教育思想と呼ばれるのか――共存在と超越性』（一藝社 2017）、『教育の理念を象る――教育の知識論序説』（東信堂 2019）、『教育哲学のデューイ――連環する二つの経験』（編著 東信堂 2019）、『温暖化に挑む海洋教育』（編著 東信堂 2020）、『超越性の教育学――強度とメリオリズム』（東京大学出版会 近刊）など。

装丁――――アトリエ・タビト

独(ひと)りともに在(あ)る　――スピノザと象(かたど)りの教育思想(きょういくしそう)――

2020年10月10日　　初版第1刷発行

著　者　　田中　智志

発行者　　菊池　公男

発行所　　株式会社 一藝社
〒160-0014 東京都新宿区内藤町1－6
TEL 03-5312-8890
FAX 03-5312-8895
振替　東京 00180-5-350802
E-mail : info@ichigeisha.co.jp
HP : http://www.ichigeisha.co.jp

印刷・製本　　モリモト印刷株式会社

ISBN 978-4-86359-224-7 C3037